홀리스틱 교육 마인드

홀리스틱 교육 마인드

발행일　　2023년 5월 26일

지은이　　김일남
펴낸이　　손형국
펴낸곳　　(주)북랩
편집인　　선일영　　　　　　　　　　　편집　　정두철, 배진용, 윤용민, 김부경, 김다빈
디자인　　이현수, 김민하, 김영주, 안유경　제작　　박기성, 황동현, 구성우, 배상진
마케팅　　김회란, 박진관
출판등록　2004. 12. 1(제2012-000051호)
주소　　　서울특별시 금천구 가산디지털 1로 168, 우림라이온스밸리 B동 B113~114호, C동 B101호
홈페이지　www.book.co.kr
전화번호　(02)2026-5777　　　　　　　　팩스　　(02)3159-9637

ISBN　　　979-11-6836-913-9 03370 (종이책)　　　979-11-6836-914-6 05370 (전자책)

(주)북랩 성공출판의 파트너

북랩 홈페이지와 패밀리 사이트에서 다양한 출판 솔루션을 만나 보세요!

홈페이지 book.co.kr　•　**블로그** blog.naver.com/essaybook　•　**출판문의** book@book.co.kr

작가 연락처 문의 ▸ ask.book.co.kr

작가 연락처는 개인정보이므로 북랩에서 알려드릴 수 없습니다.

21세기형 통합의 교육 철학

홀리스틱 교육 마인드

Holistic education mindset

김일남 지음

북랩

통합적 교육이라는 '홀리스틱 교육 마인드'로
애들을 이렇게 키우렴

현대 사회에서의 교육은 애들로 하여금 통합된 인격을 가진 인
간으로 성장하고 보다 나은 사회를 만들어 나갈 수 있는 주역으
로서의 능력을 기르기 위해서는 통합적이고 전체적이고 조화로
운 가치가 강조되는 교육을 지향하고 있다.

이 같은 현대 사회에서 지향하는 교육은 홀리스틱 교육의 철학
적 배경을 속성으로 하고 있다. 홀리스틱 교육은 개개인의 지성·
정서·신체·예술·창의·영혼의 잠재성을 성장시키고 호기심 많은
인간을 키우는 데 관심이 있다. 덧붙여서 홀리스틱 교육의 이해
를 높이기 위해 학습자와 생태학적인 문화에서 바라본 입장을 살
펴본다.

학습자의 입장에서 추구하는 교육은 한 사람으로서의 애는 그 자체로서 귀중한 존재이며 전인적 통합체이다. 그리고 애들은 각기 다른 잠재 가능성을 발휘하여 개인·사회적 자아실현을 이루어가는 자기 성장력을 가지고 있다. 그러므로 애들로 하여금 내적 동기를 유발하여 자기 책임하에 학습해 가도록 함으로써 능동적 창조자로 성장해 가도록 한다. 뿐만 아니라 독립된 개인이 아니라 다른 사람들과의 관계 속에 살아가는 개인으로서 자기 행위를 조절할 수 있는 힘을 갖도록 하는 데 있다.

생태적인 문화의 입장에서 추구하는 교육은 인간과 자연의 대립적인 존재가 아니며 자연 밖의 존재도 아니며 무한한 존재들의 고리로 형성된 자연의 일부분이라 전제하는 탈 인간 중심주의 문화에 초점을 두고 있다. 즉, 인간은 개인과 공동체, 환경과 우주 속에서 교육되는 통합적 교육관으로 인식의 전환이 되어야 한다.

그래서 애들의 성격, 능력을 바르게 이해하고 적절한 주제와 방법을 활용하여 주변의 현상을 이해하며, 개인과 공동체, 환경과 우주 등의 전체적 관계에 관심을 갖고 참여하여 전인적인 통합체로서의 인간을 키우는 데 관심을 두고 교육력을 쏟게 하는 일이다.

이와 같은 통합적인 교육관은 건강한 자아를 실현하여 꿈을 이루고 공동체 발전에 기여하며 더 나아가 인류와 공생할 줄 아는 유능한 인간을 지향하고 있다. 그렇다면 필자가 성장해 온 교육 여건과 환경은 어떠했을까? 지금 쉼 없이 학업에 열중하고 있는 애들은 어떤 환경에서 어떻게 성장해 오고 있을까? 질문을 던져 본다.

우리나라는 1995년 5.31. 교육개혁 훨씬 이전부터 교육개혁, 교실개혁, 수업개선, 입시제도 개선을 상징적으로 외쳐 왔으나 개선된 내용은 가시적인 성과에 미치지 못했다. 아직까지도 교실이라는 좁은 공간에서 성문법처럼 여기는 교과서에 담긴 교육 내용을 성실히 전달해 오는 시간을 가장 많이 할애하고 있다. 이 같은 교육의 주체도 학생이 아닌 교사가 주도하여 입시 위주의 교육에 마음을 다하여 힘을 쏟고 있다. 그리하여 학생은 입시를 성공해야 그동안 공부를 잘했다고 인정받게 되고 교사는 실력 있다고 평판을 얻을 수 있으니, 어쩔 수 없이 입시에 초점을 맞출 수밖에 없다고 하는 표현이 옳을 것이다.

그러니 애들의 개성을 존중한 교육이 그리고 자신의 꿈을 찾는 다양한 활동을 할 수 있는 기회의 마련, 아름다운 품성을 지닐 수 있는 인성교육 등 제반 교육 영역이 교육과정에 어느 정도 깊이 편성되어서 자연스러운 성장이 가능하도록 생태적인 문화 속에서 체화교육으로 이루어졌는지 묻지 않을 수 없다.

아무래도 추구하고자 하는 이념만큼은 훌륭했으나 그 결실은 만질 수가 없고, 때에 따라서 우리나라의 교실은 붕괴되고 학교가 죽었다는 개탄스러운 말들이 귓전에서 심심찮게 맴돌고 있기 때문이다.

이 같은 실상을 성찰한 나머지 홀리스틱 교육 〈꿈꾸기-꿈을 만드는 공부-지성인으로 다가서기〉에 대한 마인드를 갖고 성장하는 애들을 이렇게 키웠으면 하는 필자의 바람을 3개의 PART와 7개의 CHAPTER(장)로 엮었다.

　PART 1의 1, 2장은, 한 인간이 태어나면서부터 잠재되어 있는 소질을 발굴하여 장점으로 키우고, 그들보다 도드라진 재능을 발굴하여 강점으로 키워 꿈을 이루어가는 계발교육의 이해를 밝혔다.
　PART 2의 3, 4, 5장은, 교실에서는 형식을 갖춘 의도적인 교육으로 생각을 만들어가는 교육과 창의력을 키우는 교육을, 교실 밖에서 이루어지는 비형식적인 교육은 자연과 사회를 관조하여 얻어진 감화가 잠재적인 교육에 미치는 영향을 정리했다.
　PART 3의 6, 7장은, 고도의 과학 기술로 새 지평이 열려져 있는 하이테크 시대를 품격있는 인간으로 살아가기 위해서는 유아기부터 평생에 걸쳐서 개인의 성장과 사회적응을 돕는 대인관계 능력과 학력보다 우선하는 바른 인성을 교육적인 논담으로 함의해 보았다.

　필자는 교육이 이루어지는 마당에서 이상적인 것으로 여겨지는 생각이나 견해에다 응용학문인 교육철학과 교육심리 그리고 교육방법을 고찰하여 '통합적 교육이라는 홀리스틱 교육의 마인드'로 융합하는 데 소홀하지 않았다. 한편 이 책의 내용에는 생태적 문화 환경이 교육에 미치는 영향을 실증하는 견지에서 필자의 두 손녀의 성장 모습을 여덟 번의 사례를 곁들었다.

붙임하여 이 책은 교육의 아주 작은 부분을 정리했을 뿐으로, 애를 키우는 분들과 교육을 담당하는 분들 그리고 독자 여러분들께서는 더 좋은 생각을 더하여 온전한 생각으로 만들어 주시길 바란다.

끝으로 어려운 사정에도 본 책의 발간을 쾌히 승낙해 주신 북랩 대표님께 감사드리며, 바쁘신 가운데 원고를 꼼꼼히 살펴주신 직원 여러분께도 감사드린다.

2023. 5.
김일남 드림

차 례

PART 2
교실과 교실 밖에서 경험 교육의 폭을 넓힌다 : 꿈을 만드는 공부

PART 3

지성인은 인간관계 기술과 인성에 의하여 다듬어진다 : 지성인으로 다가서기

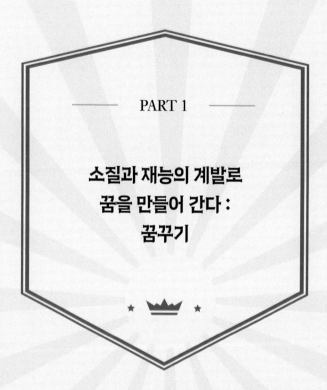

PART 1

소질과 재능의 계발로
꿈을 만들어 간다 :
꿈꾸기

1장은 애들은 태어나면서부터 지니고 있는 소질을 발굴하는 일은 꿈의 태동이며, 그 꿈을 키워가는 몫은 오로지 개체로서 바람직한 자아를 실현하는 데 장점이 되는 소질을 단단히 하고,

2장은 애들이 지닌 남과 다른 재능을 존중해 주고 그들과 견주어 잘하는 것이라면 강점으로 키워야 한다.

앙드레 말로Andre Malraux 1901-1976는
"오랫동안 꿈을 그리는 사람은 마침내 그 꿈을 닮아간다."고 말한다.
삶의 주인이 된 애들은 꿈과 재미있는 게임을 하고 있다.
게임에서 승리하여 꿈과 닮은 멋진 작품을 만들어 낼 것이다.

CHAPTER 1

꿈을 꾸어야 꿈을 이룬다

애들의 꿈은 꿈을 꾸어야만 꿈이 시작된다. 꾸지 않는 꿈은 이루어지지는 않는다. 꿈을 가진 자만이 미래가 열린다. 때문에 꿈은 도전자가 의도적으로 만들어간다. 그러한 과정에 꿈은 자연스럽게 이루어진다.

1.
학습자의 소질을 믿는다

왜 꿈을 가져야 할까

　한 애에게 꿈이 무엇이냐고 묻는다. 아니 뭐가 되고 싶냐고 묻는다. 대답이 없거나 꿈이 없다고 한다면 어떤 애일까. 그 애를 영혼이 있다고 말할 수 있을까? 영혼은 육체와는 별도로 존재한다고 생각되는 비물질적인 것으로 인간의 활동을 지배한다고 생각되는 어떤 것을 말한다. 부모나 타인에 의하여 생각하게 되고 활동하는 인간은 영혼이 없는 인간이다. 때문에 애들을 영혼 없는 기계처럼 키워서는 안 된다. 영혼이 있는 인간으로 키우기 위해서는 저마다 갖가지의 꿈을 갖도록 해야 마땅하다.

홀리스틱 교육 마인드

소질 계발

영혼이 있는 애들로 키운다면, 그들은 꿈을 갖고 현재보다 더 나은 세상은 물론 미래의 세상을 밝혀 주게 될 주인공들이다. 영혼이 있는 애들로 어떻게 키워야 하는지 질문을 던져 본다. 그 대답은 개개인의 소질을 계발시켜 주는 일이다.

누구나 저마다의 소질을 지니고 태어나지만 딱히 보이지 않을 뿐이다. 그렇다. 겉으로 드러나지 않는 애들의 소질을 어떻게 계발해야 할까. 애들은 성장하면서 저마다의 독특한 행동과 모습을 보인다. 때문에 각 가정이나 학교의 선생님은 애들의 독특한 성향에 주목하여 소질을 계발하고 저마다가 지닌 그 소질을 믿는 일이 그 무엇보다 중요하다.

그렇다면 개개인이 잘할 수 있는 소질을 어떻게 드러내도록 할까. 아무래도 애들에게 다양한 경험을 할 수 있도록 기회를 제공해 주는 일이 그 무엇보다 중요하다. 애들은 다양한 경험을 하는 과정에서 애들 스스로 좋아하는 것이 무엇인지 밝혀질 것이며, 좋아하는 것을 열심히 하다 보면 잘할 수 있다는 자신감을 갖게 될 것이다.

애들이 다양한 경험이 없는 상태에서는 진정한 소질을 찾을 수 없기 때문에 자신이 좋아하는 것을 모를 뿐만 아니라 잘하는 것도 알 수 없어 장래에 이루고 싶은 꿈이 있을 수 없다. 경험이 없는 상태에서 꾸는 꿈은 막연한 꿈이고 그 꿈을 이루는 과정에서 흥미를 잃게 되어 실패할 수밖에 없는 꿈에 맹목적으로 도전하는 격이다.

중국 고사에 '개별 취향이나 목표에 따라 각각 다른 길을 간다'는 의미를 지닌 분도양표分道揚鑣라는 사자성어가 있다. 본디 교육은 애들 저마다의 개성에 초점을 두고 이루어져야 한다. 개성에 따라 자기 길을 가기 위해서는 우선 자기 장점을 찾는 일이다.

장점은 내가 잘하는 일이다. 누구나 잘하는 것이 한 가지씩은 있다. 내가 잘하는 것이 없다고 하면 좋아하는 것을 찾아야 한다. 잘하는 것은 적성과도 같으며 좋아하는 것은 취미다. 취미가 적성일 수도 있지만 좋아하는 취미를 좋아하다 보면 잘할 수 있어서 장점으로 승화한다. 좋아하는 일은 공부일 수도 있고, 운동일 수도 있으며, 음악일 수도 있다. 공부가 힘들고 운동은 쉬운 것은 아니다. 공부하는 사람은 공부가 좋아서 좇는 일이고, 운동을 좋아하는 사람은 운동을 좇는 것이다. 공부를 열심히 하다 보면 과학자가 되는 것이고, 운동을 열심히 하면 최고의 스포츠맨으로 성장할 수 있다.

자신의 장점을 알지 못하면 남들이 잘하는 것만 자꾸 눈에 띄고 크게 보인다. 그러다 보면 내가 잘하지 못하고 남보다 못함을 스스로 자책하여 낙오자가 된다. 그러나 장점을 파악하게 되면 이왕에 하는 일 앞서가는 사람이 되어야 한다는 포부를 갖고 노력을 경주하여 꿈을 현실화할 것이다.

홀리스틱 교육 마인드

꿈을 찾는 학습장 마련

애들에게 막연히 꿈을 꾸라고 해서는 안 된다. 그렇다고 부모와 학교의 선생님이 애들의 꿈을 대신 꿀 수는 없다. 그럼 애들에게 꿈을 꿀 수 있게 하는 해법은 무엇일까? 그것은 다름 아닌 애들 스스로 자기 꿈을 찾을 수 있도록 학습장을 마련해 주는 일이 그 무엇보다도 필요하다.

부모는 애들로 하여금 자기의 소질을 발굴할 수 있도록 수범자 역할에 소홀하지 않아야 한다. 이를테면 부모 스스로가 애들에게 관심이 있는 분야를 공부하여 애들 자신이 하고 싶은 일을 추구할 수 있도록 일상생활에서 보여주거나 별도의 시범을 보여주는 모습도 좋을 것이다. 그때 애들은 부모가 하는 모습을 보고 모방학습이 되어 그들 스스로 관심이 있거나 흥미 있는 것을 찾아내어 도전하게 된다.

학교에서 선생님은 애들이 미래에 꿈을 펼칠 수 있는 직업군을 다양하게 체험할 수 있도록 기회를 제공해야 한다. 그러는 과정에서 애들은 원하는 직종을 찾을 수 있고 그 직종에서 내가 잘할 수 있는 것은 무엇이며 새롭게 갖추어야 할 능력은 무엇인지를 고민하게 된다. 이러한 체험의 과정과 고민하는 과정을 통해 끼를 찾고 보이지 않는 재능도 발산하는 계기가 만들어진다.

이러한 과정을 거쳐 다양한 경험을 쌓게 된 애들은 원하는 장점이 가까스로 드러나게 되면 그들이 지닌 장점을 부모나 선생님은 알아차릴 수 있게 된다. 때에 따라 어느 학령기에 달하면 먼저 애들 쪽에서 부모와 선생님에게로 자기의 장점을 표현해 올 수도 있다. 부모와 선생님에게로 다가와 다양한 형태로 끼를 자랑하면 자연스럽게 애들의 소질을 파악하기에 이르고 서로 간의 소통과 협력이 잦아지게 마련이다. 이 정도에 다다른다면 선생님이나 부모들은 이들의 소질을 키우고 좋아하는 일에 즐기도록 허용적인 환경을 마련해 준다.

다만 애들의 좋은 모습만을 보려고 하는 부모나 선생님의 관심이 무엇보다도 중요하다는 것은 의심의 여지가 없지만, 애들의 소질을 발견했다고 해서 곧 떠벌이는 것은 결코 좋지 않다. 한 애의 소질은 다양한 성향을 보이기에 어느 애의 소질을 꼭 집어서 이것이라고 확증할 수 없다. 애들의 소질은 변화와 가역성이 항상 존재하기 때문이다.

애들의 소질 추구 방식을 존중

애들의 소질을 발견하는 과정에서 간과해서는 안 될 일이 있다. 부모의 기호 쪽으로 애들을 몰고 가서는 안 된다. 애들이 하는 일이 부모에게는 관심이 없고 싫더라도 절대 내색하지 않아야 한다. 애들이 하는 일의 방식이 부모의 생각과는 무관할지라도 참견하지 말아야 하며, 애들의 방식대로 수행할 수 있도록 존중해 주며, 부모는 도우미로서 역할만 충실히 하는 자세가 우선이다.

오히려 서로의 관심이 다르고 일하는 방식이 다르다면 화제도

홀리스틱 교육 마인드

풍부해져서 각자가 독특한 레퍼터리를 갖게 되므로 애들은 자신감을 갖고 자기 자신의 장점과 가치를 발견하고 계발하려는 자존감을 얻을 수 있다.

이런 과정을 거쳐 자기가 좋아하는 분야를 스스로 발견하는 일은 애들에게 있어서 매우 기쁜 일이다. 애들은 자기만의 특유한 학습방법을 찾아내기도 한다. 이런 과정을 반복하여 공부해 가면 애들 나름대로 학습 영역과 영역별 학습 범주가 형성되기 마련이다. 학습에도 현실미가 가해지므로 자기가 나아가고 싶은 길이 보이게 된다. 애들 쪽에서도 부모를 향해 자기의 소질이라고 할만한 것은 정정당당히 내보이고 자랑하게 된다. 이렇게 되면 부모가 애들을 리드하는 경우일지라도 애들이 좋아하는 방향을 좇아 적극적인 도우미로서 협력을 하지 않을 수 없다.

애들이 소질을 추구하는 방식을 존중하면, 애들과 지도자 모두가 기대에 미치는 효과가 나타날 것이다. 즉 부모와 교사는 애들의 소질을 믿게 되고 애들 또한 자신의 소질을 믿는다. 애들의 성취에 대해 갖는 기대가 긍정적이면 성취에 미치는 효과 역시 긍정적으로 나타날 것이며, 애들도 자신의 소질을 믿기 때문에 성취를 할 수 있다는 믿음이 강하여 좋은 성취를 이룰 수 있다.

애들이 소질 계발의 주체

필자의 손녀 다윤이가 5세 때는 그리기를 좋아하고 자르고 오리고 붙이는 조작 활동도 좋아했다. 그래서인지 마트에 가거나 문구점, 장난감 가게에 들리게 되면 그리는 도구나 조작 활동에 쓰일 도구를 스스로 선정하여 부모께 사달라고 요청하는 적극성을 보였다. 그런 성향을 보인 애의 학습 의욕을 돋우는 방법으로 그림 전시회나 공예 전시회가 열리는 공간을 애와 함께 자주 들리곤 한다. 체험 장면이 마련되어 있으면 자발적으로 참여하게 하여 애의 호기심을 자아내고 흥미를 유발하여 창의적인 미술 활동을 즐기는 동기부여를 더하게 하였다.

애들의 꿈은 저절로 솟아나지 않는다. 애들이 꿈을 찾도록 기회를 마련해 주어야 한다.

이런 과정이 더해지면서 예전보다 애의 그림 소재가 다양해지고 표현 수준이 점차 달라졌다. 필자가 고희를 맞이할 때는 손녀의 생각을 표현한 그림 작품을 액자에 담아 선물로 보내왔기에, 필자는 그 기쁨이 커서 이 책의 첫 장의 원고를 드러내는 글감이 되었다.

다양한 분야에서 애들의 활동들이 잦아지면 부모 입장에서는

홀리스틱 교육 마인드

좋아하는 일밖에 하지 않는 아이가 될 것이라고 걱정하는 부모도 있을 것이다. 그러나 애들은 여러 분야의 경험과 체험 활동을 계속하면 결국은 무엇을 하더라도 여러 가지 영역에 대해 알아 둘 필요가 있다는 사실을 깨닫고 스스로 부족한 부분은 보충하려고 노력을 하고 나아가 보다 새로운 분야를 찾아 신나게 접근하려는 주도적인 적극성을 보이게 될 것이다.

그런데 이 단계에서 명심해야 할 일은 부모나 선생님의 편견에 사로잡혀 애가 표현한 내용과 수준을 평가한다면 생각을 만들어 가는 애의 창의성을 저해하는 요인으로 작용한다.

애들은 개성을 지니고 있다. 애들이 갖고 싶고 좋아하는 것들임에도 지도자에게는 전혀 관심이 없는 영역일 경우에 문제를 일으키기 쉽다. 애들이 굉장히 갖고 싶어 하는 것이나 하고 싶은 일에 대하여 지도자가 존중해 주어야 하며, 외면해 버린다면 애들이 나아가야 할 방향으로 정진하지 못하게 된다.

또 어릴 때일수록 사랑과 보살핌을 쏟지 못한다면 애들이 매사에 수동적이고 새로운 일을 기피하며 집중력과 의욕도 떨어진다. 그렇게 되면 인생의 커다란 정체기가 되어 희망이 좌절된다. 또한 지나치게 오랫동안 참고 기다리면 현실적 방향으로 이어갈 수 있는 꿈을 잃어버리게 되고 이상향을 포기할 가능성이 있다.

애들은 본능적으로 자기가 할 수 있는 영역을 찾는다. 애들은 미리 예측하지 못한 일이나 필요한 물건들을 갖고 싶어한다. 지도자가 이런 점을 잘 알아차리게 되면 그다지 비싼 것이 아니라면 또는 그들의 요구에 충분히 응할 정도라면 일단 그들의 요구에 부응한다. 이후에 애들이 그렇게 갖고 싶거나 하고 싶어 했던 이유를 생각해 보면 애들을 이해하는 데 크게 도움이 될 것이다.

가장 좋은 공부법은 자기 주도적 학습

꿈을 가로막는 천적으로 우리나라의 학교 밖 교육에 있어서 고질병으로 자리를 잡아 온 지 오래된 학원 수강 문화이다. 대부분의 보습학원에서 강의하는 내용은 시험에 나올 핵심적인 내용을 짧은 시간에 많은 양을 전달해 준다. 수강생은 지식을 만들어가지 않고 달달 외우는 공부에 능할 수밖에 없는 경우가 허다하다. 이 경우는 내가 공부하는 것이 아니고 남이 알고 있는 것을 내가 기억하려고 애를 쓰는 공부와 다를 바 없다.

지식은 어떻게 만들어지며 어떻게 적용할 것인가를 탐구하는 공부가 지식을 만들어가는 공부다. 이런 의미에서 애들 스스로가 자신의 자질과 능력을 파악하고 자기 주도적으로 학습할 수 있어야 가장 좋은 교육이다. 이 방법이 바로 모두가 바라는 자기 주도적 학습이 아닌가 말이다.

그런데 잘못된 학원 수강 문화는 애들의 소질과 재능을 발굴하기는커녕 말살하는 백해무익한 공부에 지나지 않는다. 애를 키우는 부모는 왜 이를 모를까! 짧은 기간에 큰 것을 바라면 모든 것을 잃는다. 다소 늦더라도 자기 주도적으로 차곡차곡 쌓다 보

홀리스틱 교육 마인드

면 더 크고 튼튼한 미래가 기다린다.

2.
꿈을 이루는 동력은 자신감이다

꿈을 이루는 위대한 자신감

자기가 하지 않은 일을 남이 하거나 나보다도 잘하면 스스로를 위축시켜 해낼 수 있는 일도 어렵게 만드는 경우가 적지 않다. 어른이고 애들이고 자신감이 없거나 부족하여 나타나는 현상이다. 그래서 자신감은 할 수 있다는 긍정의 힘이며, 이는 꿈을 이루는 원동력이다.

심리학자이며 심리치료사이자 세계적인 성공코치로 유명한 로버트 앤서니Robert Anthony Plant 1897-1977의 저서인『나를 믿는 긍정의 힘 자신감』에서 개인이 갖는 자신감은 놀라운 기적을 만들어 낸다고 말한다. 그는 지난 30년간 성공한 사람들의 특성을 연구하면서 개개인이 가진 마음의 놀라운 힘과 신비함에 주목했다. 그리고 성공이란 자신이 가진 자신감의 위대함을 스스로 인식하고 자산으로 활용하는 데서 시작된다는 것을 알게 되었다.

이를테면 자신감은 경기를 승리로 이끌고, 장벽을 넘어서게 하며, 새로운 도전을 가능케 하며, 무엇보다 자기 인생의 주인으로 살 수 있도록 도와주는 원동력임에 틀림없다고 밝히고 있다. 그럼에도 불구하고 자신감이 넘치는 인생을 산다는 것은 생각보다 쉽지만은 않다고 강조한다. 우리 앞에는 무수하게 '하지 못할 이유', '하기 어려운 까닭'이 있는데, 이러한 저항을 극복하고 인생의 어느 순간이든 자기 확신과 긍정으로 가득 찬 자신감 있는 삶을 살 수 있는 방법은 무엇인지를 이 책에서 밝혔다.

로버트 앤서니는 자기 스스로를 가두고 있는 마음의 감옥을 빠져나와야 한다고 말한다. 그는 자기를 가두고 있는 마음의 감옥을 빠져나와 자기가 가진 능력을 마음껏 발휘할 수 있는 방법으로 올바른 자기 인식, 그리고 자존감과 마음의 힘을 키우는 자신감을 강조했다. 그럼, 자신감을 갖기 위해서는 어떻게 할까.

일찍이 율곡의 격몽요결은 처음 글을 배우는 애들을 위하여 직접 쓴 친필본으로 고전이지만 지금도 납득하도록 분명하게 뜻이 드러난 교육서로 그 첫 장 '먼저 뜻을 세우고立志' 편에서 자신감에 대하여 이야기한다.

"처음 배우는 이는 먼저 뜻을 세우되 반드시 성인이 될 것을 스스로 기약해야 하며, 조금이라도 자기 자신을 별 볼 일 없게 여겨 물러나려는 생각을 가져서는 안 된다. 일반 사람도 그 본성은 성인과 똑같다. 사람은 누구나 요임금·순임금과 같은 성인이 될 수 있다." 율곡은 자기가 세운 입지는 자신을 믿는 데서부터 출발한다는 논담으로, 그 시절에도 아동교육에 혜안을 가진 율곡의 이상에 놀라지 않을 수 없다.

자신감 다지기

자신감을 갖기 위해서는 자기 자신을 진단하는 일부터 출발해야 한다. 내가 내 삶의 주인공으로 살아가는 목표가 무엇인지를 밝히는 일이 우선이다. 자라는 애들 역시 삶의 주인공으로 살아가기 위해 바라는 꿈이 반드시 있을 것이다. 그리고 그 꿈을 다가서기 위해 내가 잘할 수 있는 적성을 드러내기까지 소질을 발굴하여 거기에 빠져드는 일이다.

다음으로 자신감을 갖기 위해서는 작은 것부터 차근차근해야 한다. 좋아하는 일을 찾아 작은 것 하나하나 해결하여 잘하기까지 완성의 기쁨을 맛보도록 한다. 작은 경험이 쌓여 큰 힘을 발휘하는 에너지로 환원할 수 있다. 그래야만 자신감이 쌓인다. 단번에 큰 것부터 하려다 실패한다면 실패의 충격도 따른다. 그럴지라도 실패의 경험을 귀중한 자산으로 용인해 줄 때 새로운 생각을 더해 더 큰 노력을 쏟는다. 실패는 성공의 일상적인 한 부분이다.

다음은 생각을 바꾸면 자신감이 생긴다. 생각을 바꾼다는 것은 쉬운 일이 아니다. 쉬운 일이 아니기에 바꾸면 달라진다. 생각을 바꾼다는 것은 자신감이 있기에 가능하다. 자신감은 긍정적인 에너지를 확장하고 자기 마음을 너그럽게 하여 실수도 용인하고 실수를 하면서 배우는 자기주도적 능력을 키운다.

비교하는 훈육은 자신감을 말살

애를 키우는 부모와 학교 교육에서 반드시 없어져야 할 것은 비교하는 훈육이다. 특히나 애를 키우는 적지 않은 부모들은 자기 애들과 이웃집 애들이나 친구의 애들과 여러 면에서 비교하여 평가는 하는 일이 잦다. 특히 애들의 학업 면에서는 더더욱 그렇다. 하기야 자기 애들도 서로 비교하는 경우가 적지 않다. 한집에서 자라는 애들은 물론 다른 집 애와 비교하여 평가하는 일을 대수롭지 않게 여기는 가정교육은 가장 큰 악습이다. 자라나는 애들을 비교하는 행위는 자라나는 애들 간에 상승효과를 가져오거나 승화하는 일이 절대 아니며, 애들의 자존감을 없애고 자신감을 말살시키는 무서운 훈육이다.

자라나는 애들에게 가장 중요한 것은 자존감을 갖게 하고 자신감을 잃지 않도록 격려하는 일이다. '너는 할 수 있다'는 믿음을 갖게 하는 일은 애들이 꿈을 꾸게 하고 미래를 열어갈 힘을 충전해 주게 되어 이보다 큰 에너지는 없다.

애들을 비교하기 좋아하는 부모는 항상 남을 의식하면서 살아간다. 타인으로부터 인정을 받기 위해 살아가는 것과 다를 바 없다. 주위의 기대에 맞추어 자기의 태도나 행동을 변화시키는 동조성을 보인 타인지향적 동기를 지닌 부모는 자신의 관념에 따라 애를 재단하여 남이 부러워하고 우러러볼 수 있도록 방어적인 애

홀리스틱 교육 마인드

로 키운다. 타인을 의식한 부모는 우리 애가 지닌 차이와 다양성을 인정하지 않고 오히려 다른 애와 비교하여 차별을 둔다. 이렇게 자란 애는 저마다의 소질에 따라 자기 꿈을 향해 정진하기 어렵다. 결국 부모의 의지에 따라 자라나는 애들의 꿈은 신기루에 머물러 성공하는 삶에는 미치지 못할 것이다.

진짜 중요한 것은 자기 자신이다. 스스로 좋아하는 일을 찾고 장점을 발굴하고 이를 즐길 수 있도록 동기를 부여해야 한다. 우리 애가 상대 애보다는 무조건적으로 앞서야 된다는 의식을 지닌 부모는 애들에게 욕심껏 너무 많은 것을 요구한 나머지 정신적이고 육체적인 과부하에 시달리게 되어, 애들에게는 장점 계발에 정진하기보다 퇴보시키는 일이다.

꿈과 자신감을 키우는 긍정화의 말들

무심코 던진 말 한마디에 운명을 가른다는 말을 예사롭게 여겨서는 안 된다. 애들이 소질을 계발하고 꿈을 그려보는 과정에서 부모들이 던지는 말 중에서 가장 듣기 싫어하는 말을 무엇이냐고 물으면 '공부하라'는 말이 1위이다. 이 말은 부모의 입장에서는 권유 또는 동기유발로 생각하기 쉽다. 그러나 애들의 입장에서는 명령이나 지시라고 생각한다. '공부하라'는 애들로 하여금 그들의 자율성과 자기주도적 학습력을 말살하는 동인으로 작용한다. 학문은 진리의 탐구라고 하는데, 인간에게는 원래 진리를 추구하는 본능이 있다고 한다. 따라서 애들은 어느 연령에 달하면 스스로 공부할 수 있을 만큼 반드시 공부하기 마련이다.

요컨대 인간은 필연적으로 자신의 인생을 선택하는 방향으로 나아가려는 강한 의지를 가지고 있는 것이다. 부모는 그렇게 간단한 지시로 애들을 통제할 수 있다고 믿어서는 안 된다. 겉으로는 어른이 던지는 지시적인 말을 듣고 있는 것 같지만, 사실은 잔소리로 여기고 귀담아듣지 않아 배타심으로 작용할 우려가 있다.

　때문에 스스로 공부할 수 있는 동기를 마련해 주는 일이 중요하다. 가장 초보적인 방법으로는 애들에게 공부를 하라는 말을 던지는 것보다는 부모가 공부하는 모습을 보여주는 편이 훨씬 낫다. 이 모습은 애들에게 오히려 모방학습으로 전이되는 효과를 가져오기 때문이다. 점차적으로 자기주도적 학습 활동을 통하여 성취감을 갖게 하는 영상자료나 성공을 맛보는 인물들은 저절로 태어나지 않고 노력에 의하여 만들어지는 영상자료를 감상하게 하게 한다면, 공부하라고 지시하는 말보다는 허용적이면서도 동기를 부여해 주는 좋은 방법이다. 각종 그림 자료를 살피고 조작 활동을 통하여 그들 수준에서 탐구하여 발견의 기쁨을 맛보는 기회를 갖게 된다면 이 또한 자신감을 만들어가는 훌륭한 공부이다.

　또한 울타리 밖에서는 다양한 경험이나 체험 활동의 기회를 마련해 주거나 자연현상과 사회사상을 관찰하고 직접적인 대면 기회를 조성하여 호기심을 북돋아 주는 방법은 자기 주도적 학습을 가능하게 하는 선생님이시다. 지도자들은 울타리 밖의 자연현상

　　　　　　　　　　　홀리스틱 교육 마인드

과 사회사상을 접하는 애들을 향하여 마냥 뛰어놀거나 한가한 야외 놀이로 여기는 일종의 유희 활동쯤으로 가볍게 여기는 경우도 없지 않다. 사실 울타리 밖에서 이루어지는 경험은 무수한 지식과 지혜가 수록된 백과사전을 훑는 학습과 같으며, 잠재적인 학습이 이루어지고 있는 그곳은 발견의 기쁨을 맛보는 거대한 교실과 학습장과도 같다.

꿈을 가로막는 또 다른 천적은 억압적이거나 부정적인 말을 사용하는 데 있다. 애를 키우는 부모의 입장에서 사용하는 언어 중 빈도가 높은 어휘를 나열한다면 '…해서는 안 된다', '이것도 모르느냐', '누구를 보아라', '아직도 모르겠니?', '너는 안돼', '그 태도가 뭐냐?', '먹지 마라', '가지 마라' 이런 식의 말투를 사례로 들면 무수히 많다.

부정을 나타내는 속뜻이 포함된 억압적인 말은 애들에게 반항심을 일으키고 하고 싶은 일들에 역작용하여 탐구하고 발견하는 기회를 없애기도 한다. 한마디로 꿈을 키우는 싹을 자르는 것과 다를 바 없이 성취와 낙오, 승과 패를 가름할 수 있다는 사실을 간과해서는 안 된다.

상대의 의지와 생각에 공감해 주고 긍정적인 생각이 담긴 말을 해준다. 긍정적인 말은 상대에게 용기를 북돋아 주고 동기를 부여하며, 자신이 소망하는 것을 이루어질 수 있는 것이라는 자신감을 갖게 한다.

'…해 보렴', '궁리하면 해결할 수 있어', '친구의 본이 되렴', '노력하면 풀릴 거야!', '너는 할 수 있어', '네 태도가 훨씬 달라졌어!', '그곳에 가서 사리를 판단해 보자', '넌 지혜로운 사람이야', '바라는 대로 잘 되어 가고 있군', '생각대로 해보렴' 따위의 말들은 긍정화 에너지로 작용한다.

말은 생각을 담는 그릇이다. 좋은 생각은 좋은 행동을 유발하고 위대한 인격을 만든다. 말이 완전체를 만드는 탯줄로 작용한다. 어른들이 하찮게 여기거나 별로 관심 밖으로 간주하고 사용한 말들은 꿈을 향해 달려가는 애들에게 독이 된다. 긍정적인 동기붙임 말들은 교육에서 무공해 에너지로 작용한다.

3.
꿈은 도망가지 않는다

꿈이란

꿈을 도망가지 못하게 붙잡으려면 어떻게 할까. 꿈은 움직이거나 날아가는 물체도 아닌데 어떻게 붙잡는다는 것일까. 꿈은 다름 아닌 개인이 이루고 싶은 희망이자 간절한 바람이다. 이 세상에 태어나면 누구나 꿈이 있다. 꿈이 있다는 것은 인간이 살아가는 이유이다. 내 꿈이 현실로 다가오게 하려면 어떻게 해야 할까.

　　　　　　　홀리스틱 교육 마인드

꿈이 도망가지 않는 두 가지

먼저 꿈을 좇는 일이다. 그러나 그 꿈은 쉽게 드러나지 않는다. 꿈이 쉽게 다가오지 않는다고 세상을 탓하기 전에 자신을 바꾸는 사람들의 생각이 필요하다. 그리고 그 생각은 반드시 행동으로 옮겨야 한다. 본디 '생각'은 일 개인의 운명을 가늠 지우는 큰 무기임에도 가볍게 여기는 나머지 우리네는 '생각'을 사전 속의 낱말로 간주하기에만 익숙해져 있다.

일찍이 다카하시 아유무는 "꿈은 도망가지 않는다. 도망가는 것은 언제나 자신이다Dreams never run away It,s always me who run away."라고 말한다.

꿈이 눈에 보이지 않는다고 도망가는 이들이 적지 않을 것이다. 그러나 꿈은 불현듯 나타나지 않는다는 사실은 진리이기도 하다. 그 꿈은 오늘도 열중하는 일에 시간을 투자하여 땀을 쏟는 자에게 천천히 다가선다. 땀을 쏟는 와중에도 번민과 고통이 자신을 옭아맬 것이다. 그럴 때마다 생각을 가다듬고 오뚜기처럼 몇 번이고 일어나 하고 있는 일에 최선을 다해야 한다. 그러노라면 꿈은 도망가지 않고 꿈을 좇아 앞으로 달려가고 있음을 가까스로 감지할 것이다.

꿈을 좇는 이들은 그렇지 않은 이들과 다른 점 또 한 가지는 생각한 대로 살아간다는 것이다. 꿈을 좇아 생각한 대로 살아가기에 미래가 그려진다. 그러나 살아가는 대로 생각하면서 살아가는 이들은 미래가 없다.

생각은 자기를 바라보는 관점의 기준이기에 승과 패를 가르는 운명의 이정표이다. 여기서 간과해서는 안 될 일이 있다. 그냥 생각대로 승리가 다가서는 경우도 있지만 실패 또한 승리의 과정임을 인정해야 한다. 실패가 없는 성공은 만족이 빠르겠지만 높이를 모른다. 그러나 실패의 과정에서 얻게 된 성공은 높이를 더해 갈 수 있는 값진 보람을 얻는다.

예컨대 생각한 대로 살아야 꿈이 다가선다. 생각한 대로 살아가는 이들은 목표가 분명하다. 생각이 곧 목표이기 때문이다. 미국 주간지 『타임』에 21세기를 이끌 주요한 사람으로 선정되어 주목받은 바 있는 삭터 거웨인Shakti Gawain도 이렇게 역설한다.

"목표는 항상 현실적으로 이루어질 가능성이 있으며 진실로 원하는 것으로 정하는 것이 바람직하다. 목표는 우리를 보다 편안하고 즐거우며 의욕적으로 만들어 줄 뿐 아니라 우리의 시야를 보다 넓게 확장시켜 준다."고 역설했듯이 목표 없는 항해는 종착점이 없어 갈팡질팡 방황만 일삼게 될 것이다. 목표가 있기에 이를 좇아 정진할 에너지가 충전되기 마련이다. 자기를 발견하고 자신의 길을 찾아 정진한다면 그때부터 자신의 인생은 아주 값진 꿈의 파노라마가 펼쳐지게 될 것이다.

꿈을 좇는 개성교육

교육의 궁극적 목적은 개개인이 지닌 개성을 키워서 그들이 지향하는 꿈을 만들어 갈 수 있도록 하는 데 있다.

본래 인간의 개성은 다른 사람과 확실히 구별될 수 있는 그 사람만의 특성과 자질을 말하는데, 소질 면이나 재능 면이나 성격 면이나 지능 면이나 성질 면에서 남과 다른 독특한 점을 지니고 있다. 그래서 학교 교육은 학생 개개인의 개성을 존중하는 교육 즉 개성교육Individual Education을 지향하여 자아실현에 기여하고 개인으로 하여금 행복한 삶을 누릴 수 있도록 한다.

그럼에도 불구하고 교실 현장에서 이루어지는 개성교육은 저마다에 적합한 개성교육이 아니고 오히려 획일화 교육에 심혈을 쏟고 있는 실정이다. 즉 저마다의 개성도 헤아리지 않고 동일한 공간에서 동일한 교육 내용을 한날한시에 집어넣고 있다. 이는 산업사회의 생산 모형인 소품종 다량 생산 방식이다. 이제는 다품종 소량 생산 방식을 지향하여 개성화 교육을 좇아야 한다. 다품종 소량 생산 방식은 제4차 산업 혁명 시대의 교육 모형으로서 부가 가치가 매우 높다.

그 옛날 공자도 제자들의 개성을 존중하여 그 개성에 알맞은 방법으로 가르쳤다는 이야기는 널리 알려진 사실이다. 개성존중 교육과 개성교육은 이론만 가지고는 아무나 능히 할 수 있는 일은 아니다. 공자는 학생들의 소질과 학습태도, 가정환경 등을 고려하여 적절한 교육의 효과를 노리면서 개성에 적응하는 학습과

제를 제공하는 방법을 택하였다. 또한 공자는 지식의 전달에 만족하지 않고 교육자가 피교육자에게 미치는 인격의 영향까지 고려하여 가르쳤다. 공자는 크고 작은 형형색색의 그릇 속에 지혜와 덕행의 바닷물이 흘러들어 가서 자기의 그릇의 크기와 모양대로 교육을 채워 넣고 이를 끄집어내는 교육을 개성교육이라고 했다.

때문에 개개인이 지닌 개성을 부모와 선생님의 의도대로 바꾸지 말아야 한다. 바꾸려고 하여도 바뀌지 않는다. 억지로 바꾸어서 이루어지는 개성교육은 세상을 바꾸는 '다섯 개 사과'가 될 수 없다.

온 인류가 가장 좋아하는 과일을 묻는다면 사과Apple라고 하는데 주저하는 사람이 적지 않을 것이다. 그래서인지 몰라도 사과는 인류의 문명과 역사를 바꾸어 놓았다. 아담과 이브의 사과는 인류를 바꾼 사과이고, 역사에 나오는 빌헬름 텔의 사과는 결단과 용기의 사과이며, 뉴턴의 사과는 만유인력의 법칙의 발견으로 과학을 바꾼 사과이고, 비틀스의 애플 레코드는 음악 세상을 바꾼 사과이며, 스티브 잡스의 사과는 문명을 바꾼 사과라고 일컫는다.

이 중 스티브 잡스의 애플은 앞서 세상을 바꾼 애플과 함께 오늘을 있게 한 가장 최근의 사과이다. 스티브 삽스는 왜 사과와 IT를 접목했을까.

홀리스틱 교육 마인드

문명과 역사를 사과가 바꾸었듯이 스티브 잡스는 생물인 사과를 가져와 애플을 탄생시켰다. 이 애플사는 미국의 대표적인 IT 기업이며 세계의 경제를 휘어잡는 세계 최고의 갑부 기업이다. 인간의 능력을 초월한 '매킨토시 컴퓨터'와 '아이폰'을 창조한 고 스티브 잡스가 만든 벤처기업 말이다. 창의와 혁신을 중요시했던 잡스는 1990년대 애플 경영난에 대한 도의적 책임을 지고 최고 경영자의 위치에서 쫓겨나기도 하였다. 절치부심한 잡스는 이후 스마트폰의 대명사인 아이폰으로 세계 휴대전화 시장을 석권한 신화가 지금도 이어지고 있다.

이 엄청난 창조물은 애플사의 슬로건이면서 스티브 잡스를 상징하는 '다르게 생각하라!Think Different!'에서 출발했고 고정관념을 깨트린 '사고의 전환Paradigm Shift' 그 자체였다. 스티브 잡스의 '다르게 생각하라!Think Different!'는 모든 개인에게 똑같은 획일이 아닌 개인의 개성을 손상하지 않게 끄집어내고 끄집어낸 개성대로 성장해 온 스티브 잡스였기에 세상을 바꾸어 놓았다. 그래서 개성을 좇는 교육은 또 다른 스티브 잡스가 나타날 수 있다고 확언한다.

이제 학교 교육도 '교육방법에 대한 사고의 전환', 그리고 '생각 자체에 대한 생각의 전환'을 꾀해야 한다. 그래야만 또 다른 새로운 생각이 보일 것이다. 이러한 사고의 전환은 이상이 아니고 현실이어야 한다. 바로 뉴턴, 비틀스, 스티브 잡스가 말해주고 있다. 이들은 각자가 지닌 개성을 일구어 꿈을 이루었고 그 꿈은 세상을 바꾸었다.

강조하여 되짚어 본다. 우리 애들이 세상을 바꿀 또 다른 사과 Apple를 만들게 하려면 어떻게 해야 할까. 물음에 대한 답은 다름이 아닌 개인의 개성을 바꾸거나 도망가게 하지 말고 개개인이 지닌 그릇 크기와 본디의 모양에 담겨 있는 개성을 끄집어내는 개성교육이 마땅하다.

지금도 이상적인 세상이 현실로 다가오고 있다. 그 근거는 개성대로 살아간 사람들의 노력으로 인공지능 시대를 맞이하고 있는 이 시간이 실증으로 체감되기 때문이다. 그럴지라도 개성교육에 의하여 학습된 이들이 많을수록 개성 넘친 그들이 서로 융합하고 협력하여 더더욱 이상적인 세상이 펼치는데 기여할 것이다.

4.
꿈은 오로지 도전자의 몫이다

꿈과 도전

미국 라이스대학교 연설에서 케네디John F. Kennedy 1917-1963는 이렇게 말한다. "우리가 달에 가기로 결심한 것은 그것이 쉬운 것이 아니라 어려운 일이기 때문이다." 아쉽게도 케네디는 연설한 지 1년여 뒤 암살돼 역사적인 달 착륙을 보지 못했다. 그러나 그의 연설은 도전해야 이룰 수 있다는 큰 연설로 기억되고 있다.

한 개인이 쉬운 비전만을 추구한다면 다다를 수 있는 목표가 보이지 않는다. 목표가 있더라도 다가설 수 없다. 가치 있고 달려가야 할 곳이라면 어려운 선택을 할 수 있어야 한다. 이 선택은 오로지 도전자의 몫이다. 내가 달려가는 길이 어려운 길일지라도 말이야!

토끼와 거북이 이야기에서 거북이의 자존감

꿈을 이루고자 갈망하는 개인은 자기가 처한 현재의 자기 주도적 학습능력을 진단하는 일이 무엇보다 중요하다.

『메타인지 학습법』(2019)의 저자이며 콜롬비아대학교와 제휴를 맺은 바너드칼리지의 심리학 교수로 있는 리사 손의 생각을 빌려 자존감으로 충만한 토끼와 거북이의 이야기에서 거북이의 속내를 음미해 볼 필요가 있다.

거북이는 토끼가 되고 싶어 죽어라 노력해도 토끼가 될 수 없음을 깨닫는다. 삶의 목적을 경쟁과 생존이라고 결론지었다면 내 인생은 완전히 실패했을 것이다. (하지만 미국인 친구들에 비해 내 영어가 느릴 수밖에 없음을 인정하고 내 속도대로 공부하는 것이 최선임을 느낀 순간부터 내 삶은 달라졌다.)

걸음이 느리다고 놀리는 토끼에게 난 지금도 충분히 행복해. 근데 네가 꼭 경주를 해야겠다면 우리 한 번 해 보자.

토끼는 자기 자신의 장점과 가치 등을 발견해 내고 이를 계발하려고 노력하는 과정에서 스스로 자존감을 높일 수 있었을 것이며, 자존감이 자아를 존중하게 되어 결국은 자긍심으로 승화하였을 것이다.

내가 아닌 남의 삶을 살고 있다면 늘 불안하고 만족스럽지 못하고 현재의 자신이 흔들릴 것은 뻔한 일이다. 그러므로 자기 주도적 학습능력을 진단하는 일이 우선이다.

다른 친구들은 소속한 집단에서 어느 수준의 능력을 지니고 있는가, 공부를 열심히 하고 있는가, 무엇을 잘 할 수 있는지를 지나쳐도 되는 일에 오히려 골몰하게 되면 개인의 꿈을 발굴하고 키워가는 데 도움을 주는 방향으로 작용하지 않는다고 인식하는 것도 자기 자신의 진단에 속한다. 상대가 자기보다 앞선다고 진단된다면 앞으로 나아가는데 긍정적인 방향으로 작용하지 않는다. 좌우를 비교하여 우수한 쪽은 자만심이, 열등한 쪽은 포기와 절망감이 도사린다. 비교를 통하여 얻어진 반성이 개선과 발전으로 이어가기는 쉽지만은 않기 때문이다.

내가 만들어가는 인생
상대가 나를 만들지 않는다. 개개인이 자기를 만들어간다. 내

홀리스틱 교육 마인드

인생은 남이 아닌 내가 만들어간다. 혹여나 실패와 실수가 있을지라도 내 인생이기에 거기에서 얻는 반추가 성공으로 만들어지기 마련이다. 성공철학자 나폴레옹 힐Napoleon Hill 1833-1970은 "성공한 사람은 자신이 생각한 대로 인생을 살아간다"고 역설했다. 즉 성공한 사람은 생각한 대로 꿈을 이루었기 때문이다. 성공한 사람의 생각은 바로 꿈이다.

그렇다. 한 개인의 인생 출발점은 꿈을 꾸는 데 있다. 승용차는 목표 지점을 향해 달리며 그 달리는 힘은 엔진에서 나온다. 인간의 꿈 역시 단순한 희망 사항이 아니며 다가오는 미래에 깃발을 세워야 할 이상 세계이며, 이상 세계에 다다를 힘은 다름이 아닌 꿈이 엔진이다. 이 엔진이 강력한 힘을 발휘하여 달리다 보면 목표 지점에 다다를 것이다.

반면에 꿈이 없는 애들은 목표 지점이 없기에 방황하다 결국은 제자리에 머무르고 있을 뿐이다. 이 애들은 살아가는 이유가 존재하지 않고 무슨 공부를 이디에서 어떻게 해야 하는지 막연할 수밖에 없다.

적성을 중시한 진로 선택

우리나라 학생들은 사회생활을 해나가는 데 필요한 인간의 특수 능력이라 일컫는 개인의 적성을 외면하고 사회에서 인기가 있다는 단순한 사실만으로 학과를 선택하여 진학하는 학생이 적지 않다. 뿐만 아니라 학생들은 개인의 적성보다는 학업능력을 중시하여 학과를 선택하거나 직업 선택을 우선하면 만족도가 높지 않을뿐더러 선택한 학과나 직업에 적응능력이 부족하여 성공에 이르기가 어렵다는 중론이다.

그래서인지 대학에 다니다가 중도 하차하거나 입시 공부를 거듭하여 적성에 맞는 학과를 찾아 대학에 진학하는 경우가 없지 않음은 잘 알려진 사실이다. 이뿐만은 아니다. 적성을 외면하고 단순히 사회에서 인기 있는 직종만을 찾아 직장에 종사한 이후에 얼마 지나지 않아 퇴사하거나 방황하여 인생을 그르치는 경우가 우리의 주변에는 적지 않다.

이 같은 잘못된 진로 선택의 가장 큰 이유는 자기 자신에 대한 귀중한 정보인 적성에 관심이 없다는 사실이다. 즉 내가 어떤 특수한 활동 분야, 예컨대 직업 분야의 활동을 해나가는데 필요한 특수 능력이 무엇이며, 내가 좋아하는 것이 무엇이고 잘할 수 있는 것이 무엇인지, 자기 자신에 대한 진단이 없다는 데 가장 큰 요인일 것이다.

한편 짚고 넘어가야 한다. 부모의 꿈이 애들의 꿈으로 둔갑하는 경우가 많다. 부모의 생각이 애들의 적성일 수 없다. 적성을 외면한 애들의 꿈은 성공하기 어렵고 적성대로 커가는 애들은 행복한 일생을 담보한다.

애들 자신이 하고 싶은 특수한 활동 분야에 대한 특수 능력을 찾고 이에 가장 적합한 공부감에 열성을 쏟는 몰입과정을 거칠 때라야 비로소 문이 열리는 확률이 높다. 이 같은 과정을 거쳐야 선택한 직업의 세상에서 하는 일에 몰입하게 되고 개인적으로 비로소 꿈에 이르게 된다. 우리가 사용하는 말 중, 하는 일에 '미쳐야 산다'는 말은 이때 사용해야 가장 적합한 말일 것이다.

그래서 꿈은 오로지 도전자의 몫이다. 부모와 선생님은 애들의 꿈을 대신해 주는 역할을 해서는 아니 되며, 꿈이 애들의 몫이 되도록 도와주는 헬퍼helper에 충실하는 데에만 그쳐야 한다.

꿈은 만들어 간다

결과적으로 애들의 꿈은 저절로 솟아나지 않는다. 그렇다고 학습의 조력자인 부모나 선생님이 애들의 꿈을 억지로 만들어 주어서는 안 된다. 꿈을 찾도록 여러모로 기회를 만들어 주는 일이 필요충분조건이다. 이러한 과정에서 애들이 꿈을 찾는 노력은 의도적이지만 애들이 꿈을 발견하는 계기는 자연스럽게 이루어진다. 프랑스의 앙드레 말로Andre Malraux 1901-1976는 "오랫동안 꿈을 그리는 사람은 마침내 그 꿈을 닮아간다."고 말한다. 삶의 주인이 된 애들은 꿈과 재미있는 게임을 하고 있다. 게임에서 승리하여 꿈과 닮은 멋진 작품을 만들어 낼 것이다.

애들의 꿈은 꿈을 꾸어야만 꿈이 시작된다. 꾸지 않는 꿈은 이루어지지는 않는다. 꿈을 가진 자만이 미래가 열린다. 때문에 꿈은 도전자가 의도적으로 만들어간다. 그러한 과정에 꿈은 자연스럽게 이루어진다.

CHAPTER 2

생태환경이 성취동기에 기여한다

개인의 재능은 개체 입장에서 잘하는 장점이며, 남과 비교하여 그들보다 잘한다면 강점이다. 이 재능을 계발하고자 노력을 쏟는 개인 의지와 자신의 의지와는 관계없이 타율적 대상인 생태환경이 함께 할 때라야 성취동기로서 그 가치를 극대화할 수 있다.

1.
재능 계발은 생태환경의 영향이 크다

재능 계발과 생태환경

　재능은 타고난 것이며 계발하면 성공 가능한 개인의 장점으로서 꿈으로 이어진다. 개체가 지닌 생태 그대로의 자질로 타인과 비교해서 그들보다 잘하는 재능을 발굴하여 좋은 환경에서 고도의 훈련을 받는다면 현저하게 발달할 수 있는 가능성이 있다. 재능은 유전에 보다 관심을 두는 경향이나 재능을 발굴하고 재능을 키우는 일은 교육적인 생태환경의 영향이 크지 않을 수 없다.

　인간의 최고의 이상은 재능을 계발하여 꿈을 이루는 데 있다. 꿈을 이루면 비로소 성공에 다다른다고 말할 수 있다. 인간이면 누구나 성공을 선망하지만, 희망대로 이뤄지지 않는다. 성공은 선택된다. 그 선택은 우선 개인의 의지에 달려있다. 개인의 의지는 다름이 아닌 노력이 으뜸이며, 그 노력은 재능에다 터를 잡아야 한다. 재능에 터를 잡고 노력이 있을 때라야 성공의 가능성을 예약하지만, 재능과 노력이 합쳐지고 시대와 성장해 가고 있는 생태환경은 물론 광범한 사회적 환경을 잘 만났을 때라야 성공의 가능성이 더욱 투명해진다.

생태환경이 더해진 성취동기

재능은 개개인이 같을 수는 없다. 저마다 타고난다. 다만 남과 다른 재능을 지니고 태어난 일은 다른 개체와 비교하면 운이다. 노력은 개인의 의지와 상관이 매우 높다. 그러나 개인의 노력도 한 개체를 둘러싸고 있는 생태환경과 상관이 있다. 부모의 자녀교육의 의지도 한몫을 차지할 것이다. 부모의 안정적인 뒷바라지가 가능해야 하며, 부모가 현재 하는 일도 제외할 수 없을뿐더러, 당시의 시대적 사회적 환경과 시류도 간과할 수 없다. 이 같은 요건들이 갖추어지면 개인적으로 심리적인 동기가 갖춰지게 되어서 비로소 재능을 키우기 위한 불을 당기게 된다.

예컨대 개인의 재능은 개체 입장에서 잘하는 장점이며, 남과 비교하여 그들보다 잘한다면 강점이다. 이 재능을 계발하고자 노력을 쏟는 개인 의지와 자신의 의지와는 관계없이 타율적 대상인 생태환경이 함께 할 때라야 성취동기로서 그 가치를 극대화할 수 있다.

부모가 자식을 교육시키는 방식은 다양하다. 맹모삼천지교孟母三遷之敎방식이다. 맹자의 어머니가 자식인 맹자의 교육을 위해서 세 번이나 이사했다고 하지만 장소만 세 곳일 뿐 실제로는 공동묘지 근처에서 시장으로, 시장에서 서당 근처로 두 번 이사했다. 공동묘지에서 시장 근처로, 마지막으로 서당 근처로 집을 옮겼더니 맹자는 학생들이 공부하는 모습과 제사상을 차리는 법, 예의를 갖춰 인사하는 행동을 보면 곧잘 따라 하게 되었다. 좋은 교육을 위해서는 생태적 교육환경이 중요함을 일러주고 있다.

서울의 특정 지역에서 SKY 대학교 합격자가 많이 나오는 이유는 성취동기의 속성과 어떤 차이점이 있을까? 우리나라 서울의 8학군을 지칭하면서 빈부의 차를 빗대 바람직하지 못하고 씁쓸한 우스갯소리로, 서울의 강남에서 자란 유자나무를 강북으로 옮겨 심으면 탱자가 열리고, 강북에서 자란 탱자나무를 강남으로 옮겨 심으면 유자가 열린다는 이야기가 유행한 적이 있다. 이 지역은 지극히 일부 잘사는 학부모의 치맛바람이 불고 오늘날은 사설학원과 명문학교가 많아 현대식 교육 인프라를 갖춘 교육환경이라 말해도 될는지? 아무튼 이 지역은 잘사는 이들의 입장에서 보면 좋은 교육환경일 것이다. 그러나 잘사는 이들의 자녀가 적응하기 좋은 곳이라 사회의 지탄을 받고 있기도 하나 우수한 학생들의 배출이 많아 상위 그룹 대학교 진학률이 높다고 한다. 오늘날 첨단 지식산업군을 형성하고 있는 미국의 실리콘벨리 같은 지역과 같은 곳이라고 할까?

홀리스틱 교육 마인드

그렇다고 필자는 서울 강남 학군을 맹신하지는 않지만 시대적인 여건으로 봐 공부하기에 보다 유리한 환경임에는 이론의 여지가 없다고 생각한다. 인적, 물적 교육환경이 갖추어진 좋은 곳에서 자라고 자녀 학습에 관심이 많으며 학습의 과정에 도우미 역할을 톡톡히 할 수 있는 능력을 갖춘 부모님 슬하에서 자란 학생들에게는 우수한 교육환경이 갖추어졌다고 할 것이다. 그 중거로 서울대학교 김성식 교수는 '부모의 배경이 학력 격차에 미치는 영향과 해소 방안'을 주제로 국회 토론회에서 부모의 사회경제적 배경에 따른 학력 격차가 최근에 올수록 확대되고 있다는 조사·연구 결과와 맥을 같이 하고 있다고 밝혔다. 즉 학교가 모든 학생에게 동일한 기회를 제공하고 있지만, 그 자체가 부모의 사회경제적 지위가 높은 학생에게 유리할 가능성이 있다는 것이다.

반면 공부하는 데 적합하지 못한 교육환경일지라도 이를 거울 삼아 오히려 어려움을 이기고 최선을 다하는 학생도 없지는 않다. 의지가 남다른 학생 입장에서 보면 어려운 교육환경이 오히려 약이 될 수 있도록 긍정적인 사고로 전환하여 유리한 교육환경을 만들어가는 경우이다.

그런데 오늘날에 있어서는 성공하기까지는 개인의 재능이 큰 몫을 차지하며, 재능을 이끌어 내고 이를 수준 높게 키우는 노력과 생태적인 주변 환경이 큰 울타리가 된다는 사실은 통념화 되었다. 그래서인지 오늘날은 '개천에서 용 난다'는 말은 가당치 않은 말로 통념화 된 듯하다.

성취동기는 자신감

본디 성취동기는 이루고 싶은 과제를 달성하는 과정에서 만족을 얻으려는 내적 의욕 또는 성향이다. 자신이 속한 문화에서 가치롭다고 생각되는 목표를 보다 높은 수준에서 실현하거나 완성하고 싶어 하는 의욕이다.

이 같은 의욕은 꿈으로 이어지는 재능을 키우기 위해 집중하여 노력하게 하며 실패가 있다면 이에 대해 좌절하지 않고 오히려 실패의 두려움을 쉽게 극복하여 결과적으로 성공에 대한 자신감을 높이는데 기여한다. 자신감은 개인의 능력에 대한 확신이자 신념으로 돌이킬 수 없는 것을 가능하게 하고 고정관념을 깨트려 불리한 생태적 환경을 성취동기를 높이는 교육 환경으로 갱신하는 불쏘시개 역할을 하기도 한다.

2.
재능의 발견과 결실에 이르기까지는
노력을 쏟아야 한다

아이들의 잠재력이 재능

경기대학교 교수 이광호(2020)는 '아이들의 잠재력'을 이렇게 설명하고 있다.

"지금까지 아이들은 어른에 비해 미숙하고 역량이 부족한 존재로만 여겨졌다. 물론 젊은 세대와 아이들은 경험과 지식이 부족할 수 있다. 그러나 우리가 생각하는 것보다 훨씬 더 큰 역량과 잠재력을 가지고 있으며, 하나의 닫힌 명사형 직업만으로는 표현되지 못하는 각자의 열망과 포부를 가지고 있다."

그렇다. 모든 아이들에게 겉으로 드러나지 않고 속에 숨어 있는 무한한 힘을 지닌 잠재력이 어른들이 생각하지 못한 세상에 태어난다. 어른들은 그러한 잠재력을 계발하기 위하여 무던히도 애를 쓴다. 대표적으로 교육의 힘을 빌려 잠재력을 이끌어 낸다. 그 잠재력은 어린이들의 꿈과 연결하고 있다. 그 잠재력이 발견되면 놀랍게도 자기계발에 발동이 걸린다.

그런데 잠재력은 겉으로 드러나 있지 않고 숨어 있다. 잠재력은 다른 말로 재능이다. 재능은 이끌어 내어야만 가치가 드러난다.

재능의 탄생

재능才能 Talent, Ability은 모든 개체가 지니고 있다. 그러나 그 재능은 선택할 수 없어 똑 같을 수는 없다. 그런데 각 개체가 숨기고 있는 재능을 계발하여 꾸준히 연마할 수 있다. 재능은 선천적이지만 계발하고 연마하는 것은 후천석이다.

즉 선천적으로 숨겨진 재능은 잠재적으로 서서히 나타나지만 의도적인 교육의 힘을 투입하면 빠르게 나타난다.

블로제트Blodgett, H.C.는 재능의 탄생에 대하여 연구를 수행했다. 그는 1929년 쥐를 대상으로 미로학습실험에서 처음 수일간은 목표상자에 도달해도 보상먹이을 주지 않아 학습이 이루어지지 않은 것으로 보인 쥐라도, 한번 보상을 주게 되면 급속하게 진보를 보이고 처음부터 보상을 받은 쥐와 동일한 학습성적을 나타내는 것을 발견하였다. 그리고 그와 같은 갑작스러운 진보는 보상을 주지 않은 기간에도 어떤 학습이 이루어지고 있으며, 이 학습이 보상을 받게 되는 동시에 표면에 나타나게 된 까닭이며, 이 보상 기간에 이루어지는 학습을 잠재학습이라 한다. 톨먼Tolman, E.C.은 그러한 학습을 효과의 법칙Law of effect의 반증으로 들었다.

재능의 체험적인 개념

똑같은 풍경을 보고도 느끼고 그 감정을 표현하는 방법은 제각기 다르다. 재능의 숙련된 수준이 다르기 때문이다. 재능을 계발하고 연마하는 일은 개체의 몫이다. 재능은 반복 훈련과 연습으로 그 진가를 발휘할 수 있다.

재능 계발의 이야기다. 2020년 12월 26일 밤 10시 30부터 2시간 동안 KBS2에서 방영되는 '트로트 전국체전'은 전 국민이 즐겨보는 트로트 경연 프로그램이다. 이 프로그램은 1차 예선에서 선발된 노래 실력자들이 전국 8도별로 여섯 명씩 그룹을 이루어 실력을 겨룬다. 시작은 서울 팀과 제주 팀이 실력을 겨루게 되었다. 이 경연을 TV로 시청하는 국민이나 경연에 참가한 노래 실력자들은 지레짐작으로 서울 팀이 이길 것이라고 예상들 하는 분위기였다.

왜냐하면 서울 소속을 희망하는 가수들은 자의적이며 이름이 더 잘 알려져 있고 제주팀원들은 희망에 의한 선택보다는 소속 희망자가 없어 본인의 의사와는 관계없이 예비 합격자들로 강제 배분하였기 때문이다. 서울팀을 상대로 제주팀이 선정되자 서울 팀은 난리법석이고 감독과 코치진들도 승리를 미리 예상했다. 반면 제주팀원들은 상대가 강한 팀이지만 최선을 다해보자고 다짐하고 감독과 코치들도 오히려 최선을 다하여 준비를 잘하면 뒤지지 않는다고 격려를 아끼지 않았다.

상대 팀끼리 2회를 대결하여 무승부일 경우에는 각 팀의 주장이 대결하여 높은 점수를 받는 팀이 승리하게 된다. 드디어 승부 겨루기가 시작되었다. 1회전은 서울팀이 승리하고 2회전은 제주팀이 승리하자, 무승부가 되어 결국은 각 주장끼리 승리를 겨루어 제주팀이 높은 점수를 받아 승리하기에 이르렀다.

예상을 뒤집는 승부가 나타난 까닭이 있었다. 약체팀이라고 여겼던 제주팀은 상대의 전략을 미리 탐색하고 그에 견줄만한 전략을 수립하여 똑같이 주어진 시간을 효율적으로 사용하였다. 각 개인이 지닌 음질, 성량, 음악 장르, 댄스 기능 등 음악적 재능을 파악하고 이에 어울린 음악을 선택하기까지 집단지성을 발휘하는 과정에서 감독과 코치들의 어드바이스를 십분 활용할 줄 아는 지혜를 발휘하였기 때문이다.

그다음 순으로 치러진 경상팀과 글로벌팀과의 승부 겨루기에서는 예상을 초월한 일이 벌어졌다. 경상팀 역시 트로트에 이름 있는 가수들로 채워졌으며 외모로도 압도할 수 있는 튼튼한 팀이었다. 반면 상대의 팀인 글로벌팀은 외국인 무명가수와 재외 한국인, 다문화 학생으로 구성되었다. 시청자, 감독과 코치, 여타 소속팀의 가수들 모두가 경상팀이 압도하리라 예상한 분위기였다. 승부 겨루기에서 1회전에는 동점이 되어 2회전 결과로 승부를 가르게 되었다. 그런데 2회전에서는 8 : 10으로 글로벌팀에게 승리를 안기게 되는 이변을 자아냈다. 글로벌팀은 의외의 음악 장르를 선택하여 그들이 처한 팀원의 성향에 어울린 음악으로 승화하여 청중을 압도하였다. 청중 모두가 감성에 젖은 나머지 눈물을 흘리지 않은 이가 없었으며 시청한 필자의 부부 역시 깊은 감성에 젖어 울음을 토했다.

필자는 재능에 대한 체험적인 개념을 이끌어 내기에 이르렀다. 재능은 개체 모두가 선천적으로 지니고 있다. 그러나 천부적인 재능을 가지고 태어난 사람도 재능을 발굴하고 키우는 일은 후천적으로 이루어지는 노력이 없으면 숨어 있는 가치에 불과하다는 것이다.

재능을 일구고 키우는 일은 자기 자신을 믿는 데서 출발한다.

홀리스틱 교육 마인드

스스로 재능을 일구고 키우면 즐겁고 재미있다. 스스로 하면 쉽고 잘하는 것부터 시작하니까 즐거울 수밖에 없을 것이다. 이럴 때면 자신감도 생기고 집중력도 따른다. 누가 시키지 않아도 자꾸만 하고 싶어지게 된다. 그렇게 하여 스스로가 자기를 바꾸어 미래를 일군다.

사람은 누구나 자기의 꿈대로 다가설 수 있다. 지극히 평범한 재능을 가진 사람이라도 자기가 하고 있는 분야에서 꾸준히 노력하면 남보다 나은 사람이 될 수 있다.

그렇다. 누구나가 자기 자신의 '재능'을 믿고 그것의 성과가 거양될 때까지 노력을 지속시켜 그 성과에 의하여 스스로 '재능'을 확신할 수 있는 동태적인 면을 갖고 있다는 것을 결코 잊어서는 아니 될 것이다.

재능은 태어나는 것이라서 부모의 입맛에 맞는 재능은 탄생하기 어렵다. 그럼에도 불구하고 잠재력의 발동은 개체가 지닌 재능과 무관하게도 부모의 의지에 따라 달라지는 경우가 적지 않다. 개체와는 무관한 부모의 의지에 의한 재능의 발동은 억지춘향에 불과하다. 그 재능은 결국 꽃피우지 못하거나 못다 핀 꽃으로 지고 말 것이다.

개체의 노력에 의하여 계발되는 능력과 적성
개개인이 타고난 성질의 능력과 적성에 대하여 생각해 본다.

그리고 한 개인이 자기 자신에 대하여 생각하고 느끼는 자기 개념이 어떠하든 그 사람에게 재능이 없다면 어떻게 할 수도 없다는 생각이 암묵의 상식으로 우리 머릿속에 존재하고 있다. 그러나 재능이 있다든가 능력이 출중하고 적성이 남다르다고 하는 것은 무엇을 할 수 있다는 결정적인 의미를 갖고 있다는 것과 다를 바 없다.

어느 시기에 능력이나 적성이 명백한 형태로 파악된다 하더라도 그것 때문에 그 사람의 일생을, 그 사람의 업적을, 그 사람의 인생에서 성공과 실패를 미리 파악할 수 있는 것은 결코 아니다. 인간의 능력과 적성이란 것은 유동적인 것이고 가시적인 것이며, 그리고 무엇보다도 먼저 그 사람 자신의 주체적인 노력에 의하여 계발되고 발현되는 것이다. 학교에 다니는 자녀에 교사와 부모가 그리고 본인이 생각한 능력과 적성이 긴 인생에서 그대로의 사실로서 나타난다라는 것은 결코 아닌 것이다.

그렇다면 능력과 적성의 본질은 무엇인가. 우선 능력과 적성에 대하여 결과적인 입장이다. A학생이 몇 차례 재수하여 지망하는 대학에 합격했다고 한다면, 그 학생은 능력이 있다고 인정받게 되는 것이 일종의 사례이다.

다음으로 능력과 적성은 그 본인이 자기 자신의 가능성을 어떻게 보고 있는가라는 자기 개념과 깊게 관세되고 있다는 것이다. 자기는 무엇을 해도 생각대로 이루어지지 않고 실패가 많다거나

홀리스틱 교육 마인드

열심히 노력하는 모습을 보여 부모님이나 선생님께 인정을 받으려고 해도 기대에 미치지 못하는 대우를 받게 된다면 자기를 비하하는 경우도 있다. 그렇지만, 자기가 열심히 노력하면 모두에게 인정되는 실적을 얻을 경우도 있지 않겠는가 말이다.

능력과 적성은 자기 개념과 상관이 있어 부정적인 행태로 간주되기도 하지만 긍정적인 행태로 간주되기도 한다는 것이다.

물론 능력과 적성의 발현 시기는 사람에 따라 각양각색인 것이나. 어릴 때부터 모두에게 기대되고 그리고 아주 젊은 시절에 많은 사람이 인정하는 훌륭한 업적을 거양한 사람도 있을 것이며, 또한 어릴 때부터 모두에게 쓸모없다는 말을 듣게 되고 그리고 역시 무엇을 하여도 쓸모없는 채로 일평생을 보낸 사람도 많을 것이다.

그런데 학교 교육에서 능력과 적성을 말하는 의미는 무엇일까? 이 경우는 어느 시점에서 능력은 학력이며 적성은 흥미와 관심과 관계가 깊다. 학력은 몸에 익힌 지식과 기능적인 힘이다. 이러한 지식과 기능은 자기 주도적인 학습 활동의 밀도와 투입되는 시간 그리고 가르치는 자의 지도력이 합해져서 몸에 배는 것이다. 또 다른 흥미와 관심은 적성을 구성하는 중요한 기둥이라는 것을 인정함과 동시에 상황이 변화하면 이 또한 변화할 가능성이 크다. 더불어 흥미와 관심은 학습에서 그 성과를 올릴 수 있는 것이다.

그래서 능력과 적성이 늘 변하지 아니하고 일정하게 지속하면서 한 개체를 형성하는 근원을 이루는 것이라고 믿어서는 아니 된다. 이는 어디까지나 하나의 구성 개념에 지나지 않을 뿐이다. 특히나 학교 교육에서 능력과 적성을 실체시하여 한 인간을 평가하는 잣대가 되어서는 안 되고 기능적으로 파악하여야 할 것이다.

자기 개념의 문제도 단지 마음가짐과 생각 여하에 달려 있다는 가소로운 잣대로 봐서는 안 된다. 자기와의 대화는 자기 자신에 관해 무엇인가의 의식화를 포함하고 있으며, 또한 자기 생각을 밖으로 드러내지 않는 자기 개념에 지나지 않을 뿐이다. 그렇지만 그러한 암묵적인 기반이 자기가 나아가는 방향과 자기 정체성을 확립하는 방향과 내용에 큰 영향을 주고 있다. 즉, 생각하는 것, 그것을 통하여 배운다는 것, 그리고 정말로 자기 것이 되도록 납득이 될 때까지 자문자답하는 것은 자기 개념 여하에 따라 크게 달라진다.

예컨대 나도 너처럼 독특한 재능이 있고 그 재능을 키워 큰 공을 세울 수 있다는 긍정적이고 자긍심에서 출발한다. 자기 자신의 재능을 믿고 그것의 성과가 거양될 때까지 노력을 결속시켜야 한다. 그리고 그 성과에 의하여 스스로 재능을 새롭게 확신하고 발전해야 한다라는 동태적인 면을 갖고 있다는 것을 간과해서는 안 될 것이다.

홀리스틱 교육 마인드

재능은 드러나 있지 않다. 개인이 숨겨진 재능을 찾아보면 재능이 보인다. 개인이 천부적인 재능이 있더라도 찾지 않기 때문에 보이지 않을 뿐이다. 자기가 잘하거나 좋아하는 것 그리고 하고 싶은 것이 많다. 찾다 보면 재능이 보인다. 그런데 재능도 노력의 결과로 찾을 수 있고 재능의 결실도 노력의 결과로 영근다. 노력하지 않고서는 절대로 성공할 수 없을 뿐만 아니라 평범한 인간이 되는 것조차 어렵다. 노력으로 얻어진 재능은 자기 자신을 만들어가는 것이다. 내가 좋아하는 것을 즐기다 보면 잘하게 되어 더 멀리 갈 수 있다. 더 멀리 갈려면 혼자가 아닌 더불어 동행할 때라야 가능하다.

공자는 아는 사람은 그것을 좋아하는 사람만 못하고 좋아하는 사람은 그것을 즐기는 사람만 못하다는 지성의 방향을 논어에서 밝히고 있다. 아는 것을 넘어서 좋아하고 좋아하는 것을 넘어서 즐기게 되면 결국은 잘하게 되어 최고가 되는 길이다.

아는 것과 좋아하는 것은 개인의 일이지만 즐기는 것은 나와 제3자가 있어야 한다. 즐기는 일은 다른 사람과 더불어 즐겨야 지성의 가치가 드러난다.

재능의 발견과 그 결실

재능을 발굴하고 재능을 키우는 고사 두 가지 스토리를 소개하여 노력의 중요성을 들추어 본다.

중국 당나라 시인이고 중국 최고의 시인으로 추앙되며 시선으로 불린 이백李白에 관한 마부작침磨斧作針이라는 사자성어로 학생들의 학습을 강화하기 위하여 자주 쓰이는 고사이다.

이백이 학문을 도중에 그만두고 집으로 돌아가는 길에 바늘을 만들기 위해 도끼를 갈고 있는 한 노파를 만났다. 그 노파의 꾸준한 노력에 크게 감명을 받은 이백이 다시 산속으로 들어가 학문에 힘쓴 결과 학문을 완성했다.

우리는 알기 위해서, 보이지 않는 것을 보기 위해서 끊임없이 공부해야 한다. 논어 학이편에 '여조삭비如鳥數飛'라는 말이 있다.

새가 하늘을 날기 위해서는 수없이 자주 날갯짓을 반복해야 하는 것처럼, 배우기도 끊임없이 반복적으로 연습하고 노력하고 익혀야 한다.

맹자는 아버지를 일찍 여의고 홀어머니 밑에서 가난하게 자랐다. 어머니의 교육열에 공자의 손자인 자사의 문하에 들어가 공부를 하게 된다. 그런데 공부를 시작한지 오래지 않아 어머니가 보고 싶어 집으로 돌아온다. 어떻게든 아들을 공부시켜 큰 사람을 만들고 싶었던 어머니의 꿈이 무너지는 순간이었다.

어머니가 묻는다. "공부는 마쳤느냐?" 맹자가 대답한다. "아닙니다 어머니가 보고 싶어 왔습니다." 어머니는 즉시 칼을 들어 짜고 있던 베틀의 베의 날실을 자른다.

맹자가 놀라 묻는다. "어머니 왜 그러십니까?" 어머니가 대답한다. "네가 공부를 중단하는 것은 내가 오랫동안 고생하며 짜던 베를 자르는 것과 같은 것이다."

맹자는 그 길로 다시 돌아가 학문에 전념하여 큰 학자가 되어 공자 다음으로 추앙받는 사람이 된다. 맹자는 항상 생존을 걱정해야 했던 시대를 살았지만, 어떤 어려움에도 굴하지 않고 꺾이지 않았다.

『종의 기원』을 쓴 찰스 다윈은 이렇게 말한다. "살아남는 것은 가장 강한 종도, 가장 똑똑한 종도 아니고, 변화에 가장 잘 적응하는 종이다."

빌 게이츠도 같은 말을 한다. "나는 힘이 쎈 강자도 아니고, 두뇌가 뛰어난 천재도 아니다. 날마다 새롭게 변했을 뿐이다. 이것이 나의 비결이다."

'살아온 날이 중요한가, 살아갈 날이 중요한가?' 변하려고 애쓰지 않으면 그저 머무르게 될 뿐이다. 버나드 쇼의 저 유명한 묘비명처럼 "우물쭈물하다가 내 이렇게 될 줄 알았지".

힘차게 흐르던 물이 구덩이를 만나면 멈추게 된다. 아무리 발버둥을 쳐봐야 소용이 없다. 상처만 남을 뿐이다. 물이 가득 채워져 넘쳐흐를 때까지 기다릴 수밖에 없다.

사람의 그릇은 이처럼 구덩이에 빠진 고난과 시련과 역경 속에서 분명하게 드러난다. 어떤 이는 구덩이에 갇혀 있는 자신을 할퀴고 절망에 빠져 자포자기하는데, 어떤 이는 물이 구덩이를 채워 넘쳐흐를 때까지 마음을 다잡고 재기를 노려 오히려 구덩이에 빠지기 전보다 잘나가는 사람이 있다.

'세한도'를 그린 조선시대 명필 추사 김정희는 35세에 과거에 급제하여 병조참판까지 잘나가다 모함에 빠져 제주도로 귀양살이를 떠나게 된다. 그는 삶의 구덩이에 빠진 걸 한탄하지 않고 그가 거기서 할 수 있는 일을 찾게 된다. 그림을 그리고 붓글씨를 쓰는 일이었다. 먹을 가는 벼루만 해도 10개가 밑창이 나고 붓은 천 자루가 달아서 뭉개졌다.

조선 후기 실학의 대가 정약용은 18년이라는 길고 긴 귀양살이를 전남 강진에서 보내게 된다. 삶과 죽음이 오가는 유배지 구덩이에서 역경과 시련과 절망과 분노와 좌절을 극복하면서 책을 쓰기 시작한다. 목민심서 경세유표 등 대작과 수많은 저서를 남겨 후대에 삶의 지표를 남긴다. 그는 귀양살이 유배지에서 역경과 시련과 절망과 분노와 좌절을 극복하고 삶의 희망과 꿈을 실현하였다

우리는 스스로 변화를 좇아 그에 상응하는 계속적인 노력을 경주한다면 기회가 온다. 그렇다. 학습은 본디 지속적인 행위이자 계속적 축적 과정이다. 배운 지식을 꾸준히 복습하면 배운 것을

홀리스틱 교육 마인드

성숙하게 할 뿐 아니라 새로운 지식도 창출할 수 있다.

재능의 발견도 재능의 결실도 노력이라는 학습 행위가 집중할 때만이 가능하다. 햇빛은 하나의 초점에 모아질 때 불꽃을 피우지 않던가 말이다.

무엇을 어떻게와 융합한 1만 시간의 법칙

스토리텔링 방식으로 이론을 제시한 논픽션 작가이자 세계적인 경영 사상가 말콤 글레드웰Malcolm Gladwell 1963-이『아웃라이어』라는 책에서 제시한 '1만 시간의 법칙'이 있다. 어떤 분야의 전문가가 되기 위해서는 최소한 1만 시간의 훈련이 필요하다는 법칙으로, 정치 경제 사회 문화 예술 모든 분야에서 큰 울림을 주었던 가르침이다. 즉, 빛나는 결과물을 낸 사람들을 조사 분석해 보았더니, 그들은 1만 시간을 투자해서 그 시점이 되었을 때 탁월한 성과물이 나오더라는 것이다.

이러한 말콤 글레드웰의 1만 시간의 법칙에 영감을 주었고, 이 법칙의 창시자인 안드레스 에릭슨Anders Eriksson 심리학 교수는 이 법칙에 대한 재해석을 하여 제시했다. 단순히 1만 시간이 중요한 것이 아니라, 어떤 방식으로 1만 시간을 보내느냐가 중요하다는 것이다. 똑같은 1만 시간을 들였는데, 어떤 사람은 탁월한 전문가가 되고 어떤 사람은 여전히 보통 사람의 수준에 머무를 수 있다. 즉, 뚜렷한 목적의식이 없이 보낸 1만 시간은 소용없으며 의도적인 연습이 필요하다는 것이다.

1만 시간의 효과는 필히 목표를 향한 꾸준한 노력과 '어떻게'와 함께 해야 그 효과를 거둘 수 있다는 논지이다. 두 아들의 이야기로 빗대어 본다.

두 아들은 똑같이 아버지로부터 통나무 하나와 칼을 받았다. 두 아들은 각자 나무를 깎기 시작했다. 그런데 결과는 너무나 달랐다. 한 아들은 멋진 배를 조각했고, 다른 아들의 앞에는 쓸모없는 나무 조각만이 수북이 쌓여 있었다. 한 아들은 나무를 깎는 목적이 분명해서 의미 있는 시간을 보냈고, 또 한 아들은 아무 목적 없이 그저 나무를 깎기만 했다. 같은 시간을 투입했는데도 한 아들은 일하는 목적의식이 분명했으나 한 아들은 그저 뚜렷한 주관이나 준수해야 할 원칙이 없이 맹목적으로 시간만 투입했을 뿐이다.

또 다른 이야기로 접근해 본다.

바둑을 아무 생각 없이 10년을 둔 사람보다, 한 수 한 수 연구를 하여 상대의 전략을 깨트릴 수 있는 노력으로 3년을 보낸 사람이 더 고수가 될 가능성이 높다. 바둑알을 한 웅큼 쥐고는 모내기하듯 생각 없이 바둑판에 던지면, 1만 시간이 아니라 2만 시간이 지나도, 실력이 늘지 않을 것이다.

그렇다. 무작정 1만 시간을 보내는 것이 아닌, 창의성을 발휘하여 상대와 겨뤄서도 이길 수 있는 수 싸움 전략적인 방법을 연구

홀리스틱 교육 마인드

하고, 꾸준히 연습하며, 질이 높은 1만 시간을 투입하는 것이 중요하다. 목적지를 향하여 어떻게 정진하는 전략이 더 편리한 길인지를 살피고 1만 시간을 투입하는 일이 가장 이상적일 것이다.

즉 '무엇을 할 것인가', '어떻게 할 것인가'와 함축되어 1만 시간을 투입하여야 1만 시간의 법칙이 비로소 재능의 완성에 이르게 된다. 재능의 완성은 그저 태어나는 것이 아니고 '무엇이' 정해지고 '어떻게'가 융합된 노력의 결실이다.

학교 교육에서는 학습의 목표를 달성하기 위해서는 그저 애를 쏟는다고 해서 가능한 것은 아니다, 반드시 목표에 이르기 위해서는 어떻게 정보를 얻고 어떻게 그 정보를 이용할 것인지를 알고서 학습에 도전해야 한다. 우리는 이를 디어덴Dearden이 정의한 '학습방법에 대한 학습방법Learning how to learn'이라 일컫는다. 일종의 공부하는 기술이며, 방법적인 지식이다. 학교 교육은 원리와 법칙적인 지식과 사실을 가르치는 일보다는 방법적인 지식이라 일컫는 학습방법에 대한 학습방법을 가르치는 일이 우선이다. 예컨대 평생을 살아갈 수 있도록 고기를 잡는 방법을 먼저 가르쳐야 한다. 그래야 평생을 혼자의 힘으로 살아갈 수 있다.

3.
정서지능으로부터
자발성이 형성된다

정서지능

애들을 키우는 부모들은 자기 아이들의 성격이 원만하고, 남을 배려할 줄 알며 자신감 있는 태도로 다른 아이들의 신뢰를 받는 다면 더할 나위 없는 기쁨을 가질 것이다. 아이들이 공동체 구성원으로서 건강하게 살아갈 수 있는 능력을 간직하고 있기 때문이다. 이런 아이의 능력은 정서지능과 관련이 깊다.

정서지능EI; Emotional Intelligence은 자신과 남의 감정을 파악하고, 감정을 효과적으로 조절해 상황에 대처하는 능력을 말한다. 기억력, 사고력, 추리력 등과는 직접 연관이 없고, 대인관계나 리더십 등 주로 개인의 사회성 형성과 관련이 깊다. 이 같은 능력을 잘 발휘하도록 하거나 억압하도록 만드는 감정 능력에 해당된다.

정서지능과 자발성

서울발달심리상담센터 권영민(2007)은 형제자매 없이 홀로 자라는 요즘 아이들은 부모에게 지나치리만치 존중을 받으면서 자라지만, 가족이 아닌 다른 공동체의 구성원으로서 스스로 존중감을 갖고 자신의 위치를 파악하거나 더불어 생활하는 능력은 현저히 떨어진다고 말한다.

홀리스틱 교육 마인드

이를테면 온 동네 아이들이 골목길에 모여 각종 놀이를 하면서 투닥거리는 동안 길러지는 것이 바로 정서지능이라 할 수 있다. 학업 성적을 가장 중요하게 여기는 결과만 따지고 과정을 소홀히 여기는 풍토에서, 부모가 짜놓은 일정에 따라 아이가 다람쥐 쳇바퀴 돌 듯 살아가는 요즘 아이들의 상황에서는 정서지능이 높은 아이를 기대하기 어렵다.

정서지능이 높지 않은 아이는 자기 내부의 원인과 힘에 의하여 생각하고 행동에 이르게 하는 자발성을 키우는 데는 긍정적인 영향을 미치지 못한다.

따라서 정서지능을 높이는 여건을 조성해 주어 자발성을 키워 주어야 한다. 자발성이 높은 사람은 하는 일을 잘 할 수 있으며, 하는 일에 대하여 성장과 발전을 가져오는 힘이 있다. 자발성은 사회적 경제적으로 성공하는 데도 힘이 되며, 자신의 결함이 있다면 타인의 도움을 받아 부족한 부분을 채우고자 하는 긍정적인 자세를 지니고 있다.

서울대학교 곽금주(2007)는 정서지능은 학습능력이나 지적 능력과는 별개이며 한 사람이 사회적 자아를 형성하는 데 기초가 되는 능력이라고 설명하고 있다.

새 학년을 맞거나 상급학교에 진학한 아이들이나 낯선 곳을 방문한 아이들은 대부분 낯선 환경에 적응하는 데 어려움을 겪지만, 문제를 해결하는 방식과 능력은 저마다 다를 수 있다. 정서지능이 높은 아이들은 분위기 파악을 잘하고, 자신은 물론 다른 아이들의 감정을 잘 읽을 줄 알아 비교적 빨리 적응하지만, 정서지능이 높지 않은 아이들은 학교생활이나 접근한 환경에 안정감을 느끼지 못하고 주변 인물로 겉돈다.

정서지능이 높은 아이의 특징

곽금주는 정서지능이 높은 아이들의 특징을 다음과 같이 밝히고 있다. 주변에서 어떤 일이 일어나는지 파악할 수 있다. 문제 상황을 해결하기 위해 탐색하고 도모할 줄 안다. 기쁨·분노·공포·외로움 등 자신의 감정 상태를 스스로 파악하고 표현하며 조절할 줄 안다.

이러한 감정 조절을 통해 어려움을 참고 목표를 이루기 위해 계획을 세워 성취할 수 있다. 또 다른 이의 몸짓과 표정, 말을 통해 상대의 감정을 읽고 판단하여 대처할 수 있는 능력도 있다.

정서지능은 우선 다른 아이들과 무리 없이 어울리고 남을 배려할 줄 안다는 점에서 사회성이나 리더십 같은 덕목과 긴밀한 관계가 깊지만, 좀 더 나아가 목표를 세우고 이를 실천하는 것과 관련이 있기에 자제력·인내심·성취감과도 연결된다.

그러나 친구를 사귀는 데 어려움을 겪는 아이는 정서지능에 문제가 있으며, 숙제를 미루거나 스스로 한 약속을 자주 어기는 아이는 정서지능이 낮을 가능성이 있으니 정서지능을 높이는 데 소홀하지 않아야 한다.

　　　　　　　　　　　　　홀리스틱 교육 마인드

정서지능 높이기

곽금주는 일상생활에서 쉽게 할 수 있는 정서지능 높이기 훈련 방법을 소개했다. 그 방법으로 하나같이 다양한 경험을 꼽는다. 정서는 지식과 달라서 책을 읽는 것이 해결책이 될 수 없다. 훈련과 연습이 필요하다.

자신의 감정 상태를 스스로 들여다보거나 상대의 느낌을 파악하고자 처지를 바꾸어 생각해 보는 등의 훈련이 필요하다. 일기를 쓰면서 하루 동안 자신과 주변 사람들의 심리 변화를 정리해보거나 최근에 아이들 대상으로 출간되는 신뢰 · 감정 조절 관련책이나 각종 동화 · 드라마와 영화 등을 함께 보면서 인물들의 감정처리 방식에 대해 이야기를 나누고 같은 상황에서 나는 어떻게 행동할지 상상해 보는 기회를 마련해 준다.

그리고 화가 나거나 충동을 느낄 때, 불안하고 조급할 때 화가나게 된다면 충격 요법으로 심호흡을 세 번 하고 물을 한 컵 마시거나 부정적인 감정에 대처하는 자기만의 방법을 개발하여 실행으로 옮기는 방법도 있다.

또한 또래 친구들과 자주 어울리면서 다양한 협동 작업을 해보는 것이 가족 안에서 하는 훈련보다 훨씬 효과를 가져온다. 특히 공동의 목표를 위해 협력해야 하는 상황에서 여럿이 이루어지는 협동 작업은, 아이들 서로의 '감정훈련' 스승이 되어 스스로 배우고 가르치는 우수한 프로그램이다.

4.
자식 교육의 혁명은
밥상머리 교육에서 출발한다

바꿔어야 할 한국의 식탁문화

가족이 함께하여 식탁에 모인 시간은 심신이 안정되고 소통이 원활하며 가족의 문화를 익히는 이상적인 공간으로 가장 행복한 시간이다. 그러나 근래의 한국의 식탁 문화는 어떤 모습이 우선 떠오르는가? "빨리 밥 안 먹을래?, 식사할 때 말하면 복이 달아난다!, 밥 빨리 먹고 학교에 가렴!, 숙제 다 마쳤니!" 등 지시와 명령하는 말이 오가는 권위가 놓여있는 밥상인 경우가 드물지는 않다.

서부 유럽이나 미국에서는 전통적으로 식사할 때 편안하고 자유롭게 대화하면서 서서히 먹는 것을 미덕으로 여기기에 식탁을 또 다른 자녀 교육의 공간으로 활용한다.

우리나라 역시 인성교육이 바탕이 되는 밥상머리 교육을 매우 중시해 왔다. 밥상머리는 자녀들이 잘한 일을 칭찬해 주고 필요한 정보도 나눌 수 있는 사랑의 대화가 오가는 소통의 장이었다. 요즘에도 다양한 연구 결과 가족 식사가 애들의 건강과 성적 향상에도 커다란 구실을 한다는 사실이 알려지면서 밥상머리 교육에 관심이 집중되고 있다. 이제 우리의 식사 문화도 바꿔 식탁의 공간을 밥상머리 교육이 이뤄지는 가족사랑 교실로 바꿔보는 것

홀리스틱 교육 마인드

이 시대를 초월한 이상적인 교육 공간일 것이다.

최초로 만나는 사회는 가정

아이가 생애 최초로 만나는 사회는 가정이고 가정을 구성하는 가족들에 의하여 세상을 살아가는 방법을 배우고 이치를 깨닫게 한다. 가정이라는 사회에서 가족들과의 관계를 통하여 더 넓은 인간관계섭을 넓힌다. 그런데 아이가 경험하는 최초의 인간관계의 상대는 부모이다. 부모의 양육 태도는 아이의 성격, 자존감, 대인관계 등 모든 면에서 아이의 인격 형성에 절대적인 영향을 미칠 수밖에 없다.

부모가 대하고 있는 인간관계를 아이들은 바라보고 있다는 사실을 지나쳐서는 안 된다. 아이는 부모의 모습 그대로를 모방한다는 사실이다. 부모가 다른 사람을 존중하지 않고 함부로 대하거나 공격적인 태도를 취하면, 이를 보고 자란 아이의 인간관계는 주변의 다른 아이들에게 존중보다는 무시를, 포용보다는 터부시한다. 그리고 인간이 갖추어야 할 덕목의 가장 정점에 있는 배려라는 아름다운 선의지를 멀리할 것이다.

그래서 부모의 살아가는 생활 모습과 생활 속에서 보여주는 생활 태도는 아이의 모델이 된다. 가정에서 수행하고 있는 일들을 부모가 의논하고 타협하여 해결하는 모습을 보여주면, 이를 모방한 아이들 역시 함께 더불어 살아가는 모습을 보여줄 것이다. 또래 집단과 이웃과 그리고 직장 동료와 이익집단 사회에서 욕심을 멀리하고 내 것을 우선하는 것보다는 다른 사람을 위해 시간을 보내는 것이 자기 효능감을 증가시키고, 증가된 자기 효능감은 현재 시간을 더 여유롭게 느끼면서 풍성한 생활을 해나가는 역량을 지닐 것이다.

이처럼 최초로 만나는 가정이라는 사회에서 습득된 가족의 생활 모습과 생활 태도는 아이들에게는 출생 이후 최초의 학교의 기능으로 작용되어 어른으로 되기까지 대물림 될 수 있다.

가정교육의 형태에 따라 성장의 가소성

개인이 태어난 한 가정의 기능은 개인 활동을 보호하고 심리적 및 물질적으로 전인적인 인간 형성에 기초를 다듬게 한다. 그리고 사회적 감정의 양성과 개인의 성격과 인격은 물론 개성을 형성하는 기초적 역할을 한다. 그런데 가정의 세부적인 기능은 각 가정마다 같을 수 없다. 애들은 가족을 이루는 인적 구성과 전통과 생태환경이 서로 다른 생활환경으로부터의 영향에 의하여 일정한 상태로 고정되어 간다. 때문에 애들은 가정에서 어떠한 가정교육의 힘을 가하느냐에 따라 고정화되어 가는 내용과 성질이 달라지게 되는 가소성의 힘이 크다.

미국 하버드대 연구에 따르면 부모와 함께 식사 자리를 많이 한 애들의 어휘 습득 능력이 높았고, 2천여 개의 단어 중 책읽기를 통해서는 140여 개를 익히고, 반면 가족 식사는 1천여 개의 단어를 익힌다는 것이다. 가족이 모인 식탁에서 활발한 대화가 오가는 가정은 시간을 내서 놀아주거나 책을 읽어주는 것 보다 훨씬 가성비가 높다는 것이기도 하다.

애들이 습득한 가정교육의 여러 장면 중 식사 문화는 개인에게 꿈을 꾸게 하고 자아실현과 자기완성에 크게 영향을 미친다는 것이 중론이다. 애들의 긍정적인 사고와 자존감을 높이고 올바른 통섭 능력의 기초를 다지며, 애들 자신의 장점을 발견하고 개성을 파악하여 좋아하는 일을 찾아 창의력을 좇는다고 류명주까꿍엄마 이유식 대표는 말한다.

이 같은 밥상머리 교육의 효과는 건강하고 행복한 인생을 디자인하는 기초를 다진다. 즉 식사 문화에서 교육적으로 변형된 자극을 받으면 그 자극대로 유지하는 가소성이 작용한다.

밥상머리 교육은 인성교육의 교실

세상에서 가장 따뜻한 곳은 가족이 둘러앉은 밥상이고 세상에서 생애 최초로 맞이하는 가장 작은 학교라고 이미 일컬었다. 밥상이 있는 공간에서 이루어지는 밥상머리 교육은 가족이 함께 식사하면서 대화를 통해 가족 사랑과 인성을 키우는 것을 으뜸으로 여긴다. 밥상머리 교육의 시작은 이러한 기본적인 가정의 기능과 역할을 되살리고, 지나친 학업 중심 교육보다는 인성 중심 교육을 통해 우리 아이들이 서로 배려하고 함께하는 공동체적 인간으로 성장할 수 있도록 더불어 살아가는 능력을 키우는 교육이다.

미국 캔사스의 메닌저 정신의학 연구소의 메닌저 박사는 사람이 함께 모여 식사를 한다는 것은 사랑을 교환하는 가장 원초적인 형태라고 언급했다. 가족이란 함께 밥을 먹는 사람 '식구食口'라 하듯, 부모와 자식 간의 대화 시간이 부족한 우리나라에서 밥상에 둘러앉아 식구들과 함께한 식사 시간은 유대감을 표현하는 따뜻한 공간이자 돈독한 가족 사랑의 시간이다.

이어령은 그의 저서 『흙 속에 저 바람 속에』의 '밥상으로 본 사회'에서 이렇게 정리하고 있다.

"갓난아이가 이 세상에서 제일 먼저 사랑을 느끼고 사랑을 표현하게 되는 것도 다름 아닌 음식—어머니의 젖이 어머니와 자식의 사랑이 젖줄로 맺어지듯이, 인간과 인간의 사랑이 식사를 통해서 무의식적으로 교환된다는 것은 단순한 역설이 아니다."

그렇다. 우리나라에서는 가정의 밥상머리에서 원초적으로 가족 사랑과 자식 사랑이 이루어졌고 밥상머리 교육이 대화를 통하여 자연스럽게 자식 교육으로 이루어졌다. 자식 교육에 있어서 제일 중요한 것은 가정의 분위기였다.

가정 분위기는 그 가정의 경제적 수준과 부모의 학력과는 무관하기 때문이다. 부모가 서로 화목하고 대화하고 타협하는 과정은 가족들과 하루 일과를 나누고, 가족 간의 감정을 공감하는 소통의 시간이다. 그 소통은 자연스럽게 인성교육, 예절교육 사회

홀리스틱 교육 마인드

성교육이 이루어지며, 그 속에서 가족의 정체성을 형성하고 서로의 사랑을 만들고 확인하게 된다. 이 같은 밥상머리 교육의 소재들은 자녀들에게 모방 학습으로 이어졌으며, 때로는 부모의 가르침에 자녀가 받아들이도록 타이르고 격려도 소홀하지 않았다.

필자는 밥상머리 교육에서 이루어졌던 여러 가지 중 가장 소홀한 덕목은 허용적인 자세와 칭찬하는 습관이었다. 달리 표현하면 허용보다는 지시와 명령, 칭찬보다는 꾸중과 질책이 더 많았던 밥상머리 교육이었음을 반추한다.

허용적인 부모에게서 자란 아이는 너그럽고 관용을 배우고 자기가 수행하는 일에는 책임감이 배양된다. 그리고 아이가 제시한 의견을 아이 입장에서 수용하고 감정을 이해해주면서 함께 공감하는 기회를 갖는 아이들은 다른 사람의 입장을 존중해 준다. 뿐만 아니라 역지사지의 정신으로 돌아가 동료와 이웃의 감정을 이해해주어 공감할 줄 아는 아이로 자랄 것이다.

아이의 잘못과 실패를 미워하고 잘한 일에만 칭찬해 주는 어리석음은 아이의 가치를 무시하고 성공을 위하여 정진하는 노력을 뭉개는 일이다.

실패도 도전하는 사람만이 맛보는 성공의 출발점이라고 칭찬해 주는 넉넉함과 아이의 수준에서 어른으로 커가는 과정에 저지른 과오에 대해서도 장단점의 가치를 숙고하여 인정할 가치에 대해서는 용인해 주고 정당한 행위에 대한 보상을 여러 방면으로 승화해 준다. 아이를 믿어주고 인정해 주는 부모에게서 자란 아이는 함부로 행동하지 않고 스스로 배우면서 자란다.

밥상머리 교육의 이야기

노벨상 수상자의 30%를 배출한 유대인들에게 가족이 함께하는 식사는 감사의 기도로 시작한다. 자녀는 자연스럽게 밥상에서 전통을 접하고, 감사하는 마음을 갖게 된다. 유대인은 밥상에서 어떤 잘못이 있어도 절대 아이를 혼내는 일이 없다. 꾸짖을 일이 있으면 식사 이후로 미루는데 유대인 부모들은 밥상머리에서 가족과 나누는 대화를 소중하게 생각하기 때문이다.

밥상 교육의 성공 모델로 꼽히는 케네디 대통령의 어머니 로즈 여사의 교육 방식은 널리 알려져 있다. 케네디의 어머니는 각자 출근 시간이 다른 남편과 아들들을 위해 아침 밥상을 서너 번씩 차리면서도 식사 시간을 어기면 밥을 주지 않았는데 자녀들에게 약속과 시간의 소중함을 일깨우기 위해서였다. 그리고 밥상에 마주 앉아 하루 일과를 묻거나 중요한 이슈에 대해 대화를 유도했다. 미리 읽었던 신문 기사에 대하여 서로의 의견을 자주 나누었는데, 이것이 훗날 케네디가 다른 사람과의 논쟁에서 뛰어난 능력을 발휘하는 데 큰 힘이 되었다.

미국의 대통령 중에서 가장 '좋은 아버지'를 가진 사람은 아마 26대 대통령 시어도어 루스벨트일 것이다. 1900년대 재선 대통령을 지낸 루스벨트 대통령의 아버지는 병약한 아들이 태어난 순간부터 헌신적으로 보살폈다. 루스벨트는 선천적으로 천식이 심해서 발작이 심했다. 그때마다 아버지는 아들을 품 안에 안은 채 4륜 마차를 몰고 뉴욕의 밤거리를 질주했다. 인적이 드문 밤거리의 맑은 공기를 들이마시면 아들의 발작이 멈추리라는 생각에서였다. 루스벨트의 아버지는 아들에게 쏟는 뜨거운 사랑과 함께 용기와 희망을 불어넣어 주었다. 아버지가 11세의 아들에게 말했다. "세상에 노력해서 안 되는 일은 없단다. 너는 다 좋은데 몸이 약해서 탈이구나. 이제부터라도 열심히 운동하면 튼튼해질 수 있을 것이다."

루스벨트는 41세부터 매일 하루도 거르지 않고 운동을 한 끝에 천식도 사라지고 최고 명문 하버드대학교에 입학할 수 있었다. 웃통 벗은 시어도어 루스벨트의 사진을 보면 그야말로 '몸짱'이었다. 불행히도 아버지는 아들이 대학 2학년 때 위암으로 세상을 떠나 아들이 대통령이 되는 것을 보지 못했다. 훗날 루스벨트 대통령은 고민이나 슬픔이 생길 때면 아버지를 떠올리며, "나는 중요한 결정을 내릴 때마다 아버지를 떠올리지 않은 적이 없다. '아버지라면 이럴 때 어떤 결정을 내렸을까?' 하고 생각하면 결정이 쉬워진다." 시어도어 루스벨트에게 아버지는 생명의 은인이요, 인생의 길잡이였다. 질문을 던진다. 우리는 우리 애들이 힘들어할 때 어떤 역할을 하는지 여러모로 깊이 생각해 본다.

대다수는 윌슨 처칠을 영국의 유명한 정치인으로만 알고 있지만, 2차 세계대전을 승리로 이끌었고 노벨 문학상 수상자이자 아름다운 수채화를 여러 편 남긴 화가로도 이름나 있다. 이처럼 훌륭한 인물로 거듭나게 한 길라잡이는 다름 아닌 그의 어머니 제니가 아들 처칠에 대한 독서 훈련에 있었다.

처칠은 글자도 읽을 줄 몰랐고, 학창 시절 꼴찌를 도맡아 했었다. 이런 그를 거듭나게 해준 이가 영국 최고 가문 출신의 어머니이고, 특별한 독서 훈련이었다. 처칠의 어머니는 낙오자 처칠을 보고만 있을 수 없었다. 결국 매일 5시간 이상씩 독서를 하도록 격려했다. 짧은 기간에 많은 양의 독서를 하자 처칠이 변하기 시작했다. 꼴찌 처칠이 천재처럼 사고하게 되었고, 말에도 조리가 생긴 것이다. 마법과 같은 일이었다.

학교 시절에는 이렇다 할 두각을 나타내지 못한 처칠은 샌드허스트에 있는 육군 사관학교에 입학했다. 그러나 그의 부친은 비극적인 병으로 45세를 일기로 1895년에 사망함으로써 화려한 정치 생활은 종지부를 찍게 되었다. 얼마 후에 처칠은 기병연대 제4경기병의 장교로 임관되었다. 그다음 해에 제4경기병 부대는 인도에 배치되었는데, 여기서 그는 지식을 함양해야겠다는 욕망에 사로잡혀 독서에 몰두하기 시작했다. 그러자 그의 어머니는 그에게 책을 보내 주는 데 소홀하지 않았다. 그런 와중에도 그는 전투에 참가함으로써 유명해지고 싶은 욕망을 잠시라도 버리지 않았다.

처칠이 관심을 둔 독서는 역사와 철학 분야였다. 풀라톤의『공화국』은 모든 점에 있어 현실적인 목적을 의도한 데서 소크라테스와 같은 것으로 보여지기도 하였으며, 월든 박사의 편저로 된 아리스토텔레스의 『정치론』, 쇼펜하우어의 『염세론』, 말더스의 『인구론』, 다윈의 『종의 기원』, 그 밖의 보다 가벼운 내용의 책도 아울러 읽었다.

이렇게 독서에 열광을 보인 처칠은 약간 색다른 공부법이었다고 말할 수 있다. 그가 허전하고 굶주린 기분과 그리고 강인한 의지로 접근하고 한 번 얻은 것은 잘 새겨 두는 것이었다.

한 인간의 삶에서의 역사는 습관의 산물에 기인한다. 어머니가 길러 준 독서 훈련과 유명해지고 싶은 욕망의 결합은 마침내 처칠을 위대하게 만든 아름다운 동행이었다.

우리나라는 예로부터 사대부 집안에서 지켜오던 식사법 중에 식시오관食時五觀이라는 것이 있다. 첫째, 이 음식에 들어간 정성을 헤아리고 둘째, 이 음식을 먹을 자격이 있는지 성찰하고 셋째, 입의 즐거움과 배부름을 탐하지 않고 넷째, 음식이 약이 되도록 골고루 먹고 다섯째, 인성을 갖춘 후에야 음식을 먹는다. 이처럼 식사할 때마다 생각하는 다섯 가지 마음을 아이들에게 가르쳐주고, 먹을 것을 귀하게 여기도록 지도했다.

우리나라의 대표적인 명문가인 류성룡 가家는 류성룡에 이어 직계손 모두 벼슬길에 오르고 현재도 훌륭한 인물들을 많이 배출한 집안이다. 그러나 류성룡 가의 교육관은 무척 단순하다. 그저 밥상머리에서 가족이 함께하고, 최소한 지켜야 할 것만으로도 교육이 된다는 것이다. 그 옛날, 어른이 먼저 수저를 들 때까지 기다려야 하는 태도는 타인에 대한 배려를 익히는 훈련이자 습관이 되어 성공을 위한 기반이 되었다.

세종대왕도 세자와 매 끼니를 함께했고 퇴계 이황은 손자와 밥상을 함께했다고 전해오고 있다.

세종대왕이 1444년 눈병을 치료하기 위해 121일 동안 마무르며 치유했다는 곳이 화성행궁이다. 이곳에서 세자와 대군을 데리고 와서 밥상머리 교육을 했었다. 세종실록세종 20년 11월 23일에는 "나는 날마다 세자와 더불어 세 차례씩 같이 식사를 하는데, 식사를 마친 뒤에는 대군에게 책상 앞에서 강론하게 하고, 나 또한 진양대군수양대군으로 나중에 세조가 됨에게 공부를 가르쳐 주었다."고 기록되어 있다.

벼슬길에 올라 자주 집을 떠나 있던 퇴계 이황 선생은 자녀들의 가정교육을 편지로 하기로 유명하다. 수백 통의 편지를 보냈는데 그중에서도 밥상머리에 관련된 내용이 꽤 많다.

술을 과하게 마시지 마라, 미역과 소금은 미리 사두라고 미리 타이르거나, 자식들이 먹고 마시는 것까지 늘 고민하고 신경 쓴 퇴계 이황이었다. 아들에게뿐만 아니라 손자 안노에게 보낸 편지 또한 100통이 넘는다고 한다. 검소한 삶으로 유명했던 퇴계 선생

홀리스틱 교육 마인드

은 주로 먹던 밥상도 반찬이 세 가지 이상은 오르지 않도록 하였으나 정성을 다하여 영양가 있는 맛을 내도록 하였다고 한다.

밥상머리 교육이라는 것이 가족이 모이는 공간인 '밥상'과 시작을 뜻하는 '머리'가 합쳐져서 대화를 나누며, 아이의 정신과 육체를 성장시키기 위하여 시작하는 교육의 일환이라고 김정진서원대학교 교수은 말하고 있다. 최첨단으로 치닫고 있는 AI 세상에서도 인성의 가치가 곧 학력이자 능력으로 인증받는 보증수표로 자리매김되듯, 자식 교육의 혁명은 인성교육을 으뜸에 두고 삶의 지혜를 더듬더듬 깨달아 가는 아이의 인생에 큰 영향을 미치는 밥상머리 교육에서 출발한다.

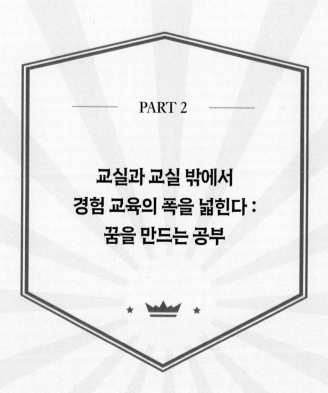

PART 2

교실과 교실 밖에서
경험 교육의 폭을 넓힌다 :
꿈을 만드는 공부

3장은 넣어주고 먹여주는 교육에서, 읽고 쓰고 질문하고 통찰하고 스스로 문제점을 찾아내고 해결하며, 자신의 학습과정을 조절할 줄 아는 메타인지 학습과 발견하는 힘을 키우는 생각교육으로 바꿔야 하고,

4장은 지식보다 중요한 것은 창의력이니, 이를 키우기 위해서는 가르치고 배우는 방법과 융합적인 사고력을 키우는 학습 기법을 접근하였으며,

5장은 인간이 건강하고 유능한 민주 시민으로서의 자질을 함양하기 위해서는 자연과 사회와 접촉하고 이해하며 체화를 통하여 지식을 얻고, 자연과 사회는 유익한 학습공간으로서 인간으로 하여금 지혜의 세계를 넓혀 주고 있는데, 이를 통하여 암묵적인 깨달음을 얻는다.

가장 아름다운 글을 쓰고 그림을 그리면서
자연과 함께 삶을 엮어간 타샤 투더Tasha Tudor 1915-2008는
"지름길을 찾으려고 하지 마세요. 가치 있고 소중한 것에는 시간과 정성이
반드시 따르는 법"이라고 인생을 가르쳤다. 차근차근하다 보면
그리고 가치 있는 것을 찾기 위하여 시간과 정성을 쏟으면
지름길이 생긴다는 평범한 진리를 일깨워 준다.

CHAPTER 3

생각을 만들어가는 힘을 키운다

우리 인생은 정해져 있지 않다. 인생은 내가 만들어가야 한다. 나를 만들어가는 길라잡이로서 힘이 있는 멘토는 도서관에도 거주하며 도서관에 꽂혀있는 책에는 인생을 만들어가는 해답을 숨겨놓고 있다. 도서관을 찾는 자만이 힘이 센 멘토인 책으로부터 인생에 대한 해답을 얻을 수 있고 해답에 따라 걷다 보면 정점이 보인다.

1.
좋은 생각은 만들어 간다

좋은 생각이란

좋은 생각은 어떤 생각일까? 작게는 한 개인에게 기쁨을 갖게 하는 생각 그리고 그 생각이 전달되어 남과 이웃에게 기쁨과 희망을 주는 생각이 좋은 생각이다. 나아가 꿈을 꾸게 하고 꿈을 키워주는 큰 생각, 보통과는 다른 수준이 높은 생각, 문제 해결에서 차별화되어 차원이 다른 생각이며, 이러한 생각이 행동으로 유발하여 우리들의 삶을 변화시키고 개선한다면 좋은 생각일 것이다. 아무리 많은 생각을 한들 기쁨과 희망을 주고 우리들의 삶을 변화시키고 개선을 하는데 기여하지 못한다면 좋은 생각이 아니다.

법정 스님은 '존재의 집'에서 생각을 다음과 같이 읊고 있다.

홀리스틱 교육 마인드

말은
생각을 담는 그릇이다.
생각이 맑고 고요하면
말도 맑고 고요하게 나온다.
생각이 야비하거나 거칠면
말도 또한 야비하고

거칠게 마련이다.
그러므로 그가 하는 말로써
그의 인품을 엿볼 수 있다.
그래서 말을
존재의 집이라고 한다.

생각은 말의 품격을, 생각은 역시 행동의 품격을, 생각은 인품의 높이를 다르게 하는 위대한 탯줄이다. 그래서 말은 존재의 집이지만 근본은 좋은 생각이다.

생각이 반이다

예로부터 "시작이 반이다."라는 속담이 전해오고 있다. 뜻하는 바를 이루기 위해서는 시작을 해야 한다. 시작은 생각에서 비롯된다. 생각은 행동을 유발한다. 때문에 무엇에 대한 생각은 목표치의 절반을 이루는 셈이다.

또 다른 속담으로 "머슴이 두엄을 지고 주인을 따라 시장에 간다."는 말은 잘못된 우리들의 행동을 꾸짖는다. 머슴은 두엄을 지고 마땅히 논밭으로 향해야 올바른 행동이지만, 머슴은 주관 없이 주인을 따라 시장에 가는 행태야말로 생각이 빈곤하니 이루고자 하는 목표가 있을 리 만무하다.

인간 생활에서 매사가 생각으로부터 출발한다는 속담으로 인간 생활에 지혜가 담긴 금언이다. 즉 자기의 생각대로 매사를 선택하지만, 결과가 잘못되면 남의 탓으로 돌린다. 부질없는 생각이 아닐 수 없다.

그런데 생각을 없애거나 생각을 바꾸는 일은 말처럼 쉽지만은 않다. 하나의 상황을 두고 꼬리에 꼬리를 물면서 부정적 사고를 이어갈 때가 있다. 이를 재앙적 사고 또는 재앙적 불안이라고 한다. 이 같은 생각은 아직 일어나지 않은 일 또는 실제로 일어나지 않은 일들이다. 이 부정적 생각의 고리를 끊는 일 역시 자기 자신의 생각에 달려 있음을 알고 있는 이는 몇이나 될까?.

인간의 의지는 생각대로 움직이며, 개체가 어떤 생각을 하느냐에 따라 걸어가는 과정과 결과가 달라질 수밖에 없다. 인간의 품격 또한 달라질 수밖에 없음은 당연하다. 그래서 생각은 인간을 만드는 그릇과 다를 바 없다. 어른들과 학교는 배우는 그들에게 좋은 생각을 담는 그릇을 빚도록 한다. 좋은 생각을 담는 그릇을 빚기까지 한다면 금상첨화이지만, 좋은 생각만이라도 목표의 반은 이룬 셈이다.

생각대로 이루어진다

프랑스 소설가 폴 부르제|Paul Bourgt 1852-1936는 "생각하는 대로 살지 않으면 사는 대로 생각하게 된다."라고 말한다.

한 개인이 꿈을 좇아 의지대로 사노라면 꿈은 이루어지고 그렇지 않으면 쳇바퀴를 돌고 도는 삶이라는 담론이다. 개인이 세상을 보는 관점에 따라 세상은 여러 모습으로 보여준다. 생각 여하에 따라 보여주는 세상의 모습도 달라진다는 명제로서 그의 말을 진리로 새겨두어도 충분하다. 어떻게 생각하느냐는 어떤 결과가 도출되느냐의 단초가 되는 인과응보의 관계식이다. 생각대로 살아간다면 생각대로 이루어질 것이다.

'콩 심은 데 콩 나고 팥 심은 데 팥 난다'는 우리나라의 속담이 있다. 땅은 절대 거짓말을 하지 않는다는 말이다. 본디 토양은 정직하여 뿌린 대로 결실을 거둔다. 그렇다면 우리의 생각은 어떨까. 생각도 정직하여 나쁜 생각을 뿌리면 나쁜 결실을 맺고 좋은 생각을 뿌리면 좋은 결실이 맺게 될 것이다. 생각한 대로 이루어진다.

그렇다. 무소유를 실천한 인도의 정신적 지도자인 마하트마 간디는

네 믿음은 네 생각이 된다.
네 생각은 네 말이 된다.
네 말은 네 행동이 된다.
네 행동은 네 습관이 된다.
네 습관은 네 가치가 된다.
네 가치는 네 운명이 된다.

뭇사람에게 '생각'을 이처럼 외쳤다.

거꾸로 생각하는 새로운 발상

대전광역시에 소재한 한국과학기술원(카이스트)의 이광영 총장(2021. 3월 취임)은 이색적으로 '실패연구소'를 발족시켰다. 그동안 국내외 연구에서 실패한 사례를 찾아내 그 속에서 성공의 길을 찾아보자는 게 연구소 설립의 취지였다. 남들이 하는 연구를 따라가지 말고 남들이 가지 않은 길을 찾아 새로운 연구를 하자는 것이다. 세상의 모든 것을 거꾸로 보고 거꾸로 생각하는 습관을 세우지 않으면 새로운 것을 나올 수 없다고 강조한다. 이 같은 논지는 나 스스로 자극하고 나 스스로 변화시키고 나 스스로가 안주하지 않아야 고정관념을 깨트려서 새로운 발상을 가져올 수 있다는 것이다. 그래야만 세계 최고가 될 수 있다는 강한 신념이기도 하다.

'거꾸로'는 반대편을 나타낸다. 위는 아래, 좌는 우, 하늘은 지면을 상대로 반대편이다. 다른 사람의 입장에서 생각하는 역지사지는 인간관계에서 중요한 덕목이다. 내 입장이 결코 모두일 수 없다. 내 입장에서만 보지 말고 상대의 처지에서도 생각해 봐야 한다. 내 입장은 상대와 접점이 없을 수도 있다는 사실을 간과하지 않아야 한다. 한쪽에서 바라보면 반대편은 보이지 않는다. 자세히 그리기 위해서는 반대편에서도 보아야 가능하다. 거꾸로도 보아야 지세히 볼 수 있고 보이지 않은 것도 볼 수 있다. 생각도 거꾸로 해야 온전한 해답이 보인다.

홀리스틱 교육 마인드

스스로 깨닫는 고등사고력

저학년 학생들은 학교 수업에서 선생님이 가르치는 내용을 열심히 듣거나 학원에서 강사의 가르침을 열심히 청취하는 일정 기간은 성적이 좋아 학부모께서는 기뻐할 것이다. 그러나 상급 학년, 상급 학교로 진학하고 애들이 성장함에 따라 성적이 떨어지는 경우가 허다하다.

그 원인은 어디에 있을까. 일반적으로 학교에서 저학년의 수업이나 학원에서는 짧은 시간에 보다 많은 결과적인 지식을 전달하기에 급급하다. 이 경우에 수강하는 학생들은 깨닫는 과정을 통하여 지식을 수용하는 것이 아니고 전달한 학습 내용을 액면 그대로 기억하는 일이 무엇보다 중요하다. 이렇게 공부하는 수강생들의 성적을 측정하려면 기억하고 있는 지식을 얼마나 재생시키고 있는지를 파악하는 경우가 대부분이다. 기억된 단순 사고를 측정할 경우라면 좋은 성적을 거둘 수밖에 없을 것이다.

그러나 학교나 학원에서 깨닫는 과정을 배려하지 않고 일방적 주입식으로 가르치는 행위는 학생들로 하여금 자기 주도적으로 공부하는 힘을 말살시키는 방법이므로 마땅히 개선되어야 한다.

따라서 학생들이 스스로 생각하는 과정에서 학습이 이루어지도록 하는 것이 중요하다. 개념이나 원리, 법칙을 비롯한 다양한 지식이 생성되는 과정을 깨닫게 해야 하며, 조사하고 분석하고 조작하여 새로운 지식을 민들어 가는 창조를 맛보게 해야 한다.

생각하는 과정은 곧 깨닫는 과정이며, 이 과정은 학교의 수업은 물론 가정에서 이루어지는 학습에서 필요충분조건이다.

자기 주도적 학습력이 형성되지 않는 학생이나 피동적으로 익히게 되어 기억력에 의존한 학생들은 문제를 해결하기 위하여 많은 시간을 쏟아 고심하는 노력을 즐기지 않고 친구나 교사에게 물어서 쉽게 알아내려고 한다.

어릴 적부터 생각하는 습관을 들인다면 자기 주도적 학습력이 길러져 스스로 고기를 잡는 방법을 깨달을 수 있어 미래를 열어갈 수 있다. 이스라엘 탈무드에, 자녀에게 고기를 잡아주면 한 끼만이 먹을 수 있지만 고기 잡는 방법을 가르쳐 주면 평생을 먹고 살 수 있다는 속담이 떠오른다. 물고기를 잡는 방법을 전해주면 창조하는 능력인 지혜를 얻게 되어 세상을 살아가는 자생력이 길러지게 된다.

우리 안에 갇힌 짐승은 자생력이 없어 주인이 시키는 대로 이동하고 주인이 허기를 채워주게 된다면 결국은 먹히게 된다. 그러나 야생에 자란 짐승은 먹이를 찾아 스스로 이동하며 생존을 보전하기 위하여 살아가는 지혜를 터득하며 살아간다.

그렇다. 스스로 깨닫는 힘은 생각을 만들어가는 과정에서 얻어진다. 스스로 깨닫는 힘은 고차적인 문제를 해결할 수 있는 능력이며 고등사고력이라 부른다. 고등사고력은 그저 태어나지 않는다. 한 개인이 문제 해결 과정에서 기억에 의존하는 단순 사고를 벗어나 여러모로 궁리하여 고급사고로 문제를 해결하는 힘이 고등사고력이다. 지금 이 순간에도 고등사고력이 발산하여 세상을 창조해 가고 있다.

생각은 의지적이고 긍정적으로

의지는 어떠한 목적을 실현하기 위하여 자발적으로 의식적인 행동을 하게 하는 내적 욕구이자 도덕적인 가치이다. 생각은 반드시 의지와 함께 해야 한다. 생각하는 것은 귀찮고 피곤한 일이기 때문이다. 근래에는 생각도 돈으로 교환한다. 학생들은 학원에 가면 가르치는 강사의 생각을 기억하려고 애쓴다. 기억하려면 생각을 하게 되지만 기억하려는 생각의 대상은 내 생각이 아니고 강사의 생각을 기억하려고 한다. 기억한 생각은 곧 잊어버리게 되는 가치 없는 무용 지식에 지나지 않을 것이다.

전달받는 생각은 최초의 누군가가 길을 내어 놓았다. 우리들은 무심코 그 길을 걷는다. 그리고 그 길을 계속적으로 답습한다. 요즘같이 각종 뉴스, 유튜브, 언론의 기사를 우리는 생각 없이 수동적으로 받아들이는 나머지 상당한 정보는 가짜 정보로 둔갑하여 사회를 시끄럽게 한다. 그래서 생각을 바꾸지 못하면 좋은 생각, 부, 자유, 사랑, 행복 그 어떤 것도 얻을 수 없다. 얻더라도 외화내빈일 것이다.

세상일은 오로지 마음이 지어낸다. 개인에게 부딪히는 세상사는 이를 받아들이는 이의 마음먹기에 달려있다. 부딪히는 일을 투덜거리지 않고 그 상황을 기꺼이 받아들여야 한다. 긍정이 들어오면 기쁘게 받아들이고 부정이 들어오면 해결책을 궁리하여 긍정으로 승화하는 마음을 먹어야 한다. 다가오는 세상일 때문에 마음이 달라지는 것이 아니고 받아들이는 마음에 의하여 세상일이 달라진다. 세상일의 결과는 현실 마음먹기에 달려있다.

이를테면 "왜, 나에게는 돈이 없을까?"라는 부정적인 생각을 하면 부정의식이 자꾸 쌓여 돈이 쌓이지 않고 빈곤만 더해 간다. 이와는 다르게 "돈을 벌기 위해 어떻게 해야 할까?"라는 긍정적인 생각을 하면 답을 찾게 될 것이다.

사실 그렇다. 이 세상에는 많은 돈이 널려있다고 생각한 뭇사람들은 깊은 사려 없이 돈을 얻으려고 애를 쓰지만 가까이 오지 않는다. 널려 있는 돈을 내 것으로 만들기 위해 다양한 생각을 조아려서 좋은 방법을 찾고 행동으로 옮겨야 한다. 가르치는 일을 개인이 희구하는 최고의 가치라면 교사나 교수가 되어서, 예술적인 가치를 지향하면 예술 활동을 통해서, 장인을 지향하면 우수한 기술적인 재능을 발휘하여 돈을 번다. 다만 이웃과 경쟁하여 세상을 열어가기 위해서는 일하는 분야에 도전하고 숙련된 유능한 직업인으로서 가치를 지니기까지는 열심히 배우고 익혀야 한다. 그래야만 돈이 가까이 오게 된다. 생각의 질에 따라 속도는 일정하지 않을 것이다. 좋은 생각일수록 속도가 있을 것이고 시간적으로 가까워질 것이다.

좋은 생각은 그냥 만들어지지 않는다. 좋은 생각은 의도적일 때 그리고 긍정적일 때 생각한 대로 만들어진다. 그래서 행동하기 전에 반드시 생각해야 한다. 행동하기 전에 생각하지 않으면 행동하는 대로 생각한다.

2.
독서는 힘이 세다

독서의 힘은 생각의 근육이다

한 개인의 길은 세 가지의 조건이 있다고 한다. 어떤 사람을 만나고, 어떤 책을 읽고 어떤 도움을 받느냐에 달려 있다. 그리고 어떠한 경험에서 체화하여 깨달음을 맛보는 것이다. 이 중 한 권의 책을 탐독하여 인생을 바꿀 수 있는 데는 지나친 가정이 아닐 것이다. 곧 책이 지혜를 일러주어 삶의 좌표로 받아들일 수 있기 때문이다.

책을 통해 평소 가지고 있던 생각을 뒤집어 새롭게 깨달음을 얻을 수 있고 깨달음에 생각을 더하여 궁리하면 새로운 창조물을 얻을 수 있다. 책을 읽으면 읽을수록 생각하는 힘이 세어지고 인간과 세상을 보는 눈이 달라지는데, 이는 마법과 같은 힘이 작용하고 있기 때문이다. 그래서 인간은 사유하는 존재다. 사유가 없는 인간은 어떤 인간일까? 사는 대로 생각하는 인간일 것이다. 사유의 힘은 생각하는 힘이며 책에서 얻는 근육이다.

인간도 근육이 튼튼해야 건강의 자산으로 작용하여 다부진 체력을 다질 수 있고 장수할 수 있는 기본이라 한다. 독서 역시 생각의 근육을 키우는 최상의 자산이다. 생각의 근육이 튼튼해야 생각하는 힘이 강하여 더 큰 창조물을 얻을 수 있다.

사람들은 죽어도 책은 결코 죽지 않는다. 어떤 힘도 기억을 제거할 수 없다. 책은 무기이다. 책에는 인류가 쌓아온 지식과 지혜를 저장해 놓은 은행으로서 우리가 체험하고 경험할 수 없었던 인류 역사의 현장을 오감으로 느끼고 탐험할 수 있도록 다양한 정보와 양상을 집약하여 구조화하고 통합해 놓은 스키마 Schema이다.

그렇다면 독서라는 인간의 행위는 통합적인 지혜를 융합해 놓은 스키마를 읽어 내는 일과 다를 바 없다. 최근의 뇌 과학자들은 뇌가 경험과 학습에 따라 많이 변할 수 있다는 사실에 놀라고 있다. 이는 뇌의 가소성 때문이다. 우리가 어떻게 뇌를 쓰느냐에 따라 그리고 어떤 생각을 하느냐에 따라 다르게 변화한다. 그렇기에 독서를 통하여 인지적 뇌와 정서적인 뇌를 모두 변화시키는 가소성의 원천으로 작용한다.

이를테면 한 애가 어렸을 때부터 독서에 시간을 투자하여 만들

홀리스틱 교육 마인드

어가는 생각의 경험은 그로 하여금 꿈을 설정하여 꿈을 찾아 정진하고 살아가는 해법을 제시해 주기도 하며, 정서적 공감 능력을 키울 수 있기도 하여 그가 구하고자 하는 답이 저장되어 있는 은행의 역할을 한다.

그건 확실한 팩트다. 할머니와 두 손녀가 오랜만에 담소(2023.02.24.)하던 중 만 네 살인 둘째 손녀 민서가 할머니를 바라보면서,

민서 : 할머니는 늙었어. 일산의 외할머니는 덜 늙었는데.
할머니 : 그럼, 할머니는 늙어서 어쩌면 좋지?
민서 : 나이는 밥이니, 어쩔 수 없어요.

할머니 물음에 대한 민서의 응답은 나이가 들면 늙게 되니 세월을 거역하지 마세요 하면서 위로하는 듯한 표현이었다. 민서의 수준에서 '나이가 밥'이라고 표현한 그 말의 깊이는 어른의 세계에서도 쉽지 않은 표현이다.

그래서 저자는 민서의 생각이 여간이 아니어서, 할머니의 물음에 왜 "나이가 밥"이라고 했느냐고 묻자, 이에 민서는 엄마가 읽어준 그림책을 보면서 생각해 낸 말이라고 응수한다.

바로 엄마가 읽어준 그림책은 김수희(글) 윤종태(그림)으로 '안녕 할머니'라는 30쪽의 심리 감성 동화책이었다.

민서는 엄마가 읽어 준 내용과 관련된 그림을 살펴 얻은 지혜를 스폰지처럼 흡수한 나머지 상상력이 발동하여 어른도 표현

이 쉽지 않은 깊이 있는 언어를 구사한 셈이다. 엄마에 의한 간접적인 독서는 민서로 하여금 독서 근육이 형성되어 가고 있는 중이다.

책을 멀리하면 지적인 인간이 될 수 없으며, 세상을 열어갈 지혜가 빈천할 수밖에 없을 것이다. 책 속에 담긴 생각들은 무수한 세월이 흘러도 독자에게 지혜를 안겨 주며 소통의 양분을 저장해 놓고 삶의 방향을 일러주는 교본임이 분명하다. 한 인간의 생각은 나 이외의 뭇 인간과 다원적인 대중 사회에 큰 영향을 미친다. 뭇사람들에게는 꿈을 꿀 수 있게 하고 진로를 마련해 주며, 국가를 다스리고 집단을 리드하는 이들에게는 정책의 방향과 정책적인 이념을 제공해 준다. 학문을 하는 사람들이나 연구자에게는 창조물의 단초를 마련해 주어 발견과 탐구 세계의 브레인 역할을 한다.

더할 나위 없이 독서는 책을 읽는 행위가 아니라 나를 읽어 나를 발견하는 행위이고 우주를 섭렵하는 행위이다. 나를 발견하는 독서라는 행위는 텍스트를 넓고 깊게 파고들어 분석적이고 비판적으로 읽게 된다. 그리하여 정보의 본질과 가치를 파악하고 쌓인 지혜는 문제해결을 위한 데이터와 열쇠로 작용한다.

그런데 책은 시대와 장소를 초월한다. 그래서인지 책 속의 과거와 현재를 접하다 보면 미래가 그려진다. 내가 살고 있는 향토와 광범한 우주가 담고 있는 생각을 캐낼 수 있다. 책이라는 도구

홀리스틱 교육 마인드

를 통해 생각의 근육을 키워 궁극적으로 한 개인의 삶에 대한 이 정표가 되는 자원이 아닐 수 없다. 그래서 우리는 평생이 독서주 간이며 책을 읽어야만 하는 이유가 여기에 있다.

창의력은 독서를 통하여 성장한다

베이콘Francis Bacon은 "독서는 사람을 완전하게 만든다."고 주장 한다. 독서는 상상에 양분을 공급하며 뼈대를 제공한다. 특히 독 서물 중에서 자서전은 어떤 사람의 가치 있는 생生을 기록한 책 으로서 흔히 그가 생각하는 그의 상상 방법에서 탁월했다는 것을 알게 되면 상상력이 길러진다고 헨리 호스디크는 말한다. 대중 을 위한 과학과 같은 간행물은 거기에서 창의적인 분위기를 맛볼 수 있으며 새로운 아이디어의 진열장으로써 이용할 수 있다.

그리고 상상하는 힘을 키우는 독서의 방법으로는 다양하다. 독서하는 과정에서 중요한 것들을 메모해 놓으면 이를 바탕으로 더 좋은 생각을 얻는데 기폭제가 되어 창의력을 키우는 데 큰 힘 으로 작용한다. 미국의 소설가 마크 트웨인Mark Twain은 그의 책상 이나 침대, 당구장 선반 위에 그가 읽었던 대부분의 책을 비치하 여 두었다. 그리고 거의 모든 책에는 책장의 서문에다 비평이나 아이디어 등의 주석을 달아 놓았다. 그런 후에 그는 언제든지 비 치해 두었던 책 속의 메모에서 아젠다의 질문에 해답을 찾거나 해결의 단서를 구하는 데 활용했다.

일본의 소설가로 1994년 노벨 문학상을 수상한 오에 겐자부로는 작품 못지않게 독서광으로 알려져 있다. 1935년 일본 에히메현의 유서 깊은 무사 집안에서 태어난 그는 1954년 도쿄대학교 불문과에 입학했고, 논문『사르트르 소설의 이미지에 관하여』로 졸업한 수재이다. 그가 2015년에 출간한『읽는 인간』에서 그의 50년 독서와 인생에 관한 글을 이렇게 피력하고 있다.

그는 고등학교 시절부터 독서에 빠져들었다. 그 배경에는 친구 한 명의 영향이 컸다. 그를 통해 불어를 익히고 원서로 책을 읽는 데 도전을 하게 된 것이다. 내향적인 성격의 그에게 독서는 잘 맞아떨어지는 행위였다. 오히려 그는 독서를 통한 호기심을 적극적으로 해결하는 성격으로 변하였다. (중략)

그는 책이 인생 방향을 결정했다고 말할 만큼 애정을 쏟았다. 그는 다양한 책을 섭렵했는데 특히 한 권의 책을 깊이 파고드는 걸 좋아했으며 아홉 살 때 마크 트웨인의『허클베리 핀의 모험』을 읽고 책에 빠져들었다고 한다. 겐자부로는 작가로서 역량을 키우는 데 독서를 활용했다. 그는 닮고 싶은 작가의 작품들을 3년 동안 몰입해 읽고 떠오른 느낌으로 글을 쓰겠다고 다짐을 하곤 했다. 3년에 한 번은 문체를 바꿔보겠다는 생각도 여기서 나왔다. 어든의 작가 인생에 책을 빼면 무엇이 남을까? "책을 읽다 보면 지금 내가 얼마나 중요하게 맞닥뜨렸는지 깨닫고, 진정한 그의 자신과 만나는 것이 가능해지지요." 결국 읽는다는 건 그에게 꿈이자 의지처였다.

독서와 글쓰기로 평생을 산 오에 겐자부로, 그의 인생은 노벨 문학상이 말해주고 있지 않은가. 그는 그 상을 위해 책을 대하지 않았다. 오직 책이 좋아서, 독서와 글쓰기가 좋아서, 즐길 수 있었기에 평생을 할 수 있었고 의도하지 않은 큰 성과가 생긴 것이다. 오에 겐자부로의 독서 수상록 일부를 접해 본다.

나에게는 늦은 감이 있지만 배움에 나이가 어디 있겠는가. 독서로 뭔가를 이루려 하지 말고 순수하게 읽고 느끼고 성장하는 데 감사하며 즐기도록 하자. 지난 몇 년간은 독서에서 뭔가를 바라고 방법을 찾고 속독에 흘깃했고 의무감으로 책을 대했기에 즐거움보다는 부담감과 괴로움만 컸던 것이다.

이제는 편하게 읽을 수 있는 몇 권의 책을 책상에 두고서 가볍게 읽어 나가고 있다. 가슴에 와닿은 부분은 표시해뒀다가 다시 읽고 글로도 남기니 기분도 좋고 점점 즐기고 있다는 걸 느끼고 있다. 아직 기어 다니는 수준이지만 이렇게 시작하게 된 것만으로도 크게 감사하다. 매일 엉금엉금 기다 보면 어느 순간 일어나서 걷기 시작할 테고 원하는 것을 향해 뛸 수 있는 능력도 생기게 될 것이라 믿었다.
매일의 힘을 믿는다. 긍정의 힘을 믿는다. 내가 해낼 수 있다는 걸 믿는다.
나를 믿는다.

독서는 매일의 힘을 믿고 긍정의 힘과 할 수 있다는 힘을 믿게 되니 스스로를 믿어 자신감이 인다는 겐자부로 본인이 독서 인생에 대해 풀어쓰고 책을 읽는 자세에 대해 말하고 있다

EBS '위대한 수업' 3강(2022.03.15.) 한계에 도전하는 일본의 건축가 안도 다다오安騰忠雄의 인생 이야기 중, 그는 삶에서 실수한 것은 책이라는 세상을 너무 늦게 알았기 때문이라고 술회하면서, 그는 아이들이 건강하게 생각할 힘을 기르려면 책을 읽어야 한다고 힘주어 말한다. 책에는 독자의 이상향에 대한 해답이 숨어 있어서 아이들이 책을 읽고 새로운 세상을 펼칠 수 있는 자양분으로 충분하다고 여겼기 때문이다.

그렇다. 누구나 인생은 정해져 있지 않다. 인생은 만들어간다. 만들어가는 데는 독서가 가장 큰 자원임에는 이구동성으로 동의할 것이다.

독서의 즐거움을 맛보기 위한 독서 방법

독서는 문사수혜聞思修慧로서 우리의 삶을 환하게 밝혀주는 세 가지 지혜의 빛으로 부처님의 가르침으로부터 얻는 세 가지 지혜이다. 독서에서 책을 읽는다는 것은 가르침을 듣는다는 것이며, 책 속에 담겨진 생각 세계를 사유하여 비로소 지식과 정보를 얻게 된다.

책 속에는 과거에 살았던 사람의 생각과 말, 이 시대를 사는 사람들의 생각과 말이 한 권의 책에 담겨 있다. 이 시대에 사는

사람이 쓴 책 속에도 미래를 예견한 생각과 말이 담겨 있다. 이같은 책을 읽는 사람도 중요하지만 그 책을 만드는 사람은 더 소중하다. 책을 만드는 생각과 신념에 따라 세상을 창조하고 인간이 살아가는 이치를 밝혀 주는 지혜의 질과 수준이 결정되기 때문이다.

예컨대 문사수聞思修의 과정은 지혜를 획득하는 길이다. 법정 스님1932-2010은 독서법에 대하여 읊고 있다.

"책을 가까이하면서도 그 책으로부터 자유로워야 한다. 아무리 좋은 책일지라도 거기에 얽매이면 자신을 매몰하게 되어 자신의 눈마저 잃는 우려를 범한다. 우리 주변에는 책을 많이 읽은 사람이면서도 콕 막힌 사람들이 더러 있다."

책을 가까이한다는 것은 책과 대화를 하는 과정이며, 동시에 사유의 세계를 거쳐서 얻어진 생각 세계를 지키고 또 실천에 옮겼을 때 참다운 지혜를 얻게 되며 참 나를 발견하는 입문일 것이다.

결국 책을 읽는 것은 자기 자신을 읽는다는 것이며 나아가 열린 세상도 함께 읽을 수 있다. 책에 얽매이지 않고 책을 읽어 소화할 줄 줄 알아야 미래를 열어 갈 수 있다. 결국 책은 삶의 양식이 되고 인생의 길라잡이 역할을 한다. 역시 책에는 길이 있다.

책에는 인생의 질문이 있다

우리 인간도 질문을 던지는 삶이어야 헛삶이 아니듯, 질문이 없는 삶은 깨어나지 못한 삶과 다를 바 없는 것 마냥, "질문이 없는 독서는 책과 대면하고 있을 뿐이지, 읽지는 않는다."는 말과 다를 바 없을 것이다.

무조건적으로 책을 읽는다는 것은 책을 눈으로 보는 것에 지나지 않으며 책이 주는 즐거움과는 거리가 멀다. 아마도 눈을 감고 코끼리의 다리를 만지는 일과 다를 바 없다. 책 속에 오감을 던져서 양념한 맛을 느낄 때라야 책이 주는 맛깔스러움이 다가올 것이다. 반드시 '무엇'을 '어떻게' 읽어야 한다. '무엇'만 읽어서는 안 된다. '어떻게'도 동시에 읽어야 한다. '무엇'만 읽으면 지식이고 동시에 '어떻게'도 함께 읽혀야 지혜가 보일 것이다. 이를테면 운동 경기에서도 마찬가지다. 상대방의 수가 읽혀야 이길 수 있으나 읽히지 않는다면 연전연패일 것이다.

문학을 통해 혁명을 말했던『잘라라, 기도하는 그 손을』의 저자 사사키 아타루는 독서의 중요한 가치는 반복해서 읽고, 생각하는 것이 중요하다고 역설하고 있다. "읽기는 뙤약볕이 내리쬐는 여름날 오후 강행군을 마치고 그늘에서 마시는 차가운 샘물과 같은 것이다. 읽기를 반복하지 않을 이유가 어디에 있을까?"라고 묻고 있다.

그 해답은 이 책에서 다음과 같이 사사키 아타루의 생각이 담겨 있었다.

"읽으면서 내가 가지고 있는 가치관과 세계관이 통째로 바뀌는 충격을 맛보는 처절한 책 읽기를 강조한다. 이러한 과정을 거칠 때 비로소 책은 사유의 근간이 되고 그 사유가 바로 혁명의 길로 나아가는 힘을 갖게 한다. 책을 읽는 한 희망은 언제나 존재하며 읽는다는 소중한 행위를 위해 목숨 바쳤던 수많은 사람을 기억하는 한 책은 영원히 사라지지 않을 것이다. 읽고 쓰는 것을 반복하는 힘…! 혁명은 그 힘으로부터 조용히 오며 때로는 한 줄의 텍스트가 강력한 힘을 발휘하기도 한다."

"오르한 파묵의 글을, 헤르만 헤세의 글을, 루이스 보르헤스의 글을, 일일이 열거할 순 없지만 나 또한 그저 책을 읽었을 뿐이다. 그렇게 단지 읽음으로 인하여 나 자신으로부터 혁명을 하고 있었던 것이다. 거창한 혁명이 아닌 나 스스로 내부의 혁명을 말이다. 책을 읽고 또 읽음으로써 내 자신의 생각과 행동과 모습이 내 마음속으로부터 조용한 혁명을 일으키며 나를 조금씩 미세하게 바꿔놓고 있음을 느낀다."

도서관에서 놀면 생각의 근육이 생긴다

책의 가치는 도서관이 지닌 가치를 비껴갈 수 없다. 도서관은 온갖 종류의 도서와 문서, 기록, 출판물 따위의 자료를 모아 두고 일반이 볼 수 있도록 한 시설이다. 오늘날의 전자 정보화 시대에서는 매체 컴퓨터나 텔레비전에 정보로서 존재하는 도서관이 존재하며, 이 도서관에도 책의 정보가 저장되어 있어서 사용자는 실제로 도서관에 가서 책을 보는 것과 동일한 경험을 하는 가상 도서관이 주류를 이룬다.

오늘을 살아가는 인간에게는 도서관이 필요 불가결한 공간으로 자리를 잡아 가고 있다. 시골 마을까지도 마을 책방이나 마을 도서관이 자리를 잡아 가고 있다. 궁금하거나 모르는 것은 도서관을 찾아가면 해결된다는 우스갯소리도 있다.

도서관의 가치가 이쯤 되면 세상사의 과거와 현재는 물론 미래의 세상을 시청각으로 공유할 수 있다. 이 시각의 변화무쌍한 세상을 열람할 수 있으며, 마음의 안식처를 제공해 주는 일종의 놀이터인 쉼터이기도 하다. 애들은 놀이하면서 배운다. 삶에서 상당한 시간을 도서관에서 놀면서 자라는 경험이 늘어나면 생각의 근육이 만들어질 것이다. 생각의 근육은 건강한 정신으로 작용하여 건강한 신체를 형성하는 데 보탬이 되지 않겠는지 말이다. 그래서 필자는 도서관이 세컨 하우스이며 홀리스틱 교육의 공간다운 학교라고 감히 질문을 던진다.

그런데 우리나라의 도서관을 찾는 학생들은 얼마나 될까? 한국학습정보원은 2021년 대학도서관 이용 실태를 밝혔는데, 재학생 1인당 대출 책 수는 2020년 4.0권에서 21년 2.3권으로 나타났다. 전자도서를 이용하는 학생을 감안하더라도, 더 깊은 사고와 논증을 위해 서가로 향하여 대출을 받는 학생들을 만나는 일은 점차 어려워지고 있는 실정이다. 그러나 쏟아지는 정보의 폭포를 맞아 검색력은 화려해졌으나 사고력은 오히려 감소했다는 실증이기도 하다.

홀리스틱 교육 마인드

한편 전쟁의 한가운데에서 자유와 비폭력, 인간다운 삶을 꿈꾸며 도서관을 세운 다라야 청년들의 감동 실화가 SNS를 통해 세상에 알려진 도서관의 이야기가 있다.

한 달에 600여 차례의 폭격이 쏟아지는 곳, 8년째 이어지며 35만 명이 넘는 사망자와 1,000만 명 이상의 난민을 낳은 시리아 내전의 중심 도시는 다라야다. 다라야의 시민들은 2011년 아랍의 봄 초기에 전개된 비폭력 시위에 적극 참여하였다는 이유로 정부로부터 폭력적인 진압과 무차별 학살을 당한다. 정부의 도시 봉쇄로 식량과 의약품도 끊긴 채 하루하루를 전쟁의 공포 속에서 살아가지만, 다라야에 남겨진 사람들은 삶을 포기하지 않았다. 무너진 폐허에서 우연히 책을 찾아낸 청년들이 지하 도서관을 만들기 시작한 것이다. 끝이 보이지 않는 전쟁, '이번 세기 최악의 인도주의 위기'라고 불리는 이 내전 속에서 그들은 왜 도서관을 지은 것일까? 내일을 장담할 수 없는 그들에게 책을 읽는 것은 어떤 의미일까?

『다라야의 지하 비밀 도서관』의 저자 델핀 미누이는 20여 년간 이슬람 지역을 다니며 중동 각국의 중요한 사회적 이슈를 취재해왔는데, 독재의 포탄에 맞서 도서관을 지은 이 젊은 청년들의 이야기에 단번에 매료된다. 2014년부터 2016년 8월까지 약 2년에 걸쳐 스카이프를 통해 이들과 나눈 대화를 바탕으로 그는 이 책을 썼다.

이 책은 시리아 내전에 대한 살아있는 투쟁의 역사이자 기록이면서 동시에 책을 통해 자유와 비폭력, 인간다운 삶을 꿈꿨던 작은 도시 다라야의 청년들의 이야기를 담고 있다. 다라야가 가진 모든 것이 무너져갈 때, 무엇이 그들의 삶을 지속하게 해주었는가? 바로 도서관이었다.

책을 모으는 곳이 도서관이지만, 도서관의 힘을 만드는 건 사람이다. 도서관에서 꿈을 키운 사람이 많고 도서관에서 다양한 매체를 접하여 세상이 돌아가는 사실을 파악하고 세계가 움직이고 있는 이치를 찾아 탐색한다. 독서는 마음을 밝혀 가슴을 채우고 도서관은 가슴을 채우는 곳간이다.

우리 인생은 정해져 있지 않다. 인생은 내가 만들어가야 한다. 나를 만들어가는 길라잡이로서 힘이 있는 멘토는 도서관에도 거주하며 도서관에 꽂혀있는 책에는 인생을 만들어가는 해답을 숨겨놓고 있다. 도서관을 찾는 자만이 힘이 센 멘토인 책으로부터 인생에 대한 해답을 얻을 수 있고 해답에 따라 걷다 보면 정점이 보인다.

홀리스틱 교육 마인드

3.
글쓰기는 생각을 드러내어
온전한 지혜로 만들어 간다

왜 글을 쓰는가

글을 쓴 이유는 생각을 드러내어 대중과 소통의 과정을 거쳐 더 큰 생각을 얻을 수 있는 즐거움이 있기 때문이다.

왜 그림을 그리고, 시를 쓰는가? 라고 작가에게 묻는다면 즐거움이 있기 때문이라고 답할 것이다. 그런데 작가 혼자 즐겁다고 상대까지 즐거울 수는 없다. 상대가 즐거워지려면 공감이 가는 생각을 화폭에 담고 공감이 가는 생각을 원고에 담아야 한다. 공감이 있는 작품은 내 생각과 네 생각이 저 높은 한 곳에 다다를 때라야 한다.

그래서 훌륭한 창작이 아니고서는 공감하기 어렵다. 글을 쓰는 것은 대중과 함께 더 큰 생각을 영글게 하는 즐거움을 얻는 데 있다.

중문학자 김학주서울대학교 교수는 "한 자 한 자 쓰지 않으면 긴 글을 쓸 수 없다."며 강의 문을 열었다. 그는 한 자 한 자는 요런조런 생각이며 이 생각이 모여 문장이 된다고 했다. 그래서 삶의 열매는 습노習勞에서 얻어지며 그냥 얻어지는 것이 아니다. 이 세상에 공짜가 없음은 새삼스러운 것이 아니다.

글쓰기는 창의적 훈련 방법

글을 쓴다는 것은 상상력을 훈련하는 데 크게 도움을 준다. 창의력 측정을 위한 과학적인 검사는 표현의 유창성이라는 측정 요인을 포함하고 있다. 배네트Arnold Bennett는 '글을 써보는 것'은 정신 능력에 향상을 꾀하려는 노력에서 불가결한 부분이라고 주장한다.

따라서 일기 쓰기, 독후감 쓰기, 동요 및 동시를 짓는다는 것은 상상력을 동원해야만 이루어지는 일이기에 상상력을 키우는 데 가장 값있는 일이다. 때문에 일기, 독후감 따위의 글을 쓰는 능력은 좋은 생각을 만들어가고 살아가는 실용적 역량 중 으뜸이다.

글쓰기 힘은 깨닫는 힘

글을 쓰는 힘을 기르게 하는 방법 중의 하나가 쓸 거리를 갖게 하는 것이 가장 먼저다. 쓰는 방법이나 표현하는 방법은 그다음이다. 쓸 거리를 가질 수 있도록 '보는 힘'을 기르는 데 있다. 보아야 쓸 거리를 느낀다. 이를 '깨닫는 힘'이라고 한다. 깨닫는 것을 확실히 하기 위해서는 쓸 거리를 실제 써보아야 효과적이라고 한다. 그래서 깨닫는 힘을 기르기 위해서는 글을 써야 하는 이유이다.

초등학교 1학년이 쓴 글이다. 보는 힘을 키워 그 느낌을 쓴 글이다. 다음 글에서 1학년 학생의 깨닫게 된 힘을 만날 수 있다.

어제는 비가 내려서 비가 새었다. 그래서 신문을 깔고 세수대야랑 양동이랑 쇠 냄비랑 흙 냄비를 두었다. 귀를 기울여 소리를 들어 보니, 쇠 냄비는 높은 '도'를 내고, 흙 냄비는 낮은 '도'로 소리도 작았다. 세수대야랑 양동이는 가운데 '파' 소리였다.

이 글은 그냥 글이 아니다. 보는 눈이 점점 깊어져 귀로도 듣고 마음으로도 듣게 된다. 이런 방법으로 글을 쓰다 보면 애들은 내 손이 닿지 않는 세계에서 점점 자란다.

글쓰기는 일기로부터 출발

필자가 교육청에 근무할 당시 동료인 중등 장학사의 이야기다. 초등학교에 다니는 딸은 노트를 달리하여 두 권의 일기를 작성하는데. 그중 한 권은 선생님께 제출하는 숙제용이고 나머지 한 권은 서랍 속에 숨겨두는 자기만의 일기장이라고 소개한 기억이 새삼 떠오른다. 선생님의 검토 과정에서 담임을 향하여 무례한 느낌이라도 감지하게 된다면 곧 꾸중과 질책으로 이어질 염려가 두렵기 때문이었을까. 서랍 속에 숨겨두고 작성하는 일기장이 진솔한 일기장이었을 것이다.

아무래도 일개인의 평생 동안 글쓰기의 출발은 어린이들이 학교에 입문하게 되면 단골 메뉴로 등장하는 매일 쓰는 일기였다. 지금도 초등학교에서 일기를 쓰는 일은 졸업하기까지 언제나 변함없는 숙제로 취급한다. 일기는 아이의 글쓰기 인생에서 아주 중요한 경험이지만 교사와 학부모들은 학생들이 좋은 일기를 쓰도록 하기까지는 지도하기가 쉽지만은 않다고 한결같이 말한다.

그렇다. 애들의 하루하루 생활이 크게 다르지 않고 반복되는 경우가 많다. 그리고 도시나 시골 학생들의 생활 형태도 지역에 따라 하루 생활 모습도 크게 다르지 않다. 도시에서 생활하는 학생대로, 시골에 거주하는 학생대로 큰 줄기에서는 생활 모습이 거의 유사하다. 그러니 일기 내용도 크게 다를 바 없을 것이다.

그 이유는 일기는 하루 동안의 일을 쓰기 때문에 생활 모습이 크게 다르지 않아 내용도 크게 다르지 않을뿐더러 하루 생활의 순서에 따라 개인의 생각을 나열하는 고정관념 때문이다.

일기 속의 생각은 경험한 일에 대하여 희로애락이 있고 애들의 눈높이에서 발견하는 새로움이 있고 더 깊이 찾아 더듬고 싶은 것이 있으며, 열성을 다하여 정진하고 싶은 것도 있을 수 있고 잘 잘못을 판단하는 상황도 있을 것이다. 일기는 이런 것들을 쓰도록 하는 것이다.

그런데 어린애들에게 논리적으로 일기를 이렇게 써야 한다는 방정식을 일러 줄 필요는 없다. 그럴 경우 일기 쓰는 것은 숙제가 되고 오히려 일기 내용이 정답이 있다는 것을 일러주는 것과 다를 바 없다.

한마디로 일기는 오감을 통해 보고, 듣고 느끼고 만지고 맛보는 경험들을 차례대로 정리하는 것이 아니라 오감에 대한 생각과 느낌을 쓰는 것이다. 그래야 쓰는 즐거움이 쌓여 더 쓰고 싶고 더 좋은 생각을 쓰게 될 것이다. 그래야 창의성이 발현되고 선의지

홀리스틱 교육 마인드

를 촘촘히 엮어간다.

다만 일기를 쓰지 않는 애들이 있다면, 외재적 동기 부여로 세 가지 방법으로 접근하면 좋을 듯하다. 일기를 쓰도록 하기 위해서 우선 애와 같이 앉는다. 이어 쓰고 싶은 것을 무엇이든지 함께 쓴다. 다만 지적하는 일은 금물이다. 지적하는 것은 쓰고 싶은 욕구를 저해하는 요인이며 간섭이고 훈육에 지나지 않는다. 글씨 모형이나 필순이나 띄어쓰기, 맞춤법 등은 스스로 교정되거나 차후에도 지도가 가능하다. 진정 좋은 생각을 쓰는 방법은 어떤 표현 방식이든지 불문에 부치고 외부 세계의 자극을 오감으로 받아들인 생각과 느낌을 나타내면 족하다.

일기 쓰는 습관이 형성된다면 쓰지 않고는 일상을 지나칠 수 없어 직관력이 유발되고 창의성을 키우는 동인이 된다. 이러한 능력은 어른이 되었을 때 좋은 기사를 작성하는 발로이며, 해야 할 일의 제안서나 기획안 작성, 논문이나 보고서 작성 등 의사결정의 기본이 되고 성문으로 남기는 역량으로 작용한다. 학교 교육에서도 현재 시행 중인 수행평가는 대부분 쓰기로부터 이루어진다. 그만큼 쓰기는 창의적인 역량을 가늠하는 잣대로 작용한다는 사실에 의심의 여지가 없다. 결국 좋은 일기를 쓰는 습관은 온전한 지혜를 만들어 내는 에너지로 승화하는데 충분한 자산이다.

메타 이론으로 얻어진 방법지로 글쓰기

그런데 이왕이면 관념에 머무른 글보다는 실천이 따른 글이었으면 더할 나위 없이 좋은 글일 것이다. 실천에서 얻어져 융합된 이론의 이론이거나 관념이 쓰임 현실에서 방법적인 지혜로 용해될 수 있는 공식으로 활용되었으면 한다. 이같은 이론은 메타 이론으로서 메타 지식이라 명명할 수 있다.

메타 지식을 글로 표현하는 데 손꼽히는 분이 계시다. 한국 현대사 대표적인 지식인 리영희한양대학교 교수 1929-2010는 평생을 '우상파괴자'이자 행동하는 지식인으로서 살았던 이영희의 무기는 '관념'이 아닌 '사실'이었고, '이론'이 아닌 '실천'이었다. 그는 글쓰기를 "우상에 도전하는 이성의 행위"라고 정의하였다. 그래서일까 '새가 좌우로 날개를 날 듯', 진실과 균형의 날개를 기존의 관념에 저항해서 비판적 지식인 운동의 상징적 역할을 한 것으로 평가를 받고 있다고 한다.

메타 이론은 크게 둘로 나누어진다. 하나는 사실을 분석하고 설명하거나 혹은 경우에 따라 해석하는 것이고, 다른 하나는 사실을 창조하고 개혁하는 것이다. 전자는 현재의 사상을 과학적으로 분석하고 설명하는 것으로, 어디까지나 객관적 인식으로 관념에 머물 것을 의도한다. 이에 비하여 후자는 또 다른 실천을 만들어 실체적 지식인 방법적 지식을 창조하는 데 목적이 있다.

예컨대, 이 책을 접하는 독자가 관념에 머물 것을 뛰어넘어 문제를 해결할 방법을 아는 지식으로서 가치가 부여된 방법지 knowledge about know-how로 접근해 주길 바란다. 그래야만 책을 읽는 데 만족하지 않고 실제 쓸모가 있는 산지식으로 생애를 통해 살이 되고 피가 되는 글을 쓸 수 있다.

4.
질문은 문제 해결의 출발점이다

호기심에 비례하는 창조

애들의 호기심을 불러일으키는 것들을 자기들이 원하는 방향에서 배우도록 내버려 뒀을 때, 우리가 그들을 위해서 어떤 것을 뽑아 놓고 그것을 배우라고 해 줄 때보다 더 빠른 속도로 그리고 더 많은 것을 배우게 되는 것이다.

그러나 어른들은 애들이 알고 싶어 하는 것만 배우도록 내버려 둔다면, 그 애들은 고작 시야가 좁은 쩨쩨한 전문가가 되거나 단순 사고에 연연하여 문제해결력에 집착한 나머지 고차적인 사고력을 지니지 못하여 기초학력 부진 학습자 대우에 만족할 것으로 생각되기 쉽다. 그런데 그렇지만은 않다.

우리 아이들은 본디 호기심이 많고 두려움이 없는 건강한 아이들은 시키는 대로 하지 않고 자기 생각을 만들어가면서 주도적으로 매사를 접근하고 부딪히는 문제를 회피하기보다는 혼자서도 즐기기를 좋아한다. 이 같은 사실은 두 가지 이야기가 설명해 주고 있다.

2021년 6월 12일 필자는 일산에 거주하는 손녀를 승용차에 태우고 지인을 뵙기 위해 목적지에 도착하자 어린이집에 다니는 세 살 난 손녀 민서를 승용차에서 할머니의 도움을 받아 내린다. 할머니께서는 민서가 혼자서 내리면 다칠까 봐 걱정한 나머지 안전하게 내릴 수 있도록 도와주었을 뿐이다. 이때 민서는 화를 버럭 내면서 혼자서도 할 수 있다는 표정으로 다시 승용차에 승차하더니 혼자서도 안전을 유지하면서 문밖으로 천천히 나온다. 그때 민서의 표정은 혼자서도 잘할 수 있음에도 과잉보호를 받기 싫다는 의사 표시이며, 그야말로 세상의 어떤 일도 혼자서도 해낼 수 있다는 의기가 넘친 모습이었다.

2022년 5월 22일 일요일 오후에 두 손녀 다윤과 민서는 킥보드를 타고 마을 공터를 거침없이 달린다. 언니 다윤은 킥보드를 바른 자세로 앞을 향하여 돌진하다가 몸통을 좌우로 뒤틀려 타거나 앉아서 타는 등 자세를 다양하게 변형하여 즐기고 있다. 언니의 모습을 본받고 싶은 동생 민서도 언니처럼 자세를 변형하여 즐기기를 되풀이한다. 물론 처음에는 넘어지는 실수를 반복하더니 결국은 언니와 같은 묘기를 보이면서 즐기는 수준에 이르게 되었다. 이 장면은 하고 싶은 일을 혼자 힘으로도 해낼 수 있어서 그 쾌감이 얼마나 대단한지를 실감하게 하는 장면으로 기억되고 있다. 이때 애들의 엄마는 다소 위험스러워도 만류하지 않고 가까이서 케어 준비 태세만 갖춘다.

민서가 하는 돌발적인 행동이 있기까지는 평소에 어른들이 승하차하는 모습이나 킥보드 타고 즐기는 언니의 모습을 예사롭지 않게 관찰한 경험이 쌓여 결국에는 호기심으로 발동했다. 호기심은 스스로가 탐구하도록 하여 창의적인 발상을 가져오게 한다. 민서의 호기심은 질문이며 답을 만들어 낸 셈이다.

그렇다. 자라는 애들은 본디 어떤 한 가지 학문의 포로가 되지 않고, 오히려 그 학문을 여러 방면으로 뻗쳐나가 거기에서 인생을 배우게 된다. 그들이 주도적으로 배운 제반 새로운 것들은 그들에게 또 다른 새로운 것들을 배워야 하겠다고 생각하게 하며, 이 같은 그들의 호기심은 받아들이는 양분에 의해 성장한다. 교사와 학부모를 비롯한 교육자의 임무는 이에 필요한 양분을 계속해서, 그리고 충분히 잘 공급해주는 일에 열중해야 한다. 애들이 보이는 호기심에 간섭은 말고 호기심을 만들어 내는 기회를 마련하여 주고 그들이 즐기는 호기심을 격려하는 일이야말로 새로운 생각을 만들어가는 시발점이다. 호기심은 창조와 상관이 깊으며 비례 관계이다.

민서의 호기심 같은 일련의 사례는, 일찍이 존 홀트캘리포니아대학교 교수 1923-1985는 『아이들은 왜 실패하는가』라는 저서에서 이렇게 밝히고 있다.

그는 학교와 어른들은 애들을 대상으로 일방적인 간섭과 주지 교육을 일삼는다고 꾸짖는다. 그리고 학교 학생들을 포함하여 애들은 특히 취학 이전에 가장 많은 것을 배운다고 주장한다. 많은 교육 전문가들은 이 주장에 공감하고 있으며, 애들은 이 시기에 그들이 지닌 정신을 특수하게 활용하기 때문에 어른들보다 더 잘 배울 수 있다.

바꾸어 말하면, 애들은 어른들의 방해가 없는 한, 자연스럽고 훌륭한 그들 나름의 생각하는 방법을 가지고 있기 때문에 능동적인 학습이 충분히 가능하다. 능동적인 학습은 호기심을 바탕으로 하며 문제해결을 찾아가는 에너지이다. 그래서일까 어른들은 애들의 사고 능력을 기르기 위해서 그들을 학교에 보내고 있지만, 오히려 그들의 사고 능력을 해친 경우가 많으며, 그들에게나 어른들에게 유용도 필요도 하지 않은 사고를 강요하기에 위대한 선천적 사고방법을 포기하도록 가르치고 있는 것과 다를 바 없을 것이다.

때문에 학교에서는 애들이 자기 주도적으로 잘 배울 수 있는 방법을 모색해 주고 학습조건 및 애들의 마음을 좀 더 잘 이해하여 학교가 애들에게 알맞은 사고방법과 학습 방법을 적용하고 향상시킬 수 있는 곳이라고 느끼게 해 줄 수 있을 때라야 애들의 실패를 대부분 예방할 수 있을 것이다. 이런 연후에야 학교는 애들의 신체 발달이나 지식 증가에서만이 아니라 호기심, 용기 자심

홀리스틱 교육 마인드

감, 독립심, 기지, 융통성, 인내심, 능력 및 이해심을 신장하는 장소로서 역할을 한다.

애들은 자기 주도적 학습능력과 자율적인 행동 능력이 있음에도 어른들과 학교에서는 고기를 잡아 먹여주는 주지적인 교육을 선도하고 있는 셈이다. 교육자의 사명은 애들이 자기 주도적 학습능력과 자율적인 행동 조절 능력을 지니고 있기에 이를 장양하도록 여건을 마련해 주는 도우미로서의 역할에 충실해야 한다. 그래야만 애들은 호기심이 발동하면 그들 스스로 지력을 잘 활용하여 대담하고 유용한 학습을 가능하게 할 것이다.

호기심에서 발동한 질문은 창조로 커간다

어느 날 큰 손녀가 첫돌을 맞이한 이후 얼마 되지 않은 시기였다. 다윤이는 보이는 물건마다 '이게 뭐야?', 어느 날 할아버지와 도시철도를 이용하여 나들이하던 날에 의자에 앉아있는 낯선 손님들이 소지하고 있는 신기한 물건을 발견하면 종종걸음으로 가까이 다가서서 '이게 뭐야?', 엄마의 옷차림새에 브로치를 발견하면 '이게 뭐야?' 하고 묻는 습관이 일상화가 되었다.

이와 같은 모습이 나타난 며칠이 지나서 경기도 일산의 호수공원 주변을 거닐다가 기어 다니는 개미를 쳐다보고 손가락으로 가리키면 '이게 뭐야?', 날아다니는 나비를 가리키며 '이게 뭐야?' 하고 묻고 응답을 요하는 행동이 점차 확장되었다.

다윤이는 '엄마', '아빠'를 부르는 발음이 명확하지 않았지만 '이 게 뭐야?' 외치는 발음은 명확했었다. 어쩌면 다윤이는 유아기 언 어 발달에서 맨 처음으로 익히는 엄마, 아빠보다도 '이게 뭐야?' 를 먼저 익힌 셈이다. 다윤이의 이 같은 모습들은 생각을 만들어 가는 힘이 발달하고 있었기에 점차 엄마와 아빠의 얼굴을 익히면 서 엄마 아빠를 부르게 되었다. 다윤이는 호기심이 발동하여 이 를 행동으로 옮기는 과정에서 '이게 뭐야?' 하는 일이 지금까지도 습관화되기에 이르렀다.

다윤이는 이 같은 학습이 멈추지 않고 궁금증이 발동하면 언제 어디서나 누구에게도 질문을 하곤 하였다. 다윤이가 태어난 이 후 24개월이 지난 어느 날이었다. 발코니에 피어 있는 제라늄을 보고 꽃이라고 부르더니 이후 3개월이 지나자 그 제라늄 꽃 색깔 을 레드라고 하더니 이후 한 달이 지날 무렵 '꽃이 예쁘다' 하거나 유리창 너머 나뭇잎을 바라다보고 '나뭇잎이 움직인다'라고 표현 했다. 다윤이의 생각은 점점 자연현상과 사회사상을 살피고 변 화된 사실에 대하여 질문을 던지고 그에 합당한 반응이나 느낌을 표현하였다.

이 글을 쓰고 있는 이 시기는 다윤이가 만 여덟 살 남짓 되었지 만 세 살 중후반 정도에서는 기어다니는 개미를 살피고 가족의 모습이나 놀이터의 모습을 그림처럼 드로우 했다. 그림을 살펴 보면 다윤이 자신의 생각과 감정까지도 드러나게 표현히고 있음 을 짐작할 수 있었다. 그림 속에는 강약, 크기, 길이, 겉모습, 방

홀리스틱 교육 마인드

향 등이 나타나 있다. 그저 대충 그리는 것이 아니고 자신의 마음을 고스란히 담아 놓았다.

다윤이가 자연스럽게 질문으로 얻어진 좋은 느낌과 감성을 접하는 기회를 자주 조성하고 다윤이가 경험한 내용을 자랑할 수 있는 기회를 갖도록 하는 일은 '창조적인 생각을 만들어가고 있다'는 체험적인 일기이다. 좋은 생각을 일회성이 아닌 거듭하여 좋은 생각을 하게 되면 좋은 결과가 얻어지며, 호기심에서 발동한 질문은 창조로 커간다는 실감은 체화에 의하여 얻어진 진리가 아닐까 한다.

그래서 손녀 다윤의 성장 과정에서 생각을 만들어가는 사실적인 관찰이 작은 씨앗으로서의 단초가 되어『생각을 만들어가는 생각교육』을 단행본으로 엮어 발간도 하였었다.

질문의 가치

질문에서 해답을 찾았을 때의 즐거움은 어떨까? 질문을 던져 해답을 찾게 되기까지의 과정은 개인에게는 즐겁고 새로운 시대를 만들어가는 기발한 가치이면 모두에게 감동을 준다. 그 가치가 미래를 열어갈 고등한 가치이면 더욱 감동적일 것이다.

조현행의『소설 재미있게 읽는 법』에서는 '궁금한 점이 있을 때는' 질문을 던지면 궁금한 점이 보인다고 했다.

그렇다면 인간은 언제 질문을 던질까. 바로 호기심이 일거나

'궁금한 점'이 있을 때이다. 인간은 자신이 잘 알고 있거나 익숙한 것에 대해서는 질문하지 않는다. '내가 잘 알지 못하는 것, 처음 접하는 낯선 것'이 있을 때 인간은 비로소 질문을 한다. 미지未知의 세계는 늘 인간의 관심을 끌기 마련이다.

우리는 이 생명 다할 때까지 아는 것보다 모르는 미지의 세계가 더 많다. 우리가 모르는 세계는 무궁무진하다. 호기심을 갖고 궁금해하는 사람에게만 미지의 문을 조금씩 조금씩 열어준다. 그것도 쉽게 열어주는 것은 아니다. 묻고 또 묻는 사람에게만 기꺼이 열어 줄 뿐이다. 궁금한 점이 있을 때는 지체 없이 물어보아야 한다. 그래야 묻는 사람이 답을 얻을 수 있다. 묻는 당사자가 문제해결의 입구라면 출구 또한 묻는 자의 몫이기도 하다. 인간의 힘이 위대하다고 하는 이유는 물음에서 출발하여 이 세상을 진보하게 하고 발전을 유도하고 있기 때문이다.

"의심하는 바가 없으면 깨달음도 없다."는 말을 우리들의 머릿속에 저장되어 있는 좌우명이라면 어떨까!

1944년 핵자기 공명의 발견에 대한 공로로 노벨 물리학상을 받은 미국의 물리학자 이지도어 아이작 라비Isidor Isaac Rabi 1898-1988는 수상 비결을 묻는 기자에게 이런 말을 했다. "내가 어렸을 때 학교에서 돌아오면 어머니는 늘 '얘야, 오늘은 수업 시간에 선생님에게 무슨 질문을 했니?'라고 물었어요. 그것이 오늘의 나를 있게 한 비결입니다."라고 했다. 이렇듯 질문을 좋아하고 잘하는

홀리스틱 교육 마인드

부모에게서 역시 질문을 소홀하지 않고, 그 질문을 해결하려는 탐구심 강한 자녀가 나오기 마련이다. 위대한 결과는 위대한 질문에서 비롯된다는 말이 허상이 아님을 '주자'의 질문이 증명하고 있다.

중국 송나라의 사상가 주자는 4세 때 이미 "하늘 너머에 무엇이 있는가"라는 질문을 한 주자는 인간의 본성인 성性과 우주의 법칙인 리理를 추구하여 성리학을 구축했다.

누가 뭐래도 세계적으로 유대인의 파워는 감히 무시할 수 없다. 과학을 선도하는 그들의 수준, 역량이 많은 인물 배출, 재력의 파워, 세계적인 창업 국가로서의 위업은 너무 덩치가 크며 세상을 움직이는 힘으로 작용하고 있다.

그 힘은 어디에서 나올까. '왜'라는 물음에 있다. 그 물음의 힘은 생각하는 힘으로 작용하여 세상을 움직인다"라는 것이 답이다. 왜라는 물음은 확실히 인류 문명의 추진력으로 작용하고 있다.

1990년대 구소련이 붕괴되면서 소련에 살던 수십만 명의 이스라엘 사람들이 돌아왔다. 이를테면 2009년 9월 6일 이스라엘 내각은 구소련 출신 유대인의 '대이주' 개시 20주년을 기념한 행사에서 소련 상트페테르부르크 출신인 소파 랜드버 이민부 장관은 "구소련 유대인 출신은 이스라엘에 산소와 같은 역할로서 이스라엘을 구했다."고 평가하면서, "이들 이민사들 덕분에 의사 2만3천 명과 간호사 2만5천 명, 엔지니어 1만8천 명, 예술가 2만

1천 명, 교사 5만 명을 확보할 수 있었다.”며, 감사를 거듭 표명했다. 구소련이 붕괴하자 이스라엘은 핏줄이 같은 유대인을 적극 받아들여 구소련에서 터득한 전문적인 소양을 지닌 유대인들이 대거 유입하였고 그 소양을 그대로 유지하고 살아가도록 정책을 펼쳤다. 한편으로는 유입한 많은 유대인들이 살아갈 길은 '창업'이었다.

지금까지 밝힌 사실에서 유대인들의 남다른 위대한 힘은 무엇이었을까. 우리나라 어느 정치인이 이스라엘에 가서 놀란 것은 '질문하는 교육' 임을 눈으로 확인했다. 초등 학생들이 거의 대들 듯이 선생님께 질문하는 게 일상적이며, 그 질문하는 교육의 힘이 세상을 움직이고 개척정신으로 작용하여 국토면적으로는 소국이지만 창업만큼은 대국으로 부르는 원동력이라고 소회를 피력했다.

작가 김혜령은 『나를 성장시키는 질문』에서 미국의 심리학자 윌리엄 제임스의 말을 인용하면서 "나를 제대로 살게 했던 건 '정답'이 아니라, '질문'이었던 것이다. 혼돈 속에서 던진 물음표가 삶의 변곡점이 되어 나를 바꾸어 놓았다는 것을 깨닫는다. 윌리엄 제임스William James 1872-1907는 '질문은 단순한 말보다 더 깊은 곳까지 파헤친다'라며 말보다 더 깊은 생각을 이끌어 내는 것이 바로 질문이다."라고 했다.

질문의 가치는 어디에 있을까. 궁금하거나 미지의 세계, 불확

홀리스틱 교육 마인드

실에 세상에 대해서 질문을 던지지 않으면 해답이 산출되지 않는다. 질문은 생각에서 나오고 답도 생각에서 나온다. 그 생각에서 새로운 창조물을 만들어 낸다. 그래서 질문은 인류 문명의 추동력이 되어 우리를 더 나은 곳으로 이끌어 더 나은 사람으로 성장시켜 혁신된 세상으로 인도한다.

99%의 노력에 앞서 1%의 영감

인류 최대의 발명품 둥근 '바퀴'는 문명의 혜택을 누리는 것 중 첫 번째라고 전 인류가 동의하고 있다고 필자는 확신한다. 바퀴가 없다면 우리는 어떻게 살고 있을까? 무거운 짐을 옮기거나 먼 길 갈 일을 생각하면 바퀴의 가치에 감탄사가 저절로 나온다. 우선 시골에서 농작물을 싣고 나르는 경운기에서부터, 서울에서 부산까지 단숨에 달리는 고속철도, 인천 공항의 비행기 이착륙, 항만으로 수출 상품이 담긴 컨테이너를 싣고 달리는 차량들을 생각하면 굳이 자세한 설명이 필요하지 않다.

바퀴는 원래 있었던 것이 아니라, 고대 메소포타미아 지역에서 나온 발명품이다. 없던 기술이나 물건이 고민 끝에 만들어진 까닭은 그만큼 간절했기 때문이리라 믿어 의심치 않다. 즉 영감이 작용했을 것이다. 최소한 사람들이 의식주에서 노력을 절약하고 보다 큰 힘을 응축할 수 있는 수단이 절실하였기에 바퀴가 탄생하게 된 영감이다. 1%의 영감이 아닌 99%의 노력만으로는 불가능하다.

창조적인 일의 계기가 되는 기발한 착상이나 자극을 영감이라 한다. "천재는 1%의 영감과 99%의 노력으로 이루어진다."라는 에디슨의 명언은 사람들에게 노력의 중요성을 일깨워 주는 말로 많이 인용되고 있다. 그러나 이 명언은 에디슨과 인터뷰한 기자의 잘못된 번역으로 인해 잘못 전해진 것이다. 본래는 99%의 노력이 있어도 1%의 영감이 없다면 이루어지지 않는다는 뜻으로 에디슨은 영감에 강조점을 두었다. 99%의 노력에 앞서 1%의 몫에는 이루고자 하는 목적이 무엇이며, 왜 이루어져야 하는지 물음을 던지는 일이다. 1%의 영감에 대한 물음이 없는 항해는 목적지가 없는 지난한 여행길일 것이다.

5.
잘할 수 있고 잘 알기까지는
메타인지 학습법이 필요하다

메타인지의 의미

메타인지Metacognitive의 사전적 의미는 자신의 인지 과정에 대해 생각하여 자신이 아는 것과 모르는 것을 자각하는 것과 스스로 문제점을 찾아내고 해결하며 자신의 학습 과정을 조절할 줄 아는 시능과 관련된 인식이다.

『메타인지 학습법』의 저자 리사 손미국 콜롬비아대학교 바너드 칼리지 심리학과 교수은 메타인지는 자기 자신을 아는 것, 그리고 이를 위해 자신의 생각을 들여다보는 것이다. 메타인지를 가장 쉽게 설명할 수 있는 또 다른 말은 '자기 거울'이라고 부언한다. 그러면서 자신의 모든 학습 과정을 그대로 보여주는 거울이 바로 메타인지라고 주장한다.

메타인지 학습법은 상위 1%의 학생들의 학습법으로 잘 알려져 있다. 메타인지 학습법에서는 다른 친구들이 얼마나 공부를 많이 했는지, 다른 친구들이 몇 등을 했는지가 중요한 것이 아니고 다른 친구가 나보다 시험 점수가 더 높고 낮은가에 관심을 둔다. 그러나 이 같은 사고방식을 갖는 학생에게는 아무리 공부해도 친구보다 능가할 수 없다.

메타인지 학습법

간과하지 말아야 할 것은 부모의 대부분 또는 가르치는 교사의 입장에서는 애들의 학습 내용의 진도, 학습의 속도, 시험 점수를 중요하게 생각하며 더 빨리 더 많이 더 높이 오르기를 다그치기 일쑤였다. 특히 메타인지 학습법은 속도와 결과만을 좇는 한국 부모들에게 큰 반향을 일으킨다. 그러나 애들이 잘 할 수 있는지? 잘 알고 있는지? 이해를 잘했는지? 학습하고 배운 내용을 자신의 것으로 만들었는지? 이런 것을 아는 일에는 소홀했다.

학생들 입장에서는 왜 친구를 능가하지 못하고, 항시 그다음일까? 스스로를 자책하고 자멸하는 데만 능했다. 그러나 내가 뭘 할 수 있고 뭘 할 수 없는지, 뭘 알고 뭘 모르는지를 인지하는 게 자신의 성취 의욕을 높이는 올바른 방향이다.

메타인지 학습법에서는 학생 자신이 할 수 없고 알지 못하고 부족한 것을 외부 환경에서 찾기보다는 나 자신의 내부에서 찾는 일을 우선으로 한다.

메타인지가 발달한 학생은 공부를 하면서 끊임없이 반성적 학습을 통하여 잘할 수 없었던 것과 충분한 이해가 부족했던 점을 밝혀내는 일에 최선을 다한다. 그런 후에 부족했던 내용을 잘할 수 있고 잘 알기 위한 '과제 해결' 계획을 세우고 그 계획을 '실천'에 옮기며, 잘못된 계획은 '수정'하여 다시 실행한 이후에 성취한 정도를 '평가'해 본다. 이러한 과정을 거치면서 나에게 가장 효과적인 학습 방법을 찾고 발전시키는 것이다.

'잘할 수 있거나 잘 안다'는 메타인지 세 가지 학습법

모든 사람은 어느 특수한 분야에서나 기능 면에서 한 가지 이상은 잘할 수 있고 잘 알고 있다. 한 학급을 구성하는 학생들도 수리 영역이나 인문 영역에서나 예체능 영역 중에서 보다 잘하는 영역이나 잘 알고 있는 영역이 있다. 잘할 수 있고 잘 알고 있는 영역에서도 더 잘할 수 있고 더 잘 알고 있는 교과목이나 분야가 있다.

홀리스틱 교육 마인드

이 같은 까닭은 개체의 소질이나 성격을 말하는 적성과 다른 사람과 구별되는 고유한 특성이라 일컫고 있는 개성에 맞닿으면 잘할 수 있고 잘 알 수 있다. 그렇지 않는다면 하던 일을 쉽게 포기하게 된다. 학생이라면 다니고 있는 학교를 자퇴하거나 다니던 직장을 그만두는 사례가 우리 주변에서 적지는 않다. 그래서 적성과 개성을 찾기가 어렵다는 말이 괜히 나온 게 아니라는 걸 알 수 있다.

어느 개체가 이것은 '잘할 수 있다', '잘 안다'고 할 때는 아무래도 개체가 좋아하는 일거리나 공부감을 열심히 하다 보면 경지에 이르게 되는 경우가 있다. 모든 일을 좋아한다고 해서 단번에 잘할 수 있거나 잘 안다고 할 수 없다. 좋아하는 일들을 열심히 그리고 반복하여 얻어진 결실이기에 비로소 잘한다는 가치를 얻게 되고 잘 안다고 할 수 있다.

'잘할 수 있거나 잘 안다'는 의미는 세 가지의 경우가 있다. 이를테면 한 권의 책을 읽고 독후감을 나타내는 경우를 곁들어 이야기해 본다.

독후감을 말로 설명할 수 있거나, 글로 나타내거나, 그림 및 모형으로 도식화할 수 있어야 한다. 만일 책을 건성건성 읽었다면 이 세 가지 방법 중 어느 한 가지 방법으로도 독후감을 나타낼 수 없다. 오롯이 집중하여 어느 챕터나 전체를 정독해야 가능하다. 즉 애쓰는 일이 보통이 아니고서는 이루기 어려울 것이다.

먼저 설명할 수 있는 능력이다. 아인슈타인은 "간결하게 설명할 수 없다면 제대로 이해한 게 아니다."라고 말했다. 열 줄의 아이디어를 세 줄로 줄여 밀도를 높인다면 더욱 강력한 웅변으로 탄생한다.

때문에 설득을 해야 하거나 전달하고자 하는 내용은 짧을수록 강력한 효과를 거둔다. 설득할 내용이 길거나 전하고 싶은 내용이 산만하여 그 초점이 흐트러진다면 오히려 잔소리에 지나지 않을 것이며 이해시키는 데도 더 많은 노력을 필요로 할 것이다.

다음은 글로 나타낼 수 있는 능력이다. 고은 선생님의 작품, '그 꽃'을 감상해 본다.

내려갈 때 보았네
올라갈 때 못 본
그 꽃

이 시를 감상하고 마음속에 그려지는 느낌을 글로 나타낼 수 없다면 저자가 외치고자 하는 메시지에 다가설 수 없다. 이 시는 짧지만 많은 메시지를 담고 있다. 우리들은 주변과 함께하고 있지만 관심 밖에 있는 것들은 보이지 않고 챙기지도 않는다. 왜 올라갈 때는 보이지 않았을까. 뭇 인간들의 삶을 생각하게 하는 글이다. 한 권의 책을 접하고도 작품이 던지는 메시지나 작품이 담고 있는 의도나 가르침을 정리하기에 역부족이라면 심독心讀에 이르지 못했음을 일러주는 척도이다.

눈으로 훑어보는 방법을 지양하고 심독으로 다가선다면 책 속의 키워드들이 생각의 형태로 떠올라 옮겨 정리하게 될 것이다.

그림 및 모형으로 도식화하는 능력이다. 이 능력은 그림을 잘 그리고 모형을 그럴싸하게 구조화한다는 의미가 아니다. 널브러져 있는 사상들과 생각들을 통찰하거나 융합하여 시각화하는 능력이다. 시각화가 잘되었으며 설명을 늘어놓지 않더라도 글이 아닐지라도 그림과 모형이 일러 주고자 하는 메시지를 쉽게 전달할 수 있고 독자들은 쉽게 읽어 낼 수도 있다. 그런 연유로 그림이나 시각화는 곧 독창성과 창의성을 떠올리게 한다.

메타인지 학습법에서는 공부를 빨리할 수 있게 하는 힘을 키우는 방법이 아니며, 빠르게 배울 수 있는 힘을 키우는 방법이 아니다. 아이의 속도에 맞춰서 아이의 수준에 맞춰서 공부하도록 하는 방법이다. 혹여나 학습 과정에서 실패를 통해 무엇을 알고, 무엇을 모르는지 깨닫는 과정을 허락하자는 것이다. 오히려 메타인지 학습법은 더 깊은 생각을 온전하게 만들어가는 과정을 도와준다.

잘하고 잘 알기 위한 외부적 환경을 만들기

잘할 수 있거나 잘 알기까지의 방법을 애들 자신의 내부적 요인에서 먼저 찾았다면 그 이후에는 적정한 외부적 환경을 만들어 주는 일이 필요하다. 지능교육의 입장에서 생각하면 인간의 지능은 외부적 자극, 곧 의도적인 교육에 의해서 발달한다는 의미를 지닌다.

더구나 중요한 것은 외부 자극에 의한 대뇌의 발달은 신체의 다른 기능에 비해 조기에 이루어진다는 사실이다. 때문에 탐구하고 발견하고 스스로 공부할 수 있는 여건을 의도적으로 마련해 주는 일이 중요하다. 그리고 현장에서 체험을 통하여 체화된 지혜를 터득하는 학습 기회를 마련하여 주는 일도 소홀해서 안 된다.

인간의 지능은 유아기부터 빠르게 발달하고 3, 4세의 발달률이 가장 높으며 12세쯤이면 거의 정착된다는 가설이 일반적인 경향이다. 지능의 발달은 개인차는 있지만 10세까지 비약적인 발달을 나타내는 애들이 많지만 그중에는 10세 이후에 급격히 발달하는 경우도 있다. 지능교육에 관한 한 외부 자극에 의한 의도적인 교육은 빠르면 빠를수록 효과적이라는 학설은 확실하다.

메타인지 학습법과 외부적 교육환경을 만들어 주는 일은 관념적이고 거창하고 까다로운 학습법이 아니다. 부모는 물론 교사가 일상적인 학습지도에서 키워줄 수 있는 학습 방법이다. 애들을 휘어잡아 교실 속에서 억지로 공부하게 하는 것이 아니다. 애들에게 따뜻한 관심을 갖고 공부하는 방법을 깨우쳐 자기 주도적으로 공부하도록 공부를 시키는 일이다. 고기를 잡아주는 일을 벗어나 평생을 자력으로 살아갈 수 있도록 고기 잡는 방법을 가르쳐 주는 일이다.

메타인지 학습법에서 도전의 실패는 성공의 보증수표

메타인지는 나 자신을 알아가는 것이다. 나아가 메타인지 학습법은 내가 잘 이해하는지 못하는지 스스로 판단하고, 내가 공부해 나갈 방향을 정하는 것을 밝히는 것이기 때문에 도전과 실패의 과정도 메타인지 학습법이다.

많은 사람들은 해보지도 않고 포기해 버린 일들이 또 얼마나 많은가. 이래서 저래서 안 되고 남들 이목 때문에 하지 못하는 일들이 많을 것이다. 우리들의 경험으로는 포기하여 따르는 후회가 적지 않다. 아예 도전하지도 않고 후회하는 것보다는 도전한 이후에 가부를 선택하는 일이 훨씬 값있는 후회가 되지 않는가 말이다.

세상의 모든 일은 실패와 성공의 두 갈래이다. 실패와 성공의 가름은 도전에서 얻는 답이다. 일단 도전하여 얻는 실패의 경험으로 다음을 창조할 수 있고 성공하면 또 다른 더 큰 일에 도전하는 달콤한 맛을 가져온다. 인생은 도전의 연속이다. 일단 도전해 보자.

뭇 학부모나 교사들은 도전하여 얻어진 결과만을 보고 '넌 최고야', '너 잘했어', '넌 천재야'라며 칭찬을 아끼지 않는다.

그러나 도전하여 결과에 이르기까지 겪은 실패와 쏟아낸 정성을 인정해 주는 것이 더 중요하다. 달콤하고 단단한 성공의 과정에는 실패하는 자만이 쓴맛을 경험할 수 있기 때문이다. 실패로

엎어진 쓴맛을 아는 자만이 성공으로 가는 길에 틀리는 것을 틀리다고 말할 수 있고 틀리는 것을 더 빨리 알아챌 수 있어서 더낮고 더 좋은 단계로 나아갈 수 있고 더 높은 곳으로 다가설 수있는 보약과도 같다. 도전한 자만이 달콤한 성공도 거머쥘 수 있고, 확실한 성공으로 가는 길의 보증수표가 되는 쓴맛을 경험할수 있다.

6.
통찰력은 해결방법을 단순화하고
생각의 속도를 높인다

통찰 학습과 통찰력

부분과 부분, 부분과 주관 또는 수단과 목표 간 관계의 이해를통찰이라 하며, 통찰로 이루어지는 학습이 통찰 학습이다. 통찰학습은 학습자가 학습상황에서 세부를 보는 것이 아니라 각 부분의 상호 관련의 맥락 속에서 전체를 지각하여 전체로서 무언가새로운 것을 만들어 낸다. 때문에 사물이나 현상을 통찰하는 능력인 통찰력은 통찰 학습에 의하여 얻어진 힘이다. 이 통찰력은일순간에 형성되는 것이 아니고 꽤 긴 시간 동안의 객관적 대상에 대한 감각이나 지각 작용에 의하여 숙성된다.

게슈탈트 심리학행태주의 심리학에 큰 발전을 가져오게 한 독일의 심리학자 쾰러Wolfgang Khler 1887-1967의 통찰설이 증명해 주고 있다. 우리 속 천정에 바나나가 높다랗게 끈에 매달려 있고 상자 몇 개가 여기저기 놓여 있는 가운데, 원숭이는 바나나를 따기 위해 상자를 쌓아 올리고 그 꼭대기에 올라갔다. 쾰러는 원숭이의 행동을 단순한 시행착오로 보지 않았으며, 원숭이는 바나나(목적)와 상자(수단)를 별 개로 이해하지 않고 문제를 하나의 전체로서 파악한 원숭이의 이러한 행위를 '통찰'이라고 불렀는데, '아하a-ha' 현상이라고 한다.

이 통찰 학습은 지각을 재조직하여 인격체 내부에서 어떤 것의 '이해의 발견'이 일어나게 한다. 동일한 대상을 보고도 다른 사람들보다 더 많은 것을 생각해 낸다. 그리고 상황과 상황 사이의 틈새를 금방 찾아낸다. 좋은 예가 바로 추리소설 『셜록 홈스』에 나오는 윗슨 형의 시계 문제다. 홈스는 시계를 보자마자 윗슨의 형이 어떤 성격의 사람인지를 금방 추리해 낸다. 평소 고도로 훈련된 통찰력의 힘이다.

통찰력이 있으면 문제를 해결할 때 여러모로 도움이 된다. 논리적으로 보면 틀린 것은 아니지만 쉽게 해결되지 않을 때 통찰력을 동원해야 한다. 문제를 잘 해결한다는 것은 더 간단히 쉽게 해결한다는 것이다. 즉 해결의 방법을 단순화하고 속도를 높여 시간을 줄일 수 있다는 것이다.

통찰력은 직관적 사고로 융합된다. 직관적 사고는 어떤 주어진 패턴이나 순서 없이, 그런 과정을 다시 설명할 수 없는 번개와 같이 감지되는 생각이다. 이른바 귀납적이거나 연역적인 추리가 아니고 사고의 유연성이 발현되는 고도의 고등사고력이다. 논리를 뛰어넘는 통찰력으로 문제를 해결해 본다.

통찰력으로 살펴본 직관적 사고

갑, 을, 병 세 사람이 있다. 이 중에서 한 사람만 정직하고 나머지 두 사람은 거짓말을 하고 있다. 이들에게 똑같이 '누가 거짓말쟁이인가?'

갑: 을은 거짓말쟁이다.

을: 갑이 거짓말쟁이다.

병: 을은 거짓말을 하지 않는다. 그렇다면 이들 가운데 누가 거짓말을 하고 있는가?

어떤 아이가 다음과 같은 방식으로 문제를 해결했다. 먼저 갑이 거짓말을 하고 있는지 아닌지를 따져 본다. 갑이 거짓말을 하고 있다면 갑이 한 말 때문에 을은 거짓말쟁이가 아니다. 을이 정직한 사람이면 병도 정직한 사람이 된다. 달리 말해 갑과 을 두 사람이 정직한 사람이 되는 것이다. 따라서 이런 해결은 옳지 않다.

이제는 갑이 정직한 사람이라고 해보자. 그렇다면 을은 거짓말쟁이가 된다. 그리고 병의 말도 틀린 말이 된다. 결과적으로 정직한 사람은 갑 한 명이 되는 것이다. 이런 방식으로 해결한다고 해서 잘못했다고는 할 수 없다. 논리적으로 따져가면서 생각하는 것이 확실하다. 그러나 시간이 많이 걸리고 복잡하다. 좀 더 간단하고 쉬운 해결책을 찾는 것이 중요하다. 단서는 병부터 생각해 보는 것이다. 병이 정직한지 아닌지를 먼저 따져 보자. 더 쉽고 간단하게 문제가 해결될 것인가?

다음의 문제도 통찰력이 부족하다면 문제를 해결하는 데 상당한 시간이 필요할 것이다. 퀴즈코리아(2019.08.09.)에서 방영된 자료로 대학생도 쉽게 풀지 못한 홍콩의 초등학교 1학년 시험문제로 엄청난 화제가 된 적이 있다.

그림과 같은 주차장에 자동차 1대가 주차되어 있는데 차가 주차된 곳의 숫자는 무엇인지 맞히는 문제이다.

차가 주차 된 곳의 숫자는 무엇일까요?

| 16 | 06 | 68 | 88 | | 98 |

현재의 그림에 나타난 숫자를 액면 그대로 살피고서는 문제가 쉽게 풀리지 않는다. 무슨 법칙과 원칙을 밝히고 일정한 기준을 밝히기에 골몰하면 더욱 문제가 풀리지 않는다. 거꾸로 생각해 보는 것도 문제를 단순화하는 방법이다. 이를테면 숫자 16를 거꾸로 읽으려면 그림을 거꾸로 하여 살피는 것이다. 이제 주차장 그림을 거꾸로 돌려보자. 그러면 답을 바로 알 수 있다.

86		88	89	90	91
86	87 (정답)	88	89	90	91

영국 초등학교 2학년 과정에 다뤄진 수학 문제이다.

기차 안에 사람들이 탑승하고 있다. 첫 번째 정거장에서 19명이 내렸고 17명이 기차에 탔다. 지금 기차 안에는 63명이 있다. 기차가 출발할 때 타고 있는 사람은 몇 명일까.

거의 모든 학생들은 답을 65명이라고 했지만 답은 46명이다. 영국 학부모들 사이에서는 이 문제가 엄청난 논란이 되었지만 영국 일간지에서도 정답이 왜 46명인지 의문을 제기했다. 이 문제의 발단은 영어 질문의 해석의 차이 때문에 생겼다. 많은 사람들은 이 질문은 "처음 출발할 때 몇 사람이 타고 있었나?"인 줄 알았지만 출제자의 의도는 "기차가 출발할 때부터 지금까지 타고 있는 사람들은 모두 몇 명일까?"라는 질문이라고 했다. 때문에 현재는 기차에 63명이 있고 17명은 새로 탔기 때문에 처음부터 기차를 타고 있었던 사람은 (63-17=46)명이 바른 답이다.

이 문제해결 과정에서 많은 어른들은 계산기를 들고 셈하거나 펜을 들고 가감산을 하거나 무슨 법칙을 찾으려고 할 것이다. 그러나 의외로 단순하다. 통찰력으로 접근해야 한다. 아주 순순하게 접근해야 한다. 애들 수준에서 접근해야 한다.

다음은 한국의 초등학교 4학년 수학문제이다.

곰 한 마리가 외롭게 살고 있다. 먹이를 찾으러 집에서 나와 남쪽으로 10㎞를 간 후, 방향을 서쪽으로 돌려 10㎞를 더 갔다. 그곳에서 다시 북쪽으로 방향으로 돌려 10㎞를 갔더니 자기 집으로 돌아왔다. 이 곰의 색깔은 무슨 색일가?

이런 현상이 이루어지는 곳은 지구상에서 최상의 극지 북극점 한 곳뿐이다. 따라서 곰이 사는 곳은 북극이고 남극은 곰이 살지 않고 펭귄이 살고 있으며, 북극곰은 털 색깔은 흰색이다. 이 문제는 수학 문제일지라도 지구과학적인 소양도 지니고 있어야 문제 해결에 보다 쉽게 접근할 수 있다.

인간의 지각은 인간이 경험하고 학습하는 것은 통합된 전체의 장으로 전체가 단순한 부분의 합이 아니라 그 이상의 것이다. 한눈에 살펴 전체를 개관할 수 있다는 것은 단순한 사고에 지나지 않은 것이 아니고 이미 관찰학습으로 숙련되고 숙고된 재빠른 지각이자 직관적 사고력이다.

7.
실패를 통해서 온전히 배운다

실패는 실패가 아니고 성공의 지름길

살고 있는 즉금은 5G 세상이다. 인간을 벗어나 기계를 위한 통신으로 우리가 활용하고 내가 있는 기기들이 5G와 결합하여 완전히 새로운 국면으로 진화하고 있다. 인공지능, 가상현실, 자율주행, 스마트홈은 4차 산업 혁명의 기반 창출품이다. 이를테면 5G(5세대) 통신은 4G(4세대)에 비해 100배 빠르며 아울러 보낼 수 있는 데이터의 양은 1000배가 많다. 종전에 2시간짜리 영화를 다운로드받는 데 5분 정도 걸렸는데, 5G에서는 3초면 끝난다. 이러한 과정은 인간이 실패를 거듭한 결과로 가상 세계와 현실 세계의 경계가 허물어지는 메타버스가상현실 세상에서 우리는 생존해 있다.

이러한 결과는 실패라는 자산을 오히려 밑천 삼아 세상을 바꾸고 있다. 실패의 경험은 '안되는 것이 없다. 하면 된다'는 성공 신화의 원동력으로 작용한다. 개인으로는 실패라는 경험을 오히려 즐기게 되어 세상을 변혁하는 자산으로 자리매김 해 준다.

역사가 승자의 서사이듯, 우리네가 작성한 이력서에는 성공만을 적는다. 그러나 성공이라는 열매를 하나 맺기 위해 우리는 많은 실패로 얻어진 결과이다. 어쩌면 그 이력서는 실패의 연대기

홀리스틱 교육 마인드

일 수도 있다.

제임스 다이슨은 백리스 진공청소기를 만들기까지 5,126번이나 실패를 했다. 토마스 에디슨은 전구를 개발하기까지 1만 번이나 실패를 거듭했다. 성공하는 사람들은 결코 실패를 두려워하지 않는 자신감이었다. 그리고 훌륭한 어머니이자, 가장 아름다운 글을 쓰고 그림을 그리면서 자연과 함께 삶을 엮어간 타샤 투더Tasha Tudor 1915-2008는 "지름길을 찾으려고 하지 마세요. 가치 있고 소중한 것에는 시간과 정성이 반드시 따르는 법"이라고 인생을 가르쳤다. 차근차근하다 보면 그리고 가치 있는 것을 찾기 위하여 시간과 정성을 쏟으면 지름길이 생긴다는 평범한 진리를 일깨워 준다.

노벨상을 수상한 모든 이들은 자기가 연구하여 밝히고자 하는 목표를 도달하기 위하여 실패와 실수를 자산으로 여겨 새로운 길을 찾았다. 실패와 실수가 있었기에 맛보는 성공감은 더더욱 크게 다가왔을 것이다. 이처럼 생각을 바꾼다는 것은 낡은 고정관념을 수정한다는 것이다. 가는 길이 아닐 때 다른 길을 찾다 보면 새로운 길이 보인다. 그 새로운 길은 자기가 찾는 또 다른 꿈이다. 꿈을 꾸고 긍정적으로 자신감을 갖게 되면 자신이 원하는 만큼의 성취를 이룰 수 있는 진리이다. 실패와 실수는 실패가 아니고 자산이 되어 성공에 이르는 지름길이다.

실패는 더 쉽게 일어나는 지혜

　인간이 하고자 하는 일을 성취하기 위해서는 고뇌에 찬 얼굴 모습이 반복되는 피나는 노력과 시간을 필요로 하는 지난한 과정을 거친다. 일순간에 이루어지는 일은 많지 않다. 운이 따르면 단순한 절차와 깊은 사고를 투입하지 않고도 아주 짧은 시간에 이루어질 수 있는 과업도 없지는 않을 것이다. 그러나 대부분의 과업을 완수하기 위해서는 운도 따라야 하지만 땀과 시간과 투입 자원 없이는 불가능하다.

　그렇다. 성공은 실패나 실수가 쌓여서 얻어진 창작물이다. 오히려 학교 교육이나 어른들은 애들이 실수하고 실패할 사소한 기회조차 허용하지 않는다. 실패와 실수의 경험은 창조적인 파괴이다. 성공은 실패를 통해서 얻어지며 실패는 더 많은 성공의 기회를 확보하는데 동력으로 작용하여 감미롭게 다가온다. 결국 성공은 실패라는 배움의 과정에서 얻어지기에 인간은 실패를 통해서 온전히 배워가고 성숙해 간다.

　실패의 가치를 재평가해 보자. 내가 넘어져 있는 상태 그대로 있다면 실패가 맞겠지만, 힘든 몸을 부여잡고 일어난다면 그건 더 이상 실패가 아니다. 실패는 해보지 않는 것이 실패다. 진짜 실패는 실패가 두려워 해보지 않는 것이다. 실패는 단지 경험일 뿐이다. 내 옆에서 지켜보고 있는 사람은 아직 경험해 보지 못한 미지의 세계이시만 나는 이미 미지의 세계를 한 번 다녀온 셈이다. 인간에게는 직접 경험을 통해서만 배울 수 있는 것들이 분명히 존재한다. 이미 얻어진 경험으로 다음에는 넘어지지 않은 지혜를 터득하고 비록 또다시 넘어지더라도 더 쉽게 일어나는 지혜를 터득한다.

고난의 과정은 감미로운 성공

"고난이 있을 때마다 그것이 참된 인간이 되어 가는 과정임을 기억해야 한다. 그리고 괴로움을 남기고 간 것을 맛보라! 고난도 지나면 감미롭다."고 독일 문학의 최고봉인 괴테Goethe 1749-1832가 역설했다.

만일 우리들이 하는 일이 원하는 대로 이루어지지 않는다면 그 자체를 즐겁게 받아들이는 미덕이 필요하다. 원하는 대로 쉽게 이루어지지 않기 때문이다. 특히나 배우는 학생들이 바라는 성공은 여러 가지 원인이 존재한다. 그러나 그 원인을 밝혀내는 일은 쉽지만은 않은 지난한 과정이 연속된다. 이 과정은 실패의 원인을 찾는 일이다. 따라서 실패를 줄이고 실패를 줄이기 위해 배우고 인생의 종국까지 배운다. 실패의 치유는 배움이라는 즐거운 고통인 셈이다.

요즘은 실패만을 전문적으로 연구하는 실패연구소가 문을 열고 있다. 실패한 사례를 모아 이를 분석하고 실패에서 얻어진 지식을 활용하여 성공을 찾기 위한 방편이다. 새로운 도전에는 성공보다는 실패라는 예상치 못한 도전이 따른다. 실패라는 도전을 두려움 없이 이겨낸 사람만이 성공에 다가설 수 있다. 도전자만이 실패를 맛볼 수 있으며 실패를 통한 얻어진 지식으로 일구어낸 성공이 더욱 알차고 값지다. 도전하지 않으면 실패를 경험하지 못할 것이며 성공하는 일도 없다. 그러나 실패를 경험한 도전자는 성공에 다다른다.

성공을 맛보는 도전자는 반드시 창의성과 함께한다. 창의성은 하늘에서 뚝 떨어지는 무엇이 아니라 몇천 번이고 머리를 휘어잡거나 손발이 닳도록 애를 써야 한다. 창의성은 문제를 극복하기 위해 스스로 해결방법을 찾아가는 과정에서, 숱한 실패와 실수를 벗 삼아 키우고 만들어지는 것이다. 훌륭한 요리사는 몇 번이고 재료를 손으로 주무르고 맛보며 양념을 조합하는 반복되는 경험을 통하여 맛을 낸다. 도공은 좋은 흙을 찾아 헤매고 흙을 반죽하여 그릇을 빚은 후에 최적한 온도에서 구워내야만 명품이 만들어진다. 음식을 조리하는 일은 기술이지만 맛 좋은 음식을 식탁 위에 오르기까지는 반복되는 작업 후에 얻어지며, 도자기를 빚는 일은 기술이 필요하지만 예술성이 깃든 명품 도자기를 만들기까지는 고된 작업을 되풀이한 이후에 얻어진다.

어디 그뿐인가, 2022년 6월 20일 순수 국산 기술로 발사하게 된 누리호는 세계 7번째 독자적 우주 수송능력을 지닌 우주 강국으로 자리매김하기에 이르렀다. 사실 누리호 발사는 1993년 과학관측 로켓 발사를 시작으로 30년 만에 이룬 성과이나 그동안의 기술은 외국 기술의 지원이 있기에 가능했고 누리호 발사하기까지 실패도 있었다. 그 실패는 충분히 연구하고 시행착오를 겪

144   홀리스틱 교육 마인드

으며 실패에서 배운 값진 학습 성과였다.

　교육도 공부도 다를 바 없다. 교육도 창의성을 키울 수 있는 교육이 필요하며 공부도 생각을 만들어가는 자기 주도적 학습력이 필수이다. 창의성은 시간과 비례하여 반복되는 노력과 잘못된 학습 내용과 학습 방법, 학습 과정의 실패와 실수를 되돌아보는 반성적 사고과정을 포함하다. 창의성은 저절로 태어나지 않고 실패에서 배운 효과로 만들어진다. 한 가지 덧붙인다. 우리도 아니 한국교육도 실패에서 배우는 법을 가르쳐야 한다. 실패를 이겨내는 학습은 또 다른 다음의 실패를 타파할 힘이 생긴다. 생각하는 힘이 단련되어 창의성이 높이 쌓인 셈이다.

CHAPTER 4

창의력을 키우는 교육이
미래를 선도한다

메타버스가상현실세계에서 가르치고 배우는 환경은 결과적인 지식보다는 알아가는 과정에 초점을 두고 경험과 체험을 통하여 생각을 만들어 얻는 체화지식이 요구된다. 이 지식이 참 지식이다. 참 지식이 실행되거나 실천으로 이어질 때는 눈으로 볼 수 있는 지식으로 반드시 실행이 따라야 가치가 배가 된다. 이 지식이야말로 창의력을 발휘할 수 있는 지식이다.

1.
창의적인 사람들에 의해
세상은 변해 간다

사지선다형 네모 인간

옛날 사람들은 하늘은 둥글고 땅은 네모라는 생각을 가지고 있었다. 필자가 초등학교 1학년 때의 미술 시간을 회상해 본다. 선생님께서 하늘과 지구의 모습을 그리라고 안내하기에 화지의 상단에 동그라미를 크게 그리고 하단에 큰 네모를 그린 후에 사람과 꽃 모양을 화지의 가운데 부분에 그려 넣었던 기억이 희미하다. 한정된 단순한 생각이었을 것이다.

그런데 아파트 단지 내의 쉼터에 그림을 그릴 수 있는 여건이 마련된 탁자에서 필자의 큰 손녀인 다윤이가 표현했던 하늘은 동그라미가 아닌 뭉게구름을 화지의 상단에 나타냈다. 손녀가 표현했던 하늘은 둥근 모습이 아니고 구름이 흘러가는 큰 공간으로 생각했지 않았을까 생각해 본다. 필자가 생각한 하늘은 한정된 동그라미 모습이었으나 손녀의 생각은 끝이 없는 큰 공간이었을 것 같다. 지금 생각하여 보니 필자의 생각은 네모나고 손녀의 생각은 끝이 없는 우주가 아닐까 싶다. 엄청난 생각의 차이다.

비록 4여 년밖에 자라지 않은 손녀일지라도 주변 세계를 둘러보고 하늘을 처다보면서 느껴진 경험세계였을 것이다. 그래서일까 만 7세 때의 2월에는 토끼가 우주선을 타고  우주여행을 하면서 태양도 보이고 저 멀리서 지구도 보이게 표현하고 있다. 그러나 필자가 9년을 자라 초등학교 입학 시기의 세상보다도 누구의 간섭없이 자유분방했던 손녀의 생각 속 공간은 훨씬 넓었기에 손녀 나름대로 일찍부터 큰 생각을 만들어가고 있었다고 짐작을 했다.

이어령 박사가 2003년에『젊은이여 한국을 이야기하자』에서 우리나라의 학생상을 이렇게 밝히고 있다.

초등학교 때부터 12년간 사지선다 경쟁을 치르는 동안 그들이 이기기 위해서는 창조적 사고를 버리고 이미 만들어진 생각들로부터 무엇인가를 선택해 주는 것, 그리고 깊이 생각하는 것이 아니라 순간순간을 재봉틀 바느질처럼 건너뛰면서 찍어가는 것, 그리고 답은 오직 하나라는 것을 몸에 익히는 것이다. 진리는 언제나 네 개 가운데 하나다. 네 개를 함께 주지 않으면 무엇이 옳은 것인지 알 수 없다. 다른 것과 비교해 봐야 한다. 틀린 답을 주지 않으면 무엇이 옳은지도 모르기 때문에 사지선다형 인간들은 맞는 것보다는 틀린 것이 항상 주위에 더 많이 있어야 살아갈 수 있다.

20여 년 전에 비하면 세월이 흘러 우리나라의 학생상은 다소 변화했다고 하지만 그들이 생각을 만들어가는 행태에 있어서는 크게 달라졌다고 말할 수는 없을 것 같다.

전통적인 사고력 측정 방법인 객관식 선다형 경쟁은 전통으로 이어져 오늘날에도 우리나라의 대입수학능력시험 교과목 모두 다섯 개 항목 중 하나를 고르는 오지선다형 경쟁을 치르고 있는 실정이다. 이 같은 방법은 단선형적인 사고력 측정은 가능할지라도 다양한 사고력을 측정하기에는 역부족임은 틀림없다. 이렇다 보니 학교 수업도 정답 고르기만 가르친다. 이 시험 방식은 결코 창의력과 비판력을 기를 수 없다.

생각을 디자인하는 창의적인 인간

메타버스는 1992년에 출발했지만 메타버스가 대중에게 주목 받게 시기는 2021년 코로나19 사태로 비대면·온라인 추세가 확산되면서 익숙해진 개념이다. 본디 메타버스는 1992년 미국 공상과학소설SF 작가 닐 스티븐슨의 소설 『스노 크래시』에 처음 등장한 개념이다.

메타버스Metaverse는 '초월'을 뜻하는 메타Meta와 '우주'세계를 뜻하는 유니버스Universe가 합쳐진 합성어로, '현실을 초월한 세상', '새로운 가상 세상', '가상현실'을 의미한다.

메타버스는 인류의 '제2의 지구'이자 넥스트 인터넷으로 평가되고 있다. 메타버스가 일상화되면 어떤 기술을 지닌 직업이 새로 생겨나고 어떠한 창조물이 세상에 얼굴을 드러내 보이게 될런지 궁금하다.

그리고 메타버스를 선도할 사람은 어떤 인간일까? 이에 대한 해답은 아무래도 '생각을 디자인Design Thinking' 하는 창의적인 인간일 것이다. 디자인 씽킹은 4차산업혁명과 지능정보사회의 도래에 따른 창의융합형 인재에 대한 필요성에 따라서 창의적 문제해결 방법론을 일컫는다. 그런데 디자인 씽킹은 한정된 사람만이 지닌 전유물이 아니고 인간의 노력에 의하여 쌓을 수 있다는 평범한 진리로 인정해야 한다.

창의적인 인간은 만들어진다

창의성은 재능있는 특별한 사람들만의 전유물이 아니라 모든 사람이 할 수 있는 능력이라고 재차 강조한다. 창의성은 모든 인간의 DNA에 깊이 내재되어 있는 인간 본능이기 때문이다. 그럼, 창의성을 이렇게 텔링하고 싶다.

주제를 제한하지 않고 모든 지적 호기심을 함께 충족하는 것을 목표로 매년 미국 롱비치와 스코틀랜드 에든버러에서 각각 열리는 TEDTechnology Entertainment Design: 재능 기부이자 지식과 경험 공유 체계 강연에서 교육학자 켄 로빈슨이 한 이야기에 창조성이 잘 드러나 있다.

미국 서부 죽음의 계곡Death Valley은 미국에서 가장 온도가 뜨겁고 메마른 땅이다. 그래서 아무것도 자라지 않는 땅이다. 비가 오지 않기 때문이다. 수년 전 겨울 이 계곡에 비가 한 번 내린 적이 있다. 17㎝의 비가 아주 잠시 동안 내렸다. 그런데 이듬해 봄에 이 계곡 전체 바닥에 비록 잠깐 동안이었지만, 많은 꽃들이 카펫처럼 만발했다. 이로써 이 계곡은 죽은 계곡이 아니라는 것을 증명했다. 죽은 상태가 아니라 휴면 상태일 뿐이었으며, 이 계곡의 표면 바로 아래에는 가능성의 씨앗들이 펼쳐져 있었다. 살아있는 생태계를 이루는 이 씨앗들은 적절하고 바른 조건들이 갖춰지기를 기다리고 있었다. 조건만 갖춰지면 언제라도 생명은 피어난다.

이 씨앗들은 누구인가? 그리고 이 생명들은 누구인가? 바로 우리 아이들에게는 잠재해 있는 창의성이 있다. 창의성은 계곡 속에 숨어 있는 씨앗처럼 드러나 있지 않다. 계곡 깊은 곳에 숨어 있는 씨앗은 비가 내리게 되면 생태계의 주인공으로 자리를 잡는 것처럼, 애들에게 드러나지 않은 창의성을 계발하기 위하여 교육이라는 기능을 투입하면 창조를 이어갈 것이다.

송수근계원대학교 총장은 2021년에 창의성을 주제로 강의할 때 소속 학교의 김하늘 학생의 졸업 작품 사례를 소개했다. 이 학생은 잠재해 있는 남다른 생각으로 작품을 창조해 냈다.

2020년 초부터 우리나라는 신종 바이러스 코로나로 인해 일상이 되어버린 마스크가 플라스틱 소재라는 데에 착안해 매일 버려지는 엄청난 양의 폐마스크를 재활용해 의자를 만들었다. 화분, 조명, 테이블 같은 일상용품도 만들었다. 마스크 쓰레기를 감축할 뿐 아니라 상품화하여 창업까지 연결했다. 새롭게 지속 가능한 그린 가치를 창조한 것이다.

세상은 이러한 창의적인 사람들에 의해 세상은 변해간다. 더 나은 삶, 더 아름다운 세상으로 바뀌어 간다.

창의성이란 무에서 유를 창조하는 능력이 아니다. '예전에 없던 것, 무언가 독창적인 것, 전혀 새로운 것'을 만들어 내야 한다고 생각하니까 어려워 보이는 것이다. 모두가 창의성이 중요하다고 생각하지만 이런 고정관념을 가지고 있기 때문에 엄두도 못 내는 것이다.

창의적인 생각과 행위란 무엇이가? 일률적으로 정의하기란 어렵지만 많은 사람들이 무심코 지나치는 것을 새롭게 해석하고 새로운 의미를 부여하는 것이며, 이를 통해 새로운 가치를 창출하는 것이 창의성의 본질이다. 어떤 이는 'Different And Better'이라고 정의하기도 한다. 무언가 '다르면서도 더 나은 방향', 더 좋은 세상으로 나아가게 하는 것을 창의적이라고 부를 수 있겠다. 작고 미세한 변화가 세상을 바꿀 수 있다는 것이 창조의 믿음이고 철학이다.

혁신의 시대를 살아갈 인재들에게 창의적인 생각을 할 수 있는 힘을 키워주는 일은 학교가 가장 큰 역할을 해야 한다. 다만 학교에서의 창의성을 키우는 교육에 있어서 열성만을 강조하고 먹여주는 교육에 시간과 에너지를 낭비하는 방법은 결코 미덕이 아니고 후진적인 교육이다. 창의적인 생각은 무기력에 지친 뇌에서 솟지 않고 여유가 있는 창의를 경험하는 환경 속에서 생각을 만들어가는 생기가 넘칠 때라야 가능하다.

배우는 학생들의 학습도 다를 바 없다. 필요하지도 않고 그냥 지나쳐도 될 일에 밑줄을 긋고 달달 외우는 일에 시간과 에너지를 낭비하는 경우가 너무 많다. 시간을 효율적으로 사용하고 집중도를 높여 맑은 생각이 샘솟는 뇌를 유지하기 위하여 남다른 힘을 쏟아야 한다. 여기서 남다른 힘에 대하여 제러미 어틀리·페리클레반스탠퍼드 디자인 스쿨가 그들의 명저 『아이디어 흐름』에서 훈련이라는 연습을 강조한 창의성에 대하여 이렇게 말하고 있다.

저장해 놓은 방대한 양의 데이터에서 추론하여 궁극적으로 성공적이라고 판단할 수 있는 아이디어를 얻으려면 2,000개의 아이디어를 생성해 놓아야 가능하나. 창의성은 타고나는 것이 아니라 연습을 통해 시간이 지나면서 강화할 수 있다. 그렇게 반복

홀리스틱 교육 마인드

훈련을 하면 다양하고 특이한 아이디어에 대해 더욱 개방적인 태도를 갖게 되고 방대한 양의 아이디어를 이해하는 능력도 향상된다. 그리고 수많은 아이디어 가운데 파괴적으로 혁신적인 해결책이 나온다.

필자의 창의성 수준은 어느 정도일까? 이 글을 쓴 필자가 대상을 보고 그림 그리기스케치 수준은 한 참 미치지 못한다. 그저 흉내만 부릴 줄 아는 수준이라고 해야 적합한 표현일 것이다. 필자가 장인의 꿈을 꿀 수 있을까. 현재로서는 가능하다고 할 수 없다. 우선 손으로 물건을 만드는 일을 직업으로 하는 수준에 이르는 장인이 되기까지의 학습과 숙련이 미천하기 때문이다. 보고 그리기 학습 경험은 초등학교 시절의 미술 시간뿐이며, 그것도 몇 시간의 경험에 불과하다. 그런데 장인을 넘어선 예술가의 경지에 이르기까지는 단순반복 작업을 수없이 거듭하여 숙련 과정을 거쳐 예술가로서의 창의성을 담아내야만 가능할 것이다. 창의성은 하늘에서 뚝딱 떨어지지 않고 손발이 닳도록 열성을 다하는 과정에서 불현듯 솟아나는 그 무엇으로 만들어진다. 창의성이 발현하기까지는 많은 시간의 학습과 숙련이라는 땀이 전제되어야 한다.

지금으로부터 40여 년간 인류가 새롭게 접한 정보의 양은 인류 문명의 역사가 시작된 이래 1980년까지 인류가 알고 있었던 정보량보다 더 많다고 한다. 현세 인간들은 정보의 호수 속에서 헤엄치고 있다. 그렇다면 지금 우리에게 가장 필요한 것은, 넘치는 정보를 꿰어 새로운 지식을 만들 수 있는 능력인 창의력이다.

이 같은 사실은 비록 40여 년이라는 짧은 기간이지만 많은 시간
의 학습량을 투입하여 다져진 창의력을 지닌 인류가 더 많아서
맺어지는 결실일 것이다.

2.
개인차에 적합한 교육은
개별화 교육이다

왜 개별화 교육인가

교실 수업은 집단을 대상으로 하여 이루어지고 있으며, 수업의
진행 방법은 일제수업이다. 일제수업에서는 집단을 대상으로 동
일한 시간에 동일한 내용을 동일한 방법으로 수업을 진행한다.
일제수업은 교사가 학습활동을 조절해버려 학생 측에 주어지는
활동의 폭은 극히 한정된다. 즉 교사주도로 수업이 이루어져서
말할 것도 없이 학생들은 피동적이고 종속적이다. 그러니 수업
이 재미없고 수업에 따라갈 수 없는 애들은 낙오가 되고 만다. 낙
오자는 기초학습부진아를 일컫는다.

학습자의 '적성에 따라 가르쳐야 한다'고 주장한 스탠포드대학
교의 크론백L. J Cronbach은 일반적으로 학력의 폭은 전후 3년간이
라고 말한 바 있다. 예컨대 초등학교 6학년 아동의 경우를 생각

해 보면 가장 학력이 높은 아동의 학력은 중학교 3학년의 학력에 상당하고 가장 낮는 아동의 학력은 초등학교 3학년의 학력에 상당한다. 또한 스탠포드대학교의 아이스너E. W. Eisner도 학력의 폭은 해당 학년의 폭만큼이라고 주장한다. 즉 초등학교 3학년의 경우는 3학년의 폭, 초등학교 6학년의 경우는 6년의 폭, 중학교 3학년의 경우는 9년의 폭이 있다는 것이다. 여기서는 학년의 폭은 학년이 높아짐에 따라 증폭되어 간다고 여겨지고 있다. 만일 이것이 올바른 것이라면 학력의 폭은 학력차라고 해도 좋을 것이다. 그렇다면 일제지도 또는 일제수업 방법으로 낙오자를 구할 수 있을까? 가능하다고 말할 수 없다. 이 같은 학력차를 고려할 때 교육의 개별화를 생각하지 않을 수 없다.

교육의 개별화

오늘날 우리나라 학교의 교실 수업형태는 개별교육이 아니고 집단교육의 형태를 취하고 있다. 다인수를 대상으로 이루어지고 있는 일제수업에서는 개인이 지니고 있는 특성이 무시 되며, 개인 능력의 최대한의 신장을 도모한다는 것이 어렵게 되었다. 이에 대하여 개별화 교육이 중요한 위치를 차지하고 있다. 개별화 교육은 개인차에 맞는 능력과 개성에 적응하는 교육이며, 개별교육이라고 부른다.

개별화 교육의 두 가지

개별화 교육은 두 가지 방향이 있다. 지도의 개별화와 학습의 개성화를 말한다. 지도의 개별화는 가르친 입장에서 한 사람 한 사람 차이가 있는 학생들에게 공통의 공부 목표를 달성하는 데 목적을 두고 개인차 지도의 효율성을 높여 가는 것이다. 그래서 가르치는 교사가 학생학습자의 능력에 맞는 공부감을 제공하고 개별적으로 지도하는 방법을 일컫는다. 지도의 개별화는 교사의 입장에서 일컫는 말이며 지도를 받는 학생 개인은 개별화 학습이 수행된다. 개별화 학습은 애들이 공부의 주인공이 되어 자기 공부를 펼쳐나가는 것이기 때문에 교사의 역할이 가르친다는 입장에서 도와주는 입장이 되어야 하다.

그리고 개별화 학습에서는 애들이 자기 능력에 맞는 공부감을 선택할 수 있는 프로그램이 제공되어야 한다. 그래야 학습의 효과를 거둘 수 있다. 그리고 학습활동을 촉진할 수 있도록 지원하는 지도자는 학습자의 능력에 적합한 지도 기술을 제공한다면 학습의 진도를 높일 것이다.

학습의 개성화는 학습자의 입장에서 한 사람 한 사람 차이가 있는 학생들에게 개성을 더욱 늘리고 잘하는 것을 더욱 키워 가는 방법이다. 그래서 학습자의 흥미나 관심이 중요시되어 점점 학습자가 개성적이 되는 방향으로 지도가 이루어져야 한다. 학습자가 좋아하거나 관심이 있는 공부감을 찾아 자기 주도적으로 학습을 수행하는 것이야말로 학생의 개성을 살린 교육이다.

덧붙이자면 학습의 개성화를 지향하는 방향에서는 학생끼리는 차이를 점점 더 벌려져야 바람직한 방법이다. 이를테면 A와 B 두 학생이 각각 좋아하는 공부감을 찾아 수준 높게 수행할 수 있기 때문이다. 그러나 A와 B 두 학생에게 교사주도로 공통적인 공부감을 수행하도록 한다면 좋아하지 않는데도 공부를 할 수밖에 없어 학습자의 개성을 저버린 교육으로 전락한다. 더불어 학습 활동을 촉진하는 지도 기술도 학습자의 개성적인 수준에 맞춰 제공할 때 더욱 효과를 거둘 것이다.

　교사주도 학습지도 방법은 애들의 자주성을 훼손시킬 뿐 아니라 남의 지시를 기다려 행동에 옮기는 수동적인 인간을 기르는 결과를 낳게 된다. 애들이 공부의 주인공이 되어 자기 특성에 맞는 여러 방법과 자료를 선택하여 공부할 수 있도록 배려한다.

　교육은 알고 있다는 것을 몰랐구나 하고 깨닫게 하는 것이다. 무엇을 안다는 것은 모르고 있다는 것을 아는 것이다. 이러한 교육이 되기 위해서는 가르친 입장에서는 지도의 개별화 방법으로, 학습자 입장에서는 학습의 개성화를 취하는 방법이 개인 간의 차에 적합한 교육이다.

3.
교수자는 학습의 지원자며
학습자는 지식 구성의 주체다

학습자 중심의 교육

　공부는 개개인의 '그 무엇'을 높이고 성취하는데 가장 큰 목적이 있다. 그런데 개인의 그 '무엇'을 향상시키기 위하여 학교 교육에서 가장 관심을 쏟고 있는 수업 방법은 어떻게 하면 학생들의 개인차에 알맞은 수업을 제공할 것인가? 그리고 학습자가 지닌 특성이나 개인차를 충분히 살리면서도 학습자가 학습의 주인이 되는 적합한 수업 방법을 무엇일까? 이 두 가지에 대한 대답은 학습은 학습자 스스로 때로는 협동하여 공부하며, 부모를 비롯한 교사는 학습자가 주도가 되어 학습을 실천할 수 있도록 학습의 격려자 또는 안내자, 학습을 촉진 시키는 지원자로서 소임을 다해야 바람직할 것이다.

가르치고 배우는 교육 환경

지식은 본디 주관적 사유를 통하여 만들어진다. 참 지식은 남이 만들어 놓은 지식을 익히거나 기억해서 얻는 지식이 아니다. 개념을 짓고 어떤 상황을 판단하고 추리하는 따위의 인간의 이성적인 작용을 통하여 만들어진 지식이다. 이 같은 참 지식은 생각과 행위가 연결된 지식이며 경험과 실험에 뿌리를 두고 있다. 그래서 참 지식은 직접 경험과 실험에서 발아하고 줄기가 크고 개화하여 결실로 얻어진 지식이다.

제4차 산업혁명 시대가 익어가는 메타버스가상현실세계에서 가르치고 배우는 환경은 결과적인 지식보다는 알아가는 과정에 초점을 두고 경험과 체험을 통하여 생각을 만들어 얻는 체화지식이 요구된다. 이 시식이 참 지식이다. 참 지식이 실행되거나 실천으로 이어질 때는 눈으로 볼 수 있는 지식으로 반드시 실행이 따라

홀리스틱 교육 마인드

야 가치가 배가 된다. 이 지식이야말로 창의력을 발휘할 수 있는 지식이다.

때문에 교수가르침보다는 학습배움을 강조하며 학습의 주체인 학습자와 학습활동의 대상이 되는 지식 간의 상호작용이 정태적이 아니고 역동적이어야 한다.

이와 같은 관점에서 배우는 장소가 한정된 교실을 벗어나 울타리 밖도 교실로 삼아야 한다. 빅데이터가 널브러져 있는 울타리 밖의 현장에서 체험과 다양한 경험에서 자연현상과 사회사상을 사유하고 관조하고 경험하는 시간도 유익한 공부이다. 앞으로의 교육 활동은 교실도 중요하지만 울타리 밖에서 이루어지는 활동이 더 많이 할애 되어야 한다.

그리고 학습자들이 지식이 직접 사용되는 상황 속에서 이루어지는 상황적 학습이 수행되고 그 학습은 교사와 학생, 부모와 자녀, 학생과 학생 사이의 사회적 경험 속에서 일어나게 할 때 참지식을 얻는 길이다. 간과하지 말아야 할 것은 지식을 구성해 나가는 과정을 경험하고, 지식의 구성 과정을 스스로 인식할 수 있는 경험이 매우 중요하다. 이 경험은 자기 주도적 학습력으로 신장하게 된다.

학습자와 교사의 역할

배우는 학습자와 가르치는 교사는 지식의 본질을 결과적 지식보다는 알아가는 과정에 초점을 둔 역할이 필요하다.

학습자의 역할 변화이다. 기존의 학습자는 수동적이며 지식을 받아들이는 위치에 있었으나, 이제부터는 학습자가 자율적이고 적극적인 자세로 학습자 개개인이 스스로 지식을 만들어가야 한다.

한편 교사의 역할은 가르치고 주입 시킨다는 전통적인 사고방식을 버려야 한다. 즉 지식을 전달하거나 교사의 뜻대로 학습을 관리하는 일이 주된 역할이었다. 그러나 학습자가 처한 교육적 환경을 관리하여 학습자가 의미 있는 지식을 만들어가도록 안내해 주고 격려해 주는 지원자로 소임을 다해야 한다.

4.
큰 생각은 여럿이 다
생각의 융합이다

창의적 문제해결력을 키우는 공부

산업화시대에서는 교과서 위주의 지식 전수가 교육 내용의 대부분이었다. 지식 전수 교육 내용은 이미 '알려진 지식Known Facts'을 기억, 암기하는 훈련으로서 산업화시대에서는 큰 기여를 하였다. 그러나 제4차 산업혁명과 지식정보사회의 도래에 따른 교육은 '모르는 사실Unknown Facts' 또는 아직 정답이 없거나 검증되지 않은 정보를 분석 예측하여 한 가지 해답보다 여러 개의 가능성과 불확실성을 찾는 데 초점을 두고 있다. 즉, 지식·정보사회 시대에서의 교육은 아직 알지 못한 것에 대한 해답을 찾아내는 교육이라고 할 수 있다. 교사와 학생이 한 팀이 되어 미지의 것에 대해 함께 탐구하고, 도전하면서 문제를 해결하여야 한다.

나보다 우리가 똑똑하다. 한 사람보다 여러 사람이 협력을 할 때 더욱 새롭고 기발한 아이디어를 도출해 낼 수 있다. 함께 협력할 때 검증되지 않은 정보들이 검증될 수 있고, 그 지식은 문제 해결을 위한 창의적인 아이디어가 될 수 있다. 해답이 없는 어떤 명제를 두고 자유롭게 대화하고 발표하며 새로운 발견을 위한 모험에도 도전하도록 격려하는 것이 교육의 내용이 되어야 한다.

과학 저널리스트 애니 머피 폴Annie Murphy Paul은 그의 저서 『익스텐드 마인드』에서 창의력은 머리를 덜 쓰고 머리 바깥으로 사고를 확장했을 때 나온다고 주장한다. 익스텐드 마인드 즉, '확장된 마음The Extended Mind'은 최신 뇌과학 연구를 바탕으로 두뇌에 대한 통념을 깨고 인간이 인지 능력을 확장하는 방법을 일러주고 있다. 현대사회에서 우리에게 빠르게 필요한 능력이 '머리 바깥의 자원'을 활용하는 데 있다고 말한다. 소개된 내용의 인지 연구에 따르면, 인간은 몸(움직임), 주변 환경, 인간관계 등 외부 자원을 활용해 집중력, 기억력, 창의력을 월등히 높일 수 있기 때문이다.

우리가 뇌 안에서 생각하는 데 만족하는 한 뇌의 한계에 계속 얽매일 수밖에 없다. 그러나 우리가 의도적으로 기술을 연마해 두뇌 밖으로 생각을 확장하면 한계를 넘어설 수 있다. 우리의 생각은 우리의 몸처럼 역동적일 수 있고, 우리의 공간처럼 바람이 들 수 있고, 우리의 관계처럼 풍부해질 수 있고, 드넓은 세상처럼 큼지막해질 수 있다.

그 까닭은 뇌의 부담을 덜어주고, 뇌가 풀기 어려워하는 문제를 타인과 함께 생각하고자 외부 자원을 활용하면 두뇌를 초월한 창의성이나 생산성을 얻을 수 있기 때문이다. 머리 바깥의 자원을 활용하는 방법으로 오늘날 모든 학문 분야에서 접근하고 있는 집단지성을 들추지 않을 수 없다.

집단지성이란 무엇인가

지성이란 지적 능력을 포함한 정신 활동이다. 지성은 개인적인 성향을 뜻한다. 이러한 집단적 성향을 부각시킨 말이 '집단지성'이다. 집단지성은 정보사회의 진전이 낳은 대표적 현상 중의 하나다. 때때로 일국적 경계를 넘어 지구적 네트워크를 구축한다. 이러한 집단지성은 어떻게 설명할 수 있을까.

집단지성에서 먼저 주목할 것은 집단지성Collective Intelligence과 군집지성Swarm Intelligence의 차이다. 행정학자 권찬호의 '집단지성의 이해'에 따르면, 군집지성이란 곤충, 로봇, 시뮬레이션, 알고리즘 등 인지적으로 단순한 행위자들의 창발적이고 집합적인 행위를 가리킨다. 집단지성이란 이러한 군집지성에 더해 인간의 행위까지를 포괄한 개념이며, 의식 있는 개체들이 집단을 이뤄

집단 내외부에서 협력하거나 경쟁하면서 문제를 해결해 나가는 능력이라고 말한다. 즉 집합적으로 어려운 문제를 해결해가는 능력이 집단지성이라 하겠다.

개미 연구가로 유명한 미국의 곤충학자 윌리엄 모턴 휠러도 군집지성의 아이디어를 제시한 선구자로 꼽힌다. 그는 『개미』라는 책을 통해 개체로는 미미한 개미가 공동체로서 협업하여 거대한 개미집을 만들어 내는 것을 관찰하였고, 이를 근거로 개미는 개체로서는 미미하지만 군집하여서는 높은 지능체계를 형성한다고 설명한다. 이를 '집단지성'이라고 일컫게 되고, 이후에 많은 학자가 집단지성을 연구하여 쉽게 공유하면서 집단지성에 의한 성과가 계속 진보하고 있다.

이러한 집단지성에 대한 관심은 19세기까지 거슬러 올라간다. 집단지성이 본격적인 관심을 모은 것은 정보사회의 도래와 함께 한다. 1980년대 이후 집단지성은 곤충의 행동으로부터 로봇의 집단적 행동, 컴퓨터로 연결된 인간 집단의 협력을 설명하는 데 빈번히 사용되기 시작했다.

더욱 진보하여 집단지성 담론을 널리 알리는 데는 프랑스의 사회학자 피에르 레비와 미국의 언론인 제임스 서로위키의 역할이 컸다. 레비는 1994년에 발표한 '집단지성'에서 "21세기 주된 건설 프로젝트는 사이버 공간이라는 유동적이고 쌍방향적인 대화 공간을 상상하고 건설하고 조성하는 것"이라고 주장했다.

서로위키가 2005년에 내놓은 '대중의 지혜'로 상당한 영향을
미친 그 메시지는 간단하면서도 분명하다. 전문가의 지식보다
대중의 지혜가 더 낫다는 것이었다. 사회 문제를 파악하고 해결
하는 데 엘리트의 결정과 대중의 판단 중 어느 편을 중시할 것인
지는 오랜 논쟁을 이뤄온 주제다. 이에 대해 서로위키는 다수의
대중이 소수의 엘리트보다 더 나은 해법을 제시한다고 주장했
다. 두 학자 모두가 집단지성은 '나'보다 '우리'가 더 똑똑하다는
교훈을 실증해 주고 있다.

집단적 활동에 의한 융합적 사고

오늘날의 학교 교육은 집단 또는 공동체 속의 개인보다는 개인
적인 인간완성에 더 비중을 두고 있다. 때문에 교육이 각자도생
으로 살아가는 방법을 학습하는 과정이라 간주되고 있다. 아주
잘못된 인식이다. 교육은 결국 더불어 사는 공동체에서 생존의
지혜를 학습하는 과정이다. 때문에 일정 기간 동안의 교육을 마
친 개인은 공동체에서, 집단에 소속하여 더불어 살아가고 있다.

일란성쌍둥이도 얼굴이 똑같지 않은 것처럼 사람마다 얼굴이
다르다. 하물며 사람마다 지니고 있는 생각이 다를 수밖에 없다.
그렇기에 사람마다 독특한 생각을 하지만 서로 다른 생각의 세계
를 융합하면 더 차원 높은 생각을 만들어가고 또 다른 창작물을
만들 수 있다.

인문학과 자연과학이 이분화되어 있는 학문 세계에서 학문 간

홀리스틱 교육 마인드

의 울타리를 낮춰 소통이 빈번해 짐으로써 우리의 애들이 융합형 인재로 자라도록 해야 한다. 인문능력이 부족한 인간과 이과능력이 부족한 인간이 집단적인 사고를 공유한다면 고등사고와 제3의 새로운 사고를 만들어갈 수 있다.

이제 세기가 더할수록 개인의 지성이 아니라 집단지성이 공고화되어, 인간이 가시적으로 접근 가능한 사회사상社會事象과 창조물은 개인 차원을 벗어나 집단에 의하여 만들어간다. 그래야 인류가 번영하고 생존할 수 있다.

그래서 학교 교육에서 집단지성의 경험을 갖도록 교육과정이 구축되어야 한다. 학생 개개인이 부족한 분야의 역량과 능력을 채우기 위한 집단 사고의 마당을 조성해 준다면 새로운 분야의 공붓감에 도전하게 되고 더 큰 문제를 해결할 역량을 집적할 수 있다. 집단지성의 학습으로는 소집단학습, 토론학습, 협력학습, 프로젝트학습, 현장체험학습 따위가 있으며, IT 프로그래밍 언어를 활용하고 교육과정에서 강조한 소프트웨어 교육을 쉽고 재미있게 정복할 수 있는 코딩교육을 장려하여 컴퓨팅적 사고력을 신장시키는 방법도 이외일 수 없다.

토론은 고등사고력을 키운다

토론에서는 각자가 자신의 생각과 논리를 설득력 있게 제시함으로써 더 좋은 사고를 만들어간다. 토론은 차이와 갈등을 줄이고 합의와 타협을 이루는 방법이다. 먼저 소집단 토의 형태인 버즈학습의 가치를 알아보고 토론수업의 가치에 대해서도 알아본다.

소집단 토의학습은 집단지성 교육방법에 속하며 버즈학습이라고도 부른다. 이 버즈학습은 사고를 확장하는 교육방법으로 지금도 널리 적용되고 있고 어느 집단에서나 단체에서도 소집단 형식을 취한 토론이 활성화 되고 있다. 버즈Buzz학습은 미국 미시건대학교의 필립스Phillips, J. Donald가 연구한 버즈 집회법Buzz Session에서 나온 것으로, 벌들이 윙윙하듯이 사람이 와글와글하는, 즉 소곤소곤 이야기하는 방식의 수업 형태를 말하는 것이다. 6명 내외가 적합한 규모로 6명 정도의 학생이 그룹을 짜서 6분 정도 토의한다고 해서 6·6 토의법이라고도 한다. 이처럼 버즈학습은 적은 인수로 토론이나 협의를 중심으로 하여 진행하는 방식이지만, 비판적 사고능력과 인간관계 기술을 결합하여 객관화된 우수한 지식을 도출하고 올바른 인간관계를 형성하게 한다.

수업 진행 과정에서 대단위로 이루어지는 일제 학습을 지양하고 학급원을 6명 정도의 소집단으로 나누고 버즈학습을 통해 학생들은 자기의 의견이나 생각을 털어놓고, 모르는 것은 서로 일러 주어 협력해 가면서 문제를 공동 사고로 해결한다. 이 학습은 지적인 학습에만 국한해서 성과를 올릴 수 있는 것이 아니고, 인간적인 면에서 서로 이해하고 그 이해를 통해서 노력할 수 있는 태도도 기르게 된다.

학교 수업에서도 버즈학습을 적용하면 매우 유익하다. 공부할 문제나 공붓감을 설정하거나 수업의 어느 단계에서도 문제를 해결하는 과정에서 소집단 토의를 통해 구성원의 아이디어를 산출하고 의견을 분석 및 종합하여 해결할 내용을 정리한다. 그리고 다음 시간에 이루어질 공붓감을 알아보고 미리 공부할 예습 과제의 해결 방법을 모색하는 과정에서도 개별적인 사고보다는 집단 지성의 힘에서 나온 사고가 훨씬 가치가 있고 유용하다.

다양한 교육방법 중 개인의 사고가 주체가 된 개별학습은 학습자의 능력에 적합한 교육방법을 처방할 때 매우 중요하게 취급된다. 그렇지만 고급 지식인 고등사고력은 집단 내의 여러 구성원이 협력하여 지적인 사고를 소통하여 얻을 수 있다. 그래서 생각을 만들어가는 집단지성 교육은 앞으로도 객관화된 지성 교육의 방법으로 널리 장려되어야 한다.

토론이 있는 수업은 개방적이면서도 민주적인 학습풍토가 조성되었을 때 효과를 거둘 수 있다. 교실에서 이루어지는 제반 학습활동은 물론, 학생 중심 자치활동에서도 토론문화가 숨 쉬고 있어야 한다. 그러기 위해서는 교사가 수업을 주도하지 않고 학생들의 곁에서 헬퍼Helper 도우미로서 존재해야 한다. 토론 참여자들은 논제에 대한 개개인의 독창적인 사고를 융합하여 객관적인 기준을 통해 최선의 대안을 선택하게 된다. 때문에 토론은 수준 높은 사고가 융합하는 소통 기법이며, 쌍방소통을 전제로 이루어진 우수한 학습형태이다.

교사의 입장에서는 학교에서 수업의 질을 높이기 위해서라도 토론 수업이 장려되어야 한다. 학생의 입장에서는 각 학문 영역에서 공통적으로 요구되는 능력인 논리력과 비판적 사고능력을 키울 수 있다. 또한 개개인의 사고를 융합한 학습결과를 얻을 수 있게 한다.

토론 수업은 교사 주도가 아닌 학습자 주도로 이루어지기 때문에 학습의 책무성이 강화되고 교사가 먹여주는 지식이 아닌 학생 주도로 만들어서 얻어진 고등사고력을 창출하는데 기여한다. 이렇게 얻어진 메타지식은 지식에 대한 지식으로 학교 교육에서 추구하는 정점에 있는 지식이다. 이처럼 우수한 학습의 결과를 얻기 위해서라도 토론이 학습기법으로서 선호되어야 마땅하다.

토론이 있는 교실은 이성적 판단이 교류하는 마당이다. 개개인의 사고와 개체의 인격을 중시하는 현대사회에서 민주적인 의사결정의 경험을 체득하는 마당이 바로 토론이 있는 곳이다. 이를테면 토론에 참여한 자신의 주장에 대한 합리적인 이유를 제시하고 상대방의 주장이 어떤 점에서 잘못되어 있는지를 충분히 논박하는 과정이 필요하다. 이런 과정이 생략된다면 비합리적인 결론이 다수의 의견이라면 학습자들은 비판 없이 그 의견에 휩쓸릴 위험이 있다. 오히려 수적으로 열세라 할지라도 보다 합리적인 의견을 가진 소수 집단이 얼마든지 있을 수 있고, 이런 소수를 존중하는 것이 성숙한 민주 시민의 자세이기 때문이다.

토론을 통해 자기의 주장을 합리적으로 펼치고, 상대방의 주장을 열린 마음으로 듣고, 상대방의 주장을 사리에 맞게 비판하는 자세 또한 중요하다. 토론과정에서 나만 옳다는 독단과 독선은 문제해결에 결코 도움이 되지 않는다. 내 생각이 틀릴 수도 있다는 것을 인정하고, 다른 사람의 의견에 귀를 기울이는 열린 자세가 필요하다. 토론은 갈등과 이견이 존재하는 사회 집단 속에서 크고 작은 문제를 해결하기 위한 가장 합리적이고 민주적인 의사결정 과정이며, 동시에 집단 내 의사소통이 이루어지는 마당이다. 이같이 토론은 민주사회 시민으로서 갖추어야 할 품격 있는 의사소통 능력과 문제해결 능력을 키우는 데 기여하고 있음은 두말할 나위 없다.

누가 뭐래도 토론이 숨 쉬는 교실은 학습자가 이성적인 근거를 통해 논리적으로 판단하는 '이성적 판단력'을 모체로 한 소통의 장으로, 민주시민의 자질을 키우는 요람이라는 데도 이론의 여지가 없다. 또한 다양한 의견과 주장이 분출하고 있는 국가 사회나 집단 속에서 토론이 활발하게 이루어져 얻어진 결론은 생각이 융합된집단지성의 힘으로서 다수의 이익을 공정성 있게 확보하는 데 도움이 된다.

CHAPTER 5

자연과 사회 체험으로 세상을 관조한다

세상에 널브러져 있는 자연현상과 사회사상을 접하여 몸소 체험하고 관조하여 얻어진 사상을 가슴에 담아 자기의 정체성을 정립해 간다. 바로 그 정체성은 철학이 있는 삶과 자아를 실현할 수 있는 길을 헤쳐 나가는 에너지로 작용한다.

1.
체험은 생각의 폭을 넓고 깊게 한다

체험은 지식을 얻고 지혜의 세계를 넓히는 유익한 공부이며 체험 공간은 사고의 폭을 넓게 할 뿐만 아니라 깊이를 더 할 수 있다. 어디 그뿐인가 인간이 세상을 살아가면서 무수한 문제에 봉착하게 된다. 봉착한 문제의 답은 바로 인간이 지각하고 있는 현상이 일어나는 자연과 사회의 공간에 있는 경우가 적지만은 않다. 자연과 사회 공간에서 답을 찾으려면 체험이 필요하다. 교실 내외에서 애들이 겪은 체험은 애들의 꿈을 발견하는 토대가 되기도 하고 의도하지 않았는데도 뜻밖의 지식을 얻게 되어 세상을 살아가는 지혜를 얻을 수도 있다. 자연과 사회 공간 그 자체가 교과서로서 보이지 않게 잠재적인 교육이 이루어지고 있는 셈이다.

홀리스틱 교육 마인드

우물 안의 개구리의 시야

우물 안의 개구리에게는 바다를 말해 줄 수 없다井中之蛙 不知大海 정중지와 부지대해는 뜻으로, 중국 고사 『장자莊子』의 추수편秋水篇에 나오는 이야기로부터 체험 공부를 열어간다.

우물 안의 개구리라는 말은 넓은 세상의 형편을 알지 못하는 사람이나 견문과 학식이 좁아 저만 잘난 줄로 아는 사람을 비꼬는 말로서, 좁은 식견으로 사는 사람은 그 이상의 세상에 대해서는 모른다는 뜻을 지니고 있다.

우물 안에 사는 개구리가 볼 수 있는 것은 우물 속의 세상뿐으로 한정되어 있다. 우물 속에서 나오지 않는 한 그 이상의 넓고 넓은 세상을 알지 못하는 것처럼 사람은 넓은 안목을 갖고 넓은 세상에서 넓은 포부를 펼쳐야 하는 것이다

오늘날 우리 사회에는 쥐꼬리만 한 지식과 좁은 소견을 가지고 박학하고 전문지식을 가진 사람을 헐뜯거나 비방하는 예가 허다하다. 도리어 아는 체하다 망신을 당하는 경우가 적지 않다. 내가 알고 있는 세상이 가장 크고, 알고 있는 세상이 가장 위대하고, 뛰고 있는 시간이 가장 빠르다고 생각하는 사람도 많다.

이 같은 사람들은 자신이 우물 속에서 보는 하늘이 전부라고 생각하는 사람이기 때문에 진짜 하늘을 설명할 수 없는 이치와 다를 바 없을 것이다.

역시나 우물 속에 있는 개구리에게는 바다에 대하여 설명할 수가 없다. 그 개구리는 자신이 살고 있는 우물이라는 공간에 갇혀있기 때문이다. 또한 한 여름만 살다가는 여름 곤충에게는 찬 얼음에 대해서 설명해 줄 수 없는 것은 자기가 사는 여름만 시절인줄 굳게 믿고 있기 때문이다. 촌스러운 선비가 도를 말할 수 없는 것은 속된 가르침에 속박되어 있기 때문이다.

다시 말하면, 편협한 지식인에게는 진정한 도의 세계를 설명해 줄 수 없다, 그 사람은 자신이 살고 있는 지식에 묶여있기 때문이다.

장자는 정저지와井底之蛙라는 고사성어를 통해 세 가지의 집착과 한계를 파괴하라고 충고하고 있다. 자신이 속해 있는 공간을 파괴하고, 자신이 살아가는 시간을 파괴하고, 자신이 알고 있는 지식을 파괴하라는 것이다.

즉 우물 안에 있는 개구리는 공간에 구속되어 있고 여름벌레는 시간에 걸려있고 지식인은 지식의 그물에 걸려있다는 것과 다를 바 없다는 것이다.

우리도 이 세 가지 그물에 걸려있는 경우가 많다. 알량한 학벌과 지식으로 어느 누구의 말에도 귀 기울이지 않는 지식의 그물, 좁은 회사와 연줄에 얽혀있는 공간의 그물, 눈앞의 이익만 생각하고 멀리 내다볼 줄 모르는 시간의 그물, 이런 그물들을 걷어내지 않는다면, 진정한 승자로 남기는 어려울 것이다.

홀리스틱 교육 마인드

어려울 때일수록 내가 보는 하늘만이 옳다고 하지 말고 다른 사람이 보는 하늘도 인정해 주는 여유가 필요하다.

보이는 지식을 얻게 되는 체험학습

가토 유키츠구加藤幸次(1986)는 중국의 격언을 응용하여 체험학습의 가치를 세 문장의 담론으로 제언한다.

I hear, I forget. 들은 것은 잊고.

I see, I remember. 보는 것은 기억하고.

I do, I understand. 체험한 것은 이해한다.

듣기, 보기, 행하기라는 세 가지 인식 단계로 학습의 결과를 정확히 표현한 문장이 아닐 수 없다. 일제 수업은 대부분 듣기단계에 머물고 때로 시청각 교재를 이용하고 판서 및 교과서를 이용해도 보기단계를 뛰어넘지 못한다. 학습자의 능력을 믿는다는 건 쉬운 일이 아니다. 믿기 위해서는 학습자가 자기 주도적 학습이 수행될 때라야 한다.

예컨대 학습한 결과를 믿기까지에는 학습자 스스로 행하는 수업이어야 하는데, 이는 학습자가 자기 주도적 체험으로 재구성하는 학습일 때 가능하다.

듣는 학습은 곧 잊게 되는데, 얻고자 하는 지식이 체화되지 않는 상태이다. 이는 수동적 학습관에 머물러 있기 때문이다. 보는 학습은 듣는 학습보다는 진보해서 배우고자 하는 학습의 대상을 가시적으로 형태를 파악할 수 있어 잔상으로 처리 할 수 있다. 그러나 이 지식 역시 외부 세계에 머물러 있다. 체화된 지식으로 파지 되기 위해서는 학습자가 학습의 주인이 되어 신체 활동으로 이뤄지는 연습이나 행동으로 체화의 과정이 있을 때라야 비로소 내 안의 지식으로 안착되어 '보이는 지식'이 된다. 이 지식은 앞으로 살아가는 데 도움이 되며, 재생되어 재활용할 수 있는 유익한 지식이다.

체화의 네 단계

불교에서 인성을 닦는 체화의 네 단계인 사타四它가 있다. 일을 우선 대면하고, 다음은 그 사실을 받아들이고, 그다음으로 일을 처리하되, 마지막으로는 그 결과를 내려 놓아야 한다. 대면하는 일을 기꺼이 받아들여 몸을 통한 체화의 과정을 거쳐 행실로 안착되는 절차이다. 올바른 인성으로 안착하는 과정은 반드시 체험학습을 필요로 한다.

올바른 가치와 태도를 형성하는 학습에서 교육을 받은 사람들의 의도적 행위가 고유한 품성으로 성격화 또는 체질화 되기 위해서는 받아들이고자 하는 가치와 태도를 반복적으로 실천에 옮겨야 한다. 교육에서 행동 목표를 세우고 학습이나 교육을 하는 이유는 인간이 바라는 행위를 바람직한 수준으로 다듬는 일과 다를 바 없다.

체험학습은 미래를 열어갈 자산

체험학습은 학습자의 능력을 믿는 데서 출발한다. 교사주도의 형식적인 〈교수·교수자의 원리〉에서 학습자 주도의 〈학습·학습자의 원리〉로 전환시키는 일이다. 교육과정에 관점을 둔다면 의도적인 학교 교육과정 편성에서 학생의 자연스런 성장에 맞춘 형태로 편성할 것을 강구한다. 학생들은 자연스런 성장력을 누구나 지니고 있다. 본디 개체는 개별적이고 개성적이다. 누구나 학습의 조력자가 없어도 자기 주도적으로 학습을 수행할 능력이 있으며, 개체가 좋아하는 취미나 흥미를 찾아 즐기다 보면 자연스럽게 적성을 좇아 정진하게 된다.

학생들은 상상력이 풍부하다. 그들의 감각이 예민하고 감정에 따라 행동할 줄 안다. 그들은 원천적으로 자주적이고 자발적인 힘을 지니고 있어 자기 주도적으로 학습할 수 있는 밑천이 넘친다. 이 밑천은 학생으로 하여금 적성을 발굴하고 키워가기 위한 에너지다. 이 에너지를 살리기 위한 방법적인 교육이 곧 체험학습이며, 체험학습은 미래를 열어갈 인재를 발굴하는 자산이다.

2.
관찰로부터 경험이 쌓인다

관찰은 본능이고 현미경이다

이 글을 작성하고 있는 필자는 매주 일요일 모방송국의 〈동물

농장)을 즐겨 시청한다. 새끼 곰이 살아남기 위해 어미 곰의 행동거지를 관찰하여 스스로 살아가는 방법을 터득해 가는 모습을 알아챌 수 있었다. 이 세상을 살아가는 곰뿐만 아니라 모든 동물은 생존을 위해 어미의 행동거지를 본능적으로 관찰 학습을 하지 않을 수 없다. 관찰을 하는 것은 본능적이다.

좋은 시를 쓰려면 관찰이 필요하다. 그런데 무조건적인 관찰이 아니다. 좋은 시를 쓰기 위해 시상에 질문을 던지고, 질문을 하게 되면 대상을 보다 자세히 관찰하게 되어 답을 찾고 싶은 강한 동기가 샘솟는다. 시는 시어詩語가 그냥 탄생되는 것이 아니고 오감을 통해 관찰된 생각이 숙성되어 태어난다.

나태주의 시「풀꽃 1」은 관찰이라는 행위를 숙성하여 이렇게 노래하고 있다.

자세히 보아야 예쁘다.
오래 보아야 사랑스럽다.
너도 그렇다.

「풀꽃 2」
이름을 알고 나면 이웃이 되고
색깔을 알고 나면 친구가 되고
모양까지 알고 나면 연인이 된다
아, 이것은 비밀.

홀리스틱 교육 마인드

관찰을 넓게 그리고 숙성할수록 좋은 점을 발견하고 보이지 않은 속살도 보이게 되고 마음에 들지 않는 사람도 자세히 보면 좋은 점이 발견된다. 관찰은 미지의 세계를 탐구하는 현미경이다.

『수학은 과학의 시다』 중에서 세드리크 빌라니는 이렇게 읊고 있다.

어린이 시인, 어린이 물리학자

예술가와 과학자에게는
영감의 원천이라는 공통점도 있다.
현실에 대해 느끼는 경이로움과 놀라움이
그것이다. 그것은 그 자체로 시적이며 시적인
감동을 불러일으킨다. 물리학자 리처드 파인만은
이렇게 말했다.
"욕조나 길 위에 고인 웅덩이의
물을 바라보는 재미가 어린이를 물리학자로
만드는 것이다."

물웅덩이를 보고 재미있어하는 아이는 이미 시인이고 물리학자이다. 보통 사람들 눈에는 별것도 아닌 것에서 즐거움, 놀라움, 경이로움을 느끼는 그런 감수성이 뜻밖의 영감을 불러오고, 그 영감이 인문학적으로 이어지면 시인이, 수학적으로 연결되면 물리학자가 된다. 그런 어린이가 훗날 불후의 명작을 낳고, 장차 노벨상 수상자로도 이름을 올리게 된다.

창의적인 사람은 남과 다른 점이 있다. 다른 점은 우선 관찰하는 힘이 뛰어난 사람이라는 데 모두가 동의하고 있다. 아르키메데스가 유레카를 외치며 부력의 원리를 생각할 수 있었던 것도 세심한 관찰을 통한 우연한 발견에서 시작되었기 때문이다. 창의적인 생각을 떠올리는 발견의 순간은 사물을 어떻게 관찰하느냐에 따라 달라진다는 것이다.

관찰과 경험

관찰(觀察)의 한자 어휘 의미를 살펴보면 재미있게 다가온다. 관찰은 '볼 관(觀)'과 '살필 찰(察)'로 이루어졌다. '보다'의 의미는 견(見), 시(示), 관(觀)으로 나뉜다. 견(見)은 아무 생각 없이 그냥 보는 것, 시(示)는 뚫어지게 보는 것, 관(觀)은 완전히 장악하고 보는 것을 뜻한다. 즉 관찰은 사물이나 현상을 주의 깊게 조직적으로 파악하는 행위이다.

그래서 경험은 관찰이라는 행위로부터 시작된다. 관찰은 보통으로 보면 ㅂ이지 않던 것이 보이게 되고 형상이 ㅜ체화 되며 정지되어 있는 사물의 생긴 모양이나 상태가 움직이는 것처럼 보여지도록 한다. 그리하여 관찰이 호기심으로 발동하게 되며 어떻게 생각을 만들어가고 어떻게 행동해야 하는지가 우러나온다. 이 같은 학습이 반복되면 경험으로 축적된다. 관찰은 학습에서 센 힘으로 작용한다.

홀리스틱 교육 마인드

경험으로 많은 부분을 학습하면 애들은 성장해 가는 과정에서, 그리고 한 개인의 인생사에 매우 중요하게 작용하여 새로운 가치를 만들어간다.

이를테면 널브러져 있는 지식을 정선하여 습득하게 되고 새로운 정보 습득은 물론 세상을 바라보는 시각이나 사고를 넓힐 좋은 기회를 준다. 그리고 개인의 역량을 높여주고 진로를 탐색하여 꿈을 키우는 동력으로 작용한다. 과학 하는 사람, 사회사상을 분석하는 사람, 문화 체험 및 예능적인 창작활동 경험은 미래 인재의 역량으로 꼽히는 창의력과 인성 함양에 긍정적인 영향도 미친다.

그런데 경험은 기본적인 학업 외의 영역으로 여겨져 아이들 간 격차가 존재해도 공적 차원에서 지원하는 일은 드물고, 부모들은 의도적이 아닐 경우의 이외는 소홀하기 쉽다. 그러나 근래에는 경험의 교육적 가치를 중대시 하여 초·중등학교 교육과정에서 창의적 체험활동 영역을 교과 활동 영역과 함께 2대 영역으로 편성하고 있다. 체험활동은 현장에서 전개되는 활동이며, 곧 경험 쌓기 교육이다. 경험은 창의성 함양에 도움이 되기에 창의적 체험활동이라 명명한 연유도 여기에 있다.

어릴 때일수록 환경의 영향은 지배적이다. 학교 수업을 마치고 남의 생각을 받아들여야 하기 위해 보습 학원에 가야 하고, 애들은 과외를 받고 학습지를 풀어야 하는 단조로운 생활 속에서는 얼마만큼 생각하는 힘이 길러질 수 있을는지 의문스럽다.

부모의 과잉보호는 애들의 경험세계를 좁히고 있다. 이제라도 애들의 능력을 써볼 기회를 놓치지 않도록 애들이 흥미를 가지고 해볼 수 있는 다양한 체험의 장을 만들어 주고 그 기회를 마련해 주어야 한다. 피아노를 배우는 아이는 그렇지 않은 아이에 비해 소리에 대한 음감이 더 민감해질 것이다. 여행을 많이 한 아이들은 외부의 다양한 자극에 민첩하게 반응하는 행동 감각이 발달한다. 어릴 때는 많이 보고, 많이 듣고 많이 경험하게 하는 것이 생각의 폭과 깊이를 마련해 주는 길이다.

경험은 관찰로부터

창의적인 생각을 일구기 위해 책상 앞에서 골똘히 사고한다면 창의가 용솟음칠까. 그렇지 않다. 창의가 용솟음치기 전에 수없이 겪었던 경험에서 우러나온다. 다양한 장면에서 다양한 분야의 경험은 창의적인 생각을 쏟아 낼 동인으로 작용한다. 그런데 경험은 관찰로부터 시작된다는 사실을 '그렇다'라고 인정하는 사람은 많지 않다. 좋은 경험은 관찰로부터 시작하고 창의적인 사고를 일구는 자산이다. 관심을 두지 않으면 보이지 않기 때문이다. 애들에게 관찰해야 할 세상을 그냥 지나치지 말고 유의미성을 두고 현장을 살피는 기회를 만들어 줘야 한다.

창의적으로 생각하기의 첫 단계를 관찰로 시작한다는 근거는 쉽게 접할 수 있다. 뉴턴이 어느 날, 집 앞뜰에 있는 사과나무 아래 앉아 졸고 있던 그는 사과가 자신의 머리 위로 떨어지는 것을 보고, 왜 사과는 위나 옆이 아니라 항상 아래로만 떨어지는지 의

문을 갖게 되어 만유인력 법칙을 생각할 수 있었던 것도 세심한 관찰을 통한 우연한 발견에서 시작되었기 때문이다. 즉 창의적인 생각을 떠올리는 발견의 순간은 어떻게 관찰을 하느냐에 따라 달라진다는 것이다.

제4차 산업혁명 시대에서 미래인재로서 응당 지녀야 할 핵심 역량은 바로 창의력을 우선으로 한다. 하지만 오늘날 스마트한 세상을 살아가고 있는 뭇 인간들은 창의적인 생각이 아닌, 아주 일반적인 생각조차 하지 않을 때가 많다. 궁금한 것이 무엇이든 1초의 수고도 없이 그냥 스마트폰에 내장된 검색을 통해 답을 찾아내기 때문이다. 그래서 모르면 일칭 '네이버'에게 묻게 되면 답이 있다는 우스갯말이 회자되고 있다. 그래서일까 모든 연령층에서는 스마트폰에 모든 것을 의지하고 세상을 살아가고 있는 듯하다.

경험은 아이디어 창출의 원료이다

2021년 3월에 취임한 한국과학기술원 이광형 총장은 기자와의 인터뷰에서 카이스트의 가장 큰 변화를 묻자 "학생들에게 공부를 덜 시키는 커리큘럼이다."라고 답한다. 학생들이 공부를 너무 많이 하기 때문에 세상을 보지 못한다. 그래서 전공 공부를 10% 줄이고, 그 시간에 여행도 하고, 독서도 하고, 연애도 하면서 세상을 알게 되면 자신이 인류를 위해 큰일을 할 수 있는 희망을 가질 수 있게 된다고 의외의 교육관을 제시했다.

세상을 경험하면 늘 보던 세상도 달리 보이고 미처 보지 못한 세상도 드러나서 내가 살아가는 미래의 세상을 새롭게 디자인하는 출발선으로 작용하게 된다.

흔히들 남다른 경험을 소유한 대표적 사람으로 에디슨, 아인슈타인이나 스티브 잡스, 피카소 등을 꼽는다. 이들도 평범한 인간들이었다. 다만 경험의 세계에서 관찰을 사랑했을 뿐이었다. 이들은 경험의 세계에서 관찰하여 얻는 생각을 확장시켜 새로움을 일구어 냈다. 창의적인 생각은 유별난 사람들이나 천재들의 전유물이 아니고 보통 사람들도 관찰하기, 상상하기, 단순화하기, 예측하기, 연결해보기, 공감이해하기 등의 끊임없는 훈련을 통하면 얼마든지 창의가 가능하다.

토마스 에디슨Thomas Alva Edison은 12살 때부터 그랜드 트렁크 열차의 판매원으로 일하면서도 그 경험에서 산지식을 흡수하였으며, 14살이 채 되지 않아 혼자서 신문을 발간하고 틈틈이 과일을 팔았다. 그가 전화국에서 일하면서 전기에 대한 많은 지식을 배웠던 때였으며, 그의 나이 20살을 넘지 않았다. 에디슨은 소년시대에 겪은 직접 경험은 후에 발명왕으로 칭호를 얻게 된다.

오늘날 우리들은 이제 눈 뜨고 잠을 잘 때까지 가장 많이 이용하는 서비스는 메신저다. 이는 '정보의 연결'에서 '의식의 연결'을 의미하는 것이다. 정보의 연결을 중시하는 그때는 '무엇일까'라는 지식을 묻는 것에서 즉금의 시간에는 '뭐 하지?'라는 경험을 묻는 시대로 전환되었다.

홀리스틱 교육 마인드

이 같은 전환을 3차 산업혁명의 시대에서는 정보가 축적되어 연결되는 시대이고, 오늘날 4차 산업혁명 시대에 살고 있는 시대는 의식이 연결되는 시대이다. 이를테면 정보를 교환하기보다는 정보가 현실 공간에서 실시간으로 공유되고 있다는 것이다. 개인이 특정하여 원하는 정보가 아니고 현실 공간에서 사람들과 연결되고 의도하지 않은 의식조차도 자동적으로 공유하고 있다.

예전에는 아는 것이 힘의 세계였다. 그러나 지금은 경험의 세계다. 지식을 축적하기 위하여 많은 시간을 투자하여 부단히 애를 써야만 가능했다. 이렇게 하여 얻는 지식은 체험으로 이행하기에 이르렀다. 그러나 오늘날은 이미 축적된 지식 세계를 실시간으로 현실 공간에서 공유하여 곧장 체험으로 이행하기에 이른다. 그렇다고 지식을 축적하기까지 노력을 간과한다는 의미는 아니다. 시간을 많이 투자하여 현실 공간에서 시공간을 초월한 자기 주도적인 학습이 이뤄졌기 때문이다. 세상이 위대한 놀이터이고 우리 모두의 플레이어이며, 현실 공간에서 모두가 주인공이 되어 정보를 활용하는 리얼월드Realworld에 들어서 있다.

경험도 유전된다

이 소절의 글은 자손들에게 건강한 유전정보를 되물림 하기 위한 유익한 정보가 되지 않을까 하고 심사숙고의 과정을 거쳐 기고한 원자료의 일부를 발췌한 '후성유전'에 대하여 소개한다.

뇌의 비밀을 캐는 데 매진하고 있는 구자욱 한국뇌연구원 책임

연구원의 '경험도 유전된다'(2017)는 제하의 글에서 후성유전에 관하여 만날 수 있다.

후성유전학을 소개한 2010년 타임지의 커버 스토리 '왜 당신의 DNA는 당신의 운명이 아닌가'. 환경이나 행동이 세포 안의 유전정보에 영향을 끼치고 더 나아가 자손의 유전정보에도 영향을 끼칠 수 있다는 주장이 소개된다.

뇌는 쓰는 만큼 좋아진다. 치매 예방을 위해 전문가들은 운동뿐만 아니라 독서, 글쓰기, 낱말 퍼즐 등 뇌를 자극하는 방법을 권장한다. 우리의 뇌는 '쓰지 않으면 사라진다Use it, or Lose it'는 원리가 적용되기 때문이다. 여기서 궁금한 점 하나. 많이 써서 좋아진 머리는 과연 자식에게까지 대물림될까?

실제로 동물을 이용한 많은 연구는 기억 및 학습에 관한 능력이 당대에 계발될 뿐만 아니라 자식에게까지 대물림될 가능성을 제시하고 있다. 여기서 중요한 것은 DNA 등 유전자의 변화 없이 획득한 능력이나 형질이 자식에게 전달된다는 것이다. 이런 현상을 '후성유전'이라고 한다.

DNA로만 결정되지 않은 개인의 운명

2010년 타임지는 '왜 낭신의 DNA는 당신의 운명이 아닌가Why Your DNA isn't Your Destiny'라는 제목의 기사를 올린다. 기사는 우리

홀리스틱 교육 마인드

를 둘러싸고 있는 환경이나 우리의 행동 및 자발적 선택이 우리 세포 안의 유전정보에 영향을 끼치고 더 나아가서 우리 자손의 유전정보에도 영향을 끼칠 수 있을지 모른다는 주장이 소개된다. 이것이 '후성유전학epigenetics'이다.

일반적으로 유전이란 부모의 유전형질이 자손에게 전달되는 것이다. 유전정보가 담겨 있는 DNA를 생식 과정을 통해 자손에게 전달함으로써 가능하다. 이에 반해 후성유전은 DNA의 염기서열 자체는 변하지 않는다. 다만 DNA 일부나 DNA를 둘러싼 단백질 등에 화학적인 변화가 생겨 벌어지는 현상이다. 그래서 후성유전이란 DNA 염기서열 '외의' 정보가 유전에 관여할 수 있다는 의미다.

후성유전은 진화론을 설명하는 이론으로 등장했다가 다윈의 자연선택 진화론에 밀려 사라진 '용불용설'과 맥락이 닿는다. 용불용설은 프랑스의 진화론자 라마르크1744-1829가 주장한 학설로 생물의 경우 자주 사용하는 기관은 발달하고, 반대로 사용하지 않는 기관은 퇴화해서 점점 기능을 못하게 된다는 내용이다.

라마르크는 기린의 목을 예로 들며 "기린은 높은 곳에 있는 먹이를 먹기 위해 목을 계속 늘렸고 그렇게 후천적으로 획득된 형질이 자손 대대로 대물림되어 지금처럼 기린의 목이 길어졌다"고 주장했다. 그러나 라마르크의 용불용설은 다윈의 자연선택 이론에 밀려 오랫동안 학계에서 사라진 것처럼 보였다.

하지만 후성유전학이 각광받으면서 라마르크의 용불용설이 재조명받고 있다. 후성유전은 결국 획득형질이 유전된다는 주장이기 때문이다. 특히 쓸수록 좋아지는 우리의 뇌는 용불용설의 원리와 잘 맞아떨어지는 것 같다.

라마르크의 용불용설과 다윈의 자연선택설 그림은 구자욱(2017.6.30.), "경험도 유전된다", 경향신문, 제22362호, 19면의 자료를 인용.

후성유전의 가소성

후성유전은 뇌의 작동에 매우 중요하다. 우리의 뇌는 외부 환경의 다양하고 역동적인 변화를 경험을 통해 배우고 기억하며 반응해야 한다. 이 과정에서 수많은 뇌기능이 원활하게 작동하려면, 뇌회로와 신경세포 수준에서 유전자의 발현을 유기적으로 조절해야 한다. 많은 연구가 앞으로 필요하겠지만 이러한 '획득된 인프라'는 후대에 전달되어 변한 환경에 대한 적응도를 높일수도 있을 것이다.

그러나 획득된 인프라가 항상 긍정적인 것만은 아니다. 스트레스, 약물, 술, 외상 등을 생각하면 너욱 그렇다. 오늘 내가 겪은 유쾌하지 않은 경험은, 나의 뇌 어딘가에 있는 유전자에 후성유전 표지를 남기고, 이 흉터가 난자와 정자를 통해 후손에 유전될 수도 있다. 결국 내가 아무렇지도 않게 선택한 오늘 행동이 태어나지도 않은 자손의 미래를 왜곡할 수도 있다. 하지만 그 역시 우리의 노력으로 '바꿀 수 있는 여지'가 있다고 후성유전학은 우리를 위로한다.

이 같은 논의는 후성유전이 후세에 태어난 자손들에게 영향을 미친다는 데 관심을 둔다. 젊어서의 바람직한 행동이나 가치로운 현장과 체험활동의 경험 등은 다음 세대에 영향을 미치며 유전정보에도 영향을 미친다는 주장은 자연과 사회현상에서 학습한 활동은 간과할 수 없는 시사점이다.

즉금을 기준으로 이미 태어난 개체의 생의 이후를 위해서라도, 앞으로 태어날 세대를 위해서도 본받아야 할 학습대상을 경험하도록 학교 교육과정에 투영되었으면 한다. 이어 태아 교육의 무게에 더더욱 관심이 쏠리고 있다. 태아 교육도 현실에서 이루어지는 교육과 다를 바 없기에 태아에게 올바른 이성과 인성이 함양되도록 바람직하게 살아갈 삶을 담아 놓은 교육과정도 실현되면 어떨까? 조심스럽게 질문을 던진다.

3.
자연과 사회 체험으로 세상을 배운다

울타리 밖에서 만들어가는 철학

  오늘을 살아가는 인간은 어디를 향해 나아가서 어떻게 사는 것이 의미 있는 삶인지를 추구해 보는 경우가 한두 번이 아닐 것이다. 그 방법으로는 직면하고 있는 현실의 세상을 향하여 어떻게 살아야 현명한 삶일까? 그 답에서 지혜를 얻고자 질문을 던진다. 그 방법 중의 한 가지로 세상에 널브러져 있는 자연현상과 사회 사상을 접하여 몸소 체험하고 관조하여 얻어진 사상을 가슴에 담아 자기의 정체성을 정립해 간다. 바로 그 정체성은 철학이 있는 삶과 자아를 실현할 수 있는 길을 헤쳐 나가는 에너지로 작용할 것이다.

  자연과 사회에는 수만 권의 책과 같다. 자연과 사회에서 직접 얻는 지식은 도서관의 책에 담긴 그 어떤 지식보다도 유익하고 새로운 지식일 수도 있다. 비록 어린애는 오감으로 체험한 사상과 현상들을 말과 글로 온전하게 형용할 수 없어도 감정에 변화를 가져오고 외부 세계에서 얻어진 느낌을 표정과 짧은 언어로 나타내거나 때로는 추상화 같은 그림으로 나타내기도 할 것이다. 어린애도 울타리 밖에서 얻어진 미세한 철학들이 자기 정체성을 만들어가는 걸음이 아닐 수 없다.

자연 속에서 배우면서 성장하는 인간

요즘 애들은 세 살을 지나면 조작된 공간에서 보내는 시간이 많아지고 있다. 초등학교 입학 전에 어린이 키즈카페, 어린이집, 유치원과 같은 인공교육 기관에서 보내는 일이 당연시 되고 있다. 필자는 인공교육 기관이라는 용어를 사용하고 있다. 애들이 자연 속에서 배우고 성장하는 과정은 허례허식에 지나지 않으며, 의도적으로 마련된 공간에서 애들을 인공적으로 만들어가고 있음을 지적하는 말이다. 물론 교육은 의도적이고 형식적이어야 히기에 학교가 있고 다양한 교육기관이나 교육시설이 존재하는 것은 당연하다.

그러다 보니 애들의 심성은 자연과 같은 아름다움이 우러나오는 것보다는 인공미가 우러나오기에 애들의 모습은 화려할 수 있으나 자연스럽게 선을 행하고자 하는 선의지가 몸에 밴 모습일는지 걱정도 된다.

오늘날의 어른들은 너무나도 빠른 문명의 발달과 IT문명에 눈을 돌리다 보니 인공적인 환경에 만족할 뿐 자연 속에서 애들이 성장해야 한다는 과정을 잊어버리고 있다. 오늘날 인간들이 대면하는 모든 문명은 일찍이 자연이 베풀었고 드러나지 않는 잠재적인 가르침의 과정을 거쳐 창조할 수 있었다.

애들이 바라보는 자연은 아무런 사심도 없이 맑고 순수하다. 자연이 주는 아름다움을 표현하기 어려운 것까지도 무의식중에 느끼고 있다. 세부적으로는 어른의 세계에서 느끼지 못하고 볼수 없는 것들을 애들은 느끼고 볼 수도 있다. 그 모든 것들은 앞으로 애들이 배워 나갈 교육의 기초이며 밑천이다.

자연에는 헤아릴 수 없는 독립적인 생물체들과 숨을 쉬지 못하는 개체들이 널브러져 있다. 인간 또한 자연 속의 개체에 지나지 않는다. 응당 인간도 자연 속에 개체들을 보듬고 살아가기 마련이다. 인간은 자연이 주는 혜택을 배반하지 않고 감사히 받아들인다. 자연이 주는 혜택은 겉으로 드러나지 않고 숨은 상태로 말이 없지만 잠재적인 가르침은 태산처럼 높다. 이 같은 잠재적인 가르침의 과정에서 인간은 새롭게 거듭난다.

KBS 설 특집 다큐 '청산도 살어리랏다(2023.01.24. 12:10.)'가 방영되었다. 2014년 청산도에 이주해 와 이곳에서 생산된 재료를 이용하여 만들어서 파는 빵 가게 주인의 아들 14세 석범에게 장래의 꿈을 PD가 묻자, 주저 없이 생물을 연구하는 연구원이 되는 것이라고 말한다. PD가 재차 그 이유를 묻는다. 석범이는 청산도 주민들이 자연환경을 이용하여 바다에서는 전복, 김, 미역, 다시마 양식업을, 육지에서는 따뜻한 기후에 최적한 청보리와 유채를 가꾸는 모습을 오감으로 느끼면서 자라 왔다. 그리고 주민들이 소득을 높이고자 새로운 양식 기법과 농작물을 가꾸는 방법을 궁라하는 모습은 석범으로 하여금 자연스럽게 생물 연구원이 되는 것이 꿈으로 작용했다고 말한다.

홀리스틱 교육 마인드

이처럼 성장하는 애들은 자연을 관찰하고 발견한 것은 어른에게서 배우는 내용을 이해하는 열쇠가 된다. 교육의 기초이며 밑천이 되는 자연의 현상에 대하여 가르치는 사람이 구두로 전달하게 되면 실감이 나지 않으며, 그저 잔소리로 들릴 수도 있다. 애들 스스로 오감을 통하여 자연과 접촉하고 느끼고 관찰하고 발견한 것은 그다음에 겪게 될 경험을 살찌게 하고 공부하는데 유익한 학습자료가 된다. 바로 이 점에서 애들이 꿈을 발굴하고 키우는 데 큰 모티브가 되며 애들의 인성을 밝고 맑게 다듬어 가는 데 큰 영향을 미친다.

인간이 성장하는 과정은 자연을 거스르면서 살 수 없다. 자연이 주는 묵언을 받아들여야 더 큰 성장을 약속한다. 자연이 주는 묵언은 소리 없는 메시지로 큰 가르침이기 때문이다.

광장 문화에서 세상을 관조한다

광장 문화廣場文化는 광장에 뭇사람들이 모여 만들어 낸 문화로 시민들의 자발적인 참여로 이루어지는 집회와 공연 따위를 통틀어서 이르는 말이다. 김진우경기대학교 도시공학과 교수의 '도시읽기'에서 광장과 역사와 문화에 대하여 접근한 자료를 접할 수 있었는데, 광장을 통하여 세상을 관조하는 자료로 매우 유익했다.

광장은 많은 사람들이 모일 수 있도록 만들어 놓은, 넓게 비어 있는 공간이다. 비워진 공간이지만, 광장은 숱한 사건이 벌어졌고 또 벌어지고 있어 역사가 가득한 공간이다. 광장에서는 새로운 문화가 탄생하고 인간의 욕구가 분출되고 세상사의 여론을 모아 정치를 바꾸고 세상을 변화하게 하는 원초적인 힘을 낳고 있다.

정보의 홍수 속에서 살아가는 인간들은 광장에서 변화무쌍한 세상사를 순간순간 오감으로 접할 수 있으며, 이 세상사들을 응축하거나 융합으로 빅데이터화하여 역사를 기술해 오고 있다.

우선 광장 문화에 대한 이해를 깊게 하고자 광장의 역사를 대략적으로 더듬을 필요가 있다. 서울의 광화문 광장에서는 세상사를 축소하여 그리고 한국의 역사를 한눈에 관조할 수 있는 공간이다. 노동자들이 광장에 모여 자기들의 권익을 요구하는 단체행동을 하거나 각종 이익집단에서 대중집회를 통하여 자기들의 목소리를 전달하기도 한다. 각종 문화행사는 물론 길거리 행사가 잦아 하루라도 한적한 공간으로 남아있는 경우가 없다. 2016년에는 탄핵시위 광화문 집회 촛불 문화재로 정권이 교체되는 계기가 되어 한국 현대사를 조망할 수 있는 공간이었다.

서양에서 광장은 고대 그리스의 아고라Agora이며 '모임장소'란는 뜻을 지니고 있는 대표적인 도시광장이다. 이곳은 중요한 만남의 장소일 뿐 아니라 시장이었고, 공연장이었다. 나아가 자유로운 토론과 비판이 오고 가는 정치마당이기도 했고, 철학자들이 진리를 탐구하는 배움터였다. 만약 아고라가 없었다면 그리스의 민주주의도 철학도 꽃피지 못했을지 모른다.

홀리스틱 교육 마인드

아고라는 로마의 포럼Forum, 중세도시의 플레이스Place로 계승되어 왔으며, 지금도 도시 공간의 핵심에 위치한다. 광장은 종교, 정치, 사법, 상업, 사교 등이 이루어지는 곳이다. 광장은 형태와 기능은 달랐지만, 광장은 우리 조상들의 생활에 있어서 중요한 부분을 차지하는 공간이었다.

우리 역사에서 광장은 청동기 시대 주거지에서 그 유래를 찾아볼 수 있다. 우리나라 청동기 시대를 대표하는 주거 유적지인 부여 송국리 주거 유적지(기원전 8~7세기경)에서 마을 광장을 볼 수 있다. 제주도 최대의 마을 유적지인 삼양동 선사유적지(기원전 1세기경)의 경우는 집회용 화덕 시설을 중심으로 작은 광장이 배치되어 있고, 그 주위로 많은 움집들이 둥그렇게 들어서 있다. 후기 청동기 시대의 마을 사람들이 모여서 함께 음식을 만들어 먹는 경우가 많았다. 함께 모여 공동의 노동을 하고, 생산물을 분배하고, 의식을 치르는 곳으로, 공동으로 이용하는 땅인 광장은 마을 사람들에게 생활의 중심 공간이었다.

삼국시대 초기의 광장은 신라 제3대 임금인 유리이사금 때의 추석의 기원이 되는 가배嘉俳로 길쌈 짜기 경기가 있었으며, 삼한의 각국에서는 모든 농사일을 마친 후에는 천신에게 제사를 제천祭天행사, 고구려의 제천행사로 나라의 큰 모임인 동맹이 있었고, 고려시대의 최고의 축제로 개경에서 열리는 팔관회와 연등회가 있었다. 조선시대는 5일 장 또는 7일 장이 서는데, 장이 없는 날의 빈 공간에서는 아이들 놀이터가 되기도 하고 고추를 말리는 마당이기도 했다. 장날에는 이곳에서 사당패들이 공연도 하고 단옷날에는 씨름 경기도 열리곤 했다. 조선시대 장터는 단순한 만남의 장소를 넘어 복합공간이었다. 근대에 와서는 1898년 종로 거리 광장에서 열린 민중대회인 만민공동회가 열려 처음으로 시민의 뜻이 모아진 사례로 언급될 수 있다.

20세기 후반 우리 역사에서는 광장 문화의 새로운 전기가 마련되었다. 1971년 12만평 규모로 여의도에 만들어진 5.16 광장은 100만 명을 동원해 행사를 치룰 수 있는 거대한 광장으로, 권력자의 의지가 강하게 반영되어 탄생했다. 이후 서양의 도시를 본떠 새롭게 만들어진 도시마다 광장이 조성되었다.

하지만 여전히 광장 문화는 관官이 주도하는 경우가 많았으나 2002년 FIFA 한일 월드컵에서 등장한 길거리 응원문화는 광장 사용의 주도권이 권력자에서 대중으로 바뀌는 중요한 계기였다고 할 수 있다. 새종로에 들어선 광화문 광장은 국민들에게 소통의 공간을 제공함으로써 소위 촛불혁명을 잉태했다.

이처럼 광장은 사람들의 의견을 모으고, 함께 생활하는 공간이었으며, 광장이 대화와 토론의 마당이자 화합의 장소로서 기능하여, 도시 생활의 중심으로 고대로부터 민주사회를 건설하는 터전으로 문화를 교류하는 공간으로 그 기능을 다져왔다.

오늘날은 대규모의 세종로의 광화문 광장, 국회의사당 앞의 여

홀리스틱 교육 마인드

의도 광장, 서울시청 앞 서울광장 등 대규모 광장만이 광장이 아니다. 광장의 규모를 가리지 않고 장소와 기능에 따라 분화되고 있다. 대중소 규모 행정단위에 산재해 있는 로터리와 터미널, 고궁의 뜰, 전철역 주변의 광장, 백화점과 시장의 한편에 마련한 다소 넓은 마당, 마을의 쉼터 주변의 다소 넓은 마당, 그늘이 생기도록 벽이 없이 사면이 뚫려있는 그늘막이나 농사짓는 데 편리하도록 논밭 근처에 간단하게 지은 집인 농막의 뜰, 유서 깊은 위치에 인물의 넋을 기리는 사당과 정자, 누정의 마당은 광장의 기능을 하고 있다.

이들 광장은 유동 인구가 비교적 많아 의사소통의 공간이었으며 마을이나 행정단위 여러 지역의 소식이 가장 먼저 도착하는 공간이면서 동시에 정보교류의 플랫폼이다. 한편 광장의 기능에 따라 정치 활동과 집단적 의사결정을 표출도 가능하고 공연과 굿거리 연출 활동이 활발히 이루어져 문화가 교류되는 마당의 기능이나 휴식을 즐기는 터이다. 대표적으로 광주 5.18 민주광장은 민주주의 역사가 기록된 민주화의 성지라고도 할 수 있다. 생산물의 유통과 각종 생활필수품의 공급과 수요가 창출되는 등 경제 활동의 공간이기도 하다.

또한 국립현충원이나 국립 또는 시립민주묘지 등에 마련된 마당은 종합박물관 역할을 톡톡히 하고 있는 광장이다. 각종 분야에서 국가와 민족을 위해 애쓰시다 돌아가신 분들의 넋이 묻힌 곳으로서, 이곳을 찾노라면 역사와 세계사 공부를 하는 데 자원이라 할 수 있는 백과사전에 비견할 가치가 잠들고 있으며 여러 형태의 종합박물관의 기능을 하고 있다. 그리고 민주주의와 윤리와 도덕을 배우며, 민주시민의 자질을 함양케 하는 인문학의 교육장이기도 하다.

특히 많은 학자나 학생들은 현장·체험학습과 함께 광장에서 체감한 폭넓은 정보 자원Information Resource과 지적 자산Knowledge Asset을 체화하여 배울 수 있다. 광장에서 직접적으로 체감하지 않은 사회사상들은 알맹이가 여물지 않은 사유세계에 지나지 않는다. 가능한 많은 곳에서 많이 보고 많은 것을 느껴 새로운 것을 배워야 한다. 이러한 과정이 쌓여 분명 또 다른 새로운 것이 만들어진다. 세상과 환경을 가까이 다가서는 이들은 이해한 만큼 보일 것이고 더 광범한 것을 만들어 갈 것이다.

4.
숲에서 나를 발견한다

바깥에서 발견한 개체
나 이외의 바깥은 다양한 형태로 모두에게 메시지를 보내고 있다. 모는 사람에게 던지는 메시지의 형태는 같지 않다. 혹여나 모든 사람에게 동일한 메시지를 던지더라도 받아들이는 사람마다 다르게 받아들일 것이다. 그래서 바깥 세계에서 새로운 나를 발견한다. 이제, 스스로가 바깥 세계를 읽고 해석하고 해설하여 나를 발견해 본다. 그런 후 나의 미래를 만들어 본다. 바깥 세계는 묵언으로 뭇사람을 지도하고 조언해 주는 멘토 자세를 간직해 오고 있다.

자연은 거대한 잠재적 교육과정

그런데 인간은 교육에 의하여 성숙한다. 자연은 거대한 교육과정이다. 이 교육과정은 학교의 직접적인 지도하에 이루어지는 교과 학습 및 생활 영역의 총체적인 교육과정을 넘어서는 거대한 잠재적 교육과정이며, 인간은 모름지기 이 교육과정을 거역할 수 없으며 자연을 담아 놓은 교육의 원리와 이치를 바꾸지 않고 순응해야 한다. 다만 순응이 아니고 적응을 선택할 경우는 최소한의 계발 가능한 수준이어야 할 것이다.

그렇기에 인간의 삶은 인간의 힘이 자연에 더해지지 아니하고 세상에 스스로 존재하거나 우주에 저절로 이루어지는 모든 존재나 보이는 현상現象 자체를 존중해야 하는데, 이 같은 자연의 이치를 깨닫는 공부를 거역할 수 없다. 이미 자연으로부터 주어진 개체의 본성을 계발하고 발달시키는 일은 자신의 길을 가는 것이다. 자연의 이치를 깨닫는 인간의 지성이야말로 인간의 삶에서 참다운 가치와 정의로운 이념을 추구할 수 있기 때문이다.

자연에 적응해야 성공한다

20세기 프랑스의 위대한 작가이며 1915년에 노벨 문학상을 받기도 한 로맹 롤랑은 주장한다. 성공한 사람은 다른 사람이 아니라 자신이 할 수 있는 일을 해낸 사람이다. 그런데 많은 사람들은 할 수 있는 일을 하지 않고 할 수 없는 일만 바라고 있을 뿐이다. 로맹 롤랑에게 묻는다. 성공이란 무엇이고 성공한 자는 대체 누구를 말하는 것일까? 그는 간단하고 확고하게 대답할 것이다. 자신이 할 수 있는 일을 해낸 사람이 진짜 성공한 자이다. 달리 말하면 실패란 자신이 할 수 있는 일을 해내지 못한 삶이라는 것이다.

대부분 실패자들은 자신의 지식이나 재능을 함부로 내세우고 자기 밖에 있는 조건이나 환경 탓을 하기 일쑤이다. 그러나 사람들에게 잘 보이려고 애를 쓰거나 가면을 쓰듯 위선적인 행동을 멀리하고 오히려 있는 그대로의 환경을 인정하고 개체의 심신을 적응해 가는 학습을 경주해야 할 것이다. 적응은 주위 환경과 환경을 변화시켜 살아가는 삶이다.

정원에서 자연과 함께하는 공동체 의식을 배운다

독일에는 집 근처에 '클라인가르텐Kleingarten이라는 정원이 있다. 우리나라의 각 마을에서 접할 수 있는 공동 텃밭이나 꽃밭, 대도시 주변에 소재하고 있는 주말농장과 유사하다. 작은 정원들이 옹기종기 모여 있는 큰 단지로, 각각의 정원에는 크고 작은 텃밭과 꽃밭 그리고 창고로 쓰이는 작은 집들이 있다. 정원의 주

홀리스틱 교육 마인드

인들은 보통 주말에 나와 작물과 꽃을 심고 가꾼다.

독일의 클라인가르텐은 역사가 오래됐다. 이 작은 정원들은 개인 소유가 아니다. 주정부, 베를린시, 철도국 등의 땅을 저렴한 비용으로 개인들이 장기 임대해 가꾸는 일종의 공동체 정원이다. 이 공동체 정원을 운영하는 협회가 도시마다 있고, 단지마다 소규모 커뮤니티 협회가 또 따로 있다. 독일에는 이런 클라인가르텐이 100만 개 넘게 있으며 정원을 운영하는 이들도 400만 명에 이른다고 한다.

이 공동체 정원이 100년 넘게 존재하는 이유는, 좁은 아파트 건물에 사는 많은 보통 사람들이 저마다 정원을 갖고 가꿈으로써 정신적·육체적 휴식을 얻고, 자연을 직접 배울 수 있는 기회를 주기 때문이다. 사회로부터 소외되는 노인들에게는 자연을 통한 일종의 귀농 경험과 커뮤니티 소속감도 준다. 또 이 대단위 공동체 정원들은 도시의 기온을 3~4도씩 낮추는 환경 기능을 하여 산책할 때마다 이 온도 차를 피부로 실감케 한다고 한다.

애들에게는 자연의 놀이터를 선사하고, 자연으로부터 마음을 닦는 건강을 얻을 수 있고 공동체 삶의 모습을 직접 체험할 수 있어 커뮤니티 일원으로 함께하는 시민의 자질을 익힐 수 있는 교육적인 효과도 적지 않다고 할 수 있다.

또 이곳의 주중은 오는 이들이 별로 없어 조용하지만, 주말과 날씨가 화창한 날엔 정원마다 분주하여 물놀이하는 애들의 웃음 소리도 흘러나온다. 달마다 다른 꽃이 피는 정원을 구경하는 일은 평화로우면서도 신비롭다. 길고 긴 록다운으로 갈 곳이 없는 사람들에게 이곳은 탁 트인 위로의 공간이자 힐링의 마당이다.

모두가 이웃처럼 어김없이 독일 국민의 음료인 맥주 한잔을 하러 오고, 어울려 앉아 이야기를 나누는 커뮤니티 사람들 사이에서 맥주를 즐기면서 아름다운 공동체의 삶을 영위한다.

필자도 살고 있는 아파트 단지를 벗어난 곳에 5평의 텃밭을 임대하여 주말농장 경영체의 일원으로 5년 동안 이어왔었다. 참여하는 재미가 보통이 아니었다. 우리 집에서 필요로 하는 계절 채소를 엄선하고 가꾼 수확물로 어느 정도 자급하는 데 도움이 되었다. 보다 큰 재미는 소일하는 보람과 파종한 채소가 자라는 모습에 정신적인 힐링이 여간이 아니었다. 이웃 주민의 노하우를 살펴 작물 재배의 기술을 익히기도 하고 풀질이 우수한 작물을 공동 구매하거나 마을에서 일어나는 소식과 색다른 정보를 얻는 등 텃밭 경영은 커뮤니티 기능을 톡톡히 하는 데 부족함이 없었다.

우리나라에서는 10여 년 전부터 텃밭 가꾸는 학교가 늘고 있다. 학생들이 직접 씨를 뿌리고 김을 매면서 재배한 뒤 수확해 급식재료로 사용한다. 텃밭이 친환경 체험농장인 셈이다. 친환경 우리 농산물 급식을 실시해 먹거리 안전성을 높인다는 목적을 내

세우고 있다. 학생들이 직접 농장을 체험해 안전한 먹거리에 대한 인식을 높이고 작물 재배의 즐거움과 자연 사랑의 마음을 키운다.

작물선정부터 파종, 수확까지 스스로 해결한다. 교육과정에 나타난 농작물을 분석하여 계절별로 파종하고 특별활동 시간을 설정하여 작물 성장 과정을 관찰하고 기록하며 금비와 농약을 전혀 쓰지 않고 급식실에서 만든 EM 발효액을 대신 뿌려주고 있다. 친환경 농사법도 배우고 학생들이 생태계와 더불어 건강하게 성장해 가는 인성교육에도 한몫을 하고 있다.

부지가 넉넉하지 않은 도심지 학교의 경우 옥상을 텃밭으로 활용하는 경우도 있다. 기후변화 실천사업으로 생명 교육 효과를 거두면서 학교급식에도 유용하게 활용하고 있다. 학교 옥상이 농장의 변신으로 자연체험의 의도적인 친환경 교육으로 다양한 교육적 효과를 가져오고 있다.

소나무형 문화는 한국인다운 지성인의 뿌리

전국 어디에서나 자생하며 한국을 대표하는 소나무는 우리나라의 긴 역사 속에서 정신적 지주로 항상 우리 민족과 함께해 왔다. 그래서일까 한국교육과 한민족의 의식 세계에 소나무가 담고 있는 기상이 융해되어 있다.

필자는 유산동 운동을 즐겨한다. 특히나 좋은 산소를 마셔 청폐하는 데 관심을 두고 소나무가 우거진 뒷동산으로 올라가 숲길을 산책하는 일이 잦아지면서 이어령의 소나무형 문화를 반추하곤 한다. 그러는 가운데 필자는 소나무를 닮아가고 있다는 사실을 부인할 수 없다. 그래서 필자는 늘 솔松 같은 마음을 가슴에 담고 살아간다.

우리 시대의 최고의 지성인 이어령은 그의 저서 『젊은이여, 한국을 이야기하자』(2003)에서 한국의 문화를 소나무형 문화에 빗대어 실감이 나게 이야기한다. 우리나라 생태계의 주축을 이루는 한국의 소나무처럼 바위와 잘 어울리는 나무도 아마 없을 것이라며, 꼿꼿이 하늘로 벋은 서양 포플러 나무와는 다르다고 피력한다. 우리는 뒤틀린 소나무에서 한국을 본다. 그것은 외세의 바람 속에서 견뎌온 모습이며 끝없는 겨울의 수난 속에서도 푸른 잎을 지켜온 투쟁의 자세다. 소나무의 아름다움은 바로 그를 시달리게 한 그 바람으로부터 오는 것이다. 그래서 옛날 시인 묵객들은 소나무 바람 소리를 송금松琴이라 하여 거문고 소리처럼 들었다.

소나무는 바람과 정면에서 부딪치면서 살아야 되기 때문에 땅속 깊게 그 뿌리를 박지 않으면 안 된다. 바람 부는 대로 나부끼며 뿌리가 얕으며 잔뿌리만 무성하는 천근성淺根性에 속하는 버드나무에 비해 소나무의 근본적인 특성은 심근성深根性이라는 데 있는 것이다.

그러므로 소나무는 한곳에 뿌리를 박으면 여간해서 다른 곳으로 옮겨지지 않는다. 뿌리 돌리기를 하지 않으면 이식이 거의 불가능한 것이다. 그런데 버드나무는 뿌리가 없어도 사는 나무이며 삽목이 가장 쉬운 나무다. 소나무형 문화를 상징하는 심근성 문화는 이념이나 정통에 깊이 뿌리를 박고 있는 대륙형 문화이다. 이식과 수용 적응이 잘되는 해양성 섬 문화인 천근성 버들 문화는 일찍이 '뿌리 깊은 나무'를 노래한 『용비어천가』의 세계와는 너무나 이질적인 문화인 것이다.

이어령은 한국인의 정체성과 본성, 한국인만이 갖는 뚜렷한 목표의식과 한국인의 생체 환경에 스며있는 강인한 의지와 인내를 소나무형 문화로 상관하여 일러준다.

그렇다. 우리나라의 산야에 자생한 소나무 무리 또는 오롯이 서 있는 한 그루의 소나무일지라도 한국인에게 교시를 주고 있다. 나는 누구이며 개체가 지닌 본질은 무엇이며, 나는 어떤 특성을 지니고 한국인으로서의 맥을 이어오고 있는지를 이야기해 준다. 이어서 개인이 추구하는 이상은 무엇이며 이상을 추구하는 과정에서 닥쳐오는 고난을 벗 삼아 이를 이겨내고 마음을 평온하게 순화하여 평심을 간직하려는 선의지 가치가 숨어 있다. 오히려 거친 토양에서 뿌리를 깊게 내리는 투철한 의지, 넘어지지 않고 흔들림도 즐길 줄 아는 강인한 인내심, 하늘을 향하여 나래를 펼친 기상을 표상하고 있다. 이 같은 소나무형 학습은 한국인의 가치와 한국인 다운 지성인으로 뿌리를 내리게 하는 모형으로 다가서기에 충분하다.

자연에서 참 나를 찾는다

이 글을 쓰고 있는 필자는 이응석의 『당신을 춤추게 하는 지식의 날개 1』를 통하여 "건성으로 보지 말라."는 자연의 위대함을 학습하고 있다.

자연은 모든 생명의 원천이고 사람이 기댈 영원한 품이다.
또 자연은 잘못된 현대 문명의 유일한 해독제다.
하늘과 구름, 별과 이슬과 바람, 흙과 강물, 햇살과 바다, 나무와 짐승과 새들, 길섶에 피어 있는 하잘것없는 풀꽃이라도 그것은 우주적인 생명의 신비와 아름다움을 지니고 있다.
건성으로 보지 말고 유심히 바라보아야 한다.

자연은 언제나 있는 그대로의 모습이다. 그러나 보는 눈에 따라 전혀 달리 보인다. 건성으로 바라보면 그저 그만그만한 것만 보이고 스케치가 안 된다. 혼이 담긴 시선으로 바라보면 아름다움과 신비가 가득하고 사람을 살리는 영원한 품이 되기도 하고 사람이 감당할 수 없는 재난이 되기도 한다. 우리 이웃도 건성으로 보면 남이지만 자세히 보면 따뜻한 형제이고 자매이다.

이굴기는 초야草野에서 '나무가 제자리를 지킨 까닭'을 철학적으로 밝히고 있다.
"나무는 발이 없기에 제자리에 있고, 풀은 입이 없기에 치열하게 산다. 한때 문지방이 닳도록 탐닉했던 술집의 소란을 뒤로 하고 책상 앞에 무겁게 앉아 형광등을 끌어당기며, 마침 어제 배운 사람-땅-하늘-도-자연으로 둥글게 이어지는 노자 25장의 마지막 대목을 여기에 적는다. 인법지 지법지 천법지 도법자 연人法地 地法天 天法道 道法自然. 사람은 땅을 본받고, 땅은 하늘을 본받고, 하늘은 도를 본받고, 도는 자연을 본받는다." 본받음은 따름이며 이는 곧 가르침에 대한 배움과 같다.

'나'가 '나'다울 때라야 가장 아름답다고 한다. 나답다는 가치는 나가 자연을 배워 자연을 닮아가는 과정에서의 어떤 상태일 것이다. 나가 자연과 닮아가기 위해서는 땅과 하늘과 도라는 자연과 함께할 때 그 가능성에 가까울 것이다. 결국 노자가 일컫는 인간은 곧 도법자연이라 했다. 이 세상에는 큰 것이 네 개가 있는데, 그중에는 인간도 땅, 하늘, 도와 함께 한몫을 차지하고 있다. 인간의 삶은 자연에 순응하는 삶이어야 마땅하다는 것이다.

모든 것은 자연에서 탄생한다. 인간은 탄생하여 자연 속에서 성장하는 과정에 자연를 닮아가면서 우리를 둘러싼 세계 속에서 새로운 자취를 남기려 한다. 그 일은 개체가 가치를 모름지기 탄생시키는 일이다. 이 일이 인간의 본성일 것이다. 인간은 자연이 주는 지혜를 체화하여 자연을 담은 심성을 쌓아가고 있음에도 우리는 이를감화하는 데 더딜 뿐이다.

들풀 관찰일지라도 개인적으로는 생명일기

2001년 6월 8일 MBC '이제는 말할 수 있다'를 통해 국가기관에 의한 조작극이었다고 사건의 진상이 밝혀진 학원 간첩단 사건에 연루되어 13년 2개월 동안 황금 같은 청춘을 감옥에서 보낸 황대권서울대학교 졸, 생태공동체운동센터 대표이 펴낸『야생초 편지』는 동생에게 쓰는 편지 형식으로, 여러 야생초를 관찰하여 엮은 일기 중 어느 날 운동장 구석진 곳에 뻗어 기어오른 오이 덩굴과 나눈 공감을 정리한 글이다.

오이 덩굴에서 가장 신기한 것은 바로 덩굴손이다. 식물과 함께 살아가는 곤충의 더듬이와 같은 역할을 하는 것 같다. 덩굴손의 감지 능력이 어느 정도인지 말해볼까? 한번은 덩굴이 뻗어나가는 길에서 약간 빗나간 곳에 젓가락을 꽂아 놓았다. 다음날 가 보니 덩굴손이 그 젓가락을 찾아가서 휘감고 있더라구. 이 실험을 반복하여 해 본 결과, 덩굴손은 능동적으로 자기가 감아야 할 대상을 찾아 나선다는 사실을 알아내었다. 그리고 덩굴손은 나선형을 그리며 뻗어나감으로써 자기 몸무게보다 훨씬 무거운 물체를 매달고 있음도 알게 되었다. 침대나 자동차에 있는 용수철 스프링과 같은 역할을 하고 있다고 보면 된다. 이런 점들을 고려해 볼 때 식물은 동물 이상으로 능동적으로 자기 삶의 조건들을 만들어 내고 또 삶의 진로를 개척해 나간다고 볼 수 있다. 만약 내가 특수한 영적 능력이 있다면 식물의 지능과 감정을 가진 생물체라는 사실을 밝힐 수 있을 텐데…….

『야생초 편지』의 저자는 식물을 관찰한 견해를 넘어 자신의 삶에 대한 성찰, 인간관계에 대한 묵상으로까지 확산하면서 한 개체가 완성되어 가는 속 사정을 엿볼 수 있게 한다.

그는 매일매일 널브러져 있는 야생초들의 곁을 스쳐 지나치면서 풀들이 내뿜는 공감과 소통하고 있다. 또 풀들 저마다가 이 세상의 주인이 되어 이 세상에 존재한 이유를 밝히고 조목조목 드러낸 세상살이의 행태와 이야기를 들려주고 있음을 이 글에서 읽혀진다. 그가 질풍노도에도 야생초처럼 고스라지지 않고 삶을 살아왔기에 우주 사랑을 가슴에 새긴 참된 인간으로 기억되기를 바라는 이야기일 것이다.

자연 세계의 상당한 부분을 차지하고 있는 야생초들은 지구의 어디에도 존재한다. 북극 근처에 위치하는 동토 지역은 삼림 한계를 넘은 지역으로 나무는 적고 주로 이끼가 많으며 종종 관목이 있다고 하다. 이런 이끼들은 추운 날씨 때문에 썩지 않고 이탄층을 형성한다고 하니, 모진 역경에도 살아남은 생명체가 아닐 수 없다. 깊은 과학적인 식견이 미천할지라도 이끼의 생태환경과 생명력을 유추할 수 있다. 이끼가 있는 동토 지역에도 인간이 생존하고 있으니 자연에서 이끼와 같은 생명체로서 인간과 자연과의 공생관계로 이곳에 살아가는 인간의 생태를 이야기가 가능하게 한다.

달맞이꽃과 나눈 소담

필자는 2014년 초부터 예전에 바라보던 자연관을 달리하고서 자연과 벗 삼는 일이 늦었다고 후회하지 않고 이제부터도 늦지 않다고 자위하면서 자연과 소통하여 건강을 찾아왔다.

심장이 건강하지 못하여 어려운 고비를 여러 번 겪어야 했다. 심장 질환을 치유하는 일이 인생 중반기 이후의 최대 숙제이다. 지금도 건강한 심장을 만들기 위해 가벼운 유산소 운동은 물론 먹는 음식 및 약물치료를 절대 소홀할 수 없는 일이다. 그중 자연과 친하게 지내는 일이 으뜸이랄까. 맑은 공기를 마시면서 대자연이 주는 혜택을 찾아 자연과 소통하는 시간을 아끼지 않는다. 그 중 달맞이꽃에 관심을 두고 탐색하기에 이르렀다.

이 글을 쓰고 있던 2022년 10월 8일도 내가 태어난 해남의 고천암 방조제의 길섶에 열매를 맺고 바람에 나부끼는 달맞이 열매를 만나러 아침 7시에 110㎞를 승용차에 매달린다. 이러한 일은 한 달에 1회씩은 반복되는 일이기도 하다.

달맞이꽃은 우리나라에 전국적으로 분포되어 강둑이나 강가, 길섶의 어디에서나 자라고 있다. 달맞이꽃의 겉모습은 다른 꽃과 견준다면 매력적이지 않아서 즐겨 찾은 꽃이 아니며 그나마 잡초와 함께 피어나는 꽃으로 여겨지고 있어 잡초를 벗어나 귀한 대접을 받지 않는다.

달맞이꽃의 원산지는 남아메리카 칠레가 원산지이며 귀화식물로 쌍떡잎식물이다. 꽃은 7월에 노란색으로 피고 저녁에 피었다가 아침에 시든 꽃이기에 달맞이꽃으로 명명되었다.

그런데 달맞이꽃의 종자유와 그 줄기나 뿌리가 인간에게 주는 영양의 효능과 함께 달맞이꽃이 인간에게 던져주는 메시지의 가치는 여간이 아니다.

달맞이꽃 종자유는 월견자라고 하며 혈액순환에 좋으며 혈관 노폐물을 배출하는 데 도움을 주어 동맥경화와 고지혈증에 많은 효능이 있어 필자와 같이 심장이 건장하지 못한 사람은 필히 찾는 약제로 건강식품이라는 사실을 공부를 통하여 깨닫게 되었다.

달맞이꽃에 대해 여러 이야기가 전해오는데, 그중 애틋한 인간 사랑의 이야기가 달맞이꽃에 스며있다.

태양신을 숭배하며 살아가는 마을에 낮보다 밤을, 태양보다 달을 더 좋아하는 로즈라는 미모의 아가씨가 있었다. 이 마을에 해마다 여름이면 15세 된 처녀들이 곱게 단장을 하고 한 줄로 서 있으면 총각이 한 사람씩 나와서 마음에 드는 처녀를 골라 결혼하는 행사가 벌어진다. 로즈도 15세가 되어 축제날 1년 전에 축제를 구경하고 돌아오는 길에 만났던 형제 부족 추장의 작은 아들이 다가와 손을 잡아 줄 것을 기다렸지만 그 남자는 다른 처녀를 데리고 가버렸다. 로즈가 당황하고 있는 사이 다른 남자가 로

즈의 손을 잡았고 로즈는 절망감에 사로잡혀 신랑을 거절하고 밖으로 뛰쳐나갔다. 하지한 규율에 의하여 다시 병사들에게 붙잡혀온 로즈는 귀신의 골짜기로 추방되고 거기서 밤이면 달을 쳐다보고 하염없이 울면서 추장의 작은 아들을 기다렸지만 모두 허사였다. 그로부터 일년이 지났을 때 추장의 작은 아들이 문득 로즈 생각이 나서 그곳을 찾아가지만 희미한 달빛에 한 송이 꽃을 보며 주저앉고 만다. 로즈가 죽어서 한 송이 꽃이 된 것이다. 이 꽃이 바로 달맞이꽃인데 로즈가 사랑을 시작한 지 2년 만에 죽었듯이 달맞이꽃도 2년을 살고 죽은 두해살이 풀이다.

달맞이꽃 이야기는 사랑이 이루어지지 않아서 일까? 달맞이꽃 꽃말은 기다림, 소원, 무언의 사랑이라고 한다. 그러나 달맞이꽃은 필자에게 보통 은혜로운 것이 아니다. 그래서 7년째 달맞이꽃이 그리워 만나기를 고대한 필자는 건강으로 보답해 주곤 한다.

문득 마음에 와닿는 아름다운 메시지가 떠오른다.

강은 자신의 물을 마시지 않고 나무는 자신의 열매를 먹지 않으며 태양은 스스로를 비추지 않고 꽃은 자신을 위해 향기를 퍼트리지 않는다. 남을 위해 사는 것이 자연의 법칙이다. 우리 모두는 서로를 돕기 위해 태어났다. 아무리 어렵더라도 말이다. 내 인생은 당신이 행복할 때 좋다. 그러나 더 좋은 것은 당신 때문에 다른 사람이 행복할 때이다.

홀리스틱 교육 마인드

달맞이꽃을 자주 만나 묵언의 소통 때문일까, 필자의 건강은 놀라게 변하고 있어 행복해지는 느낌을 자아낸 듯하다. 달맞이꽃이 널브러져 있는 강둑을 걷고 달리면서 맑은 산소를 마실 수 있어서 폐를 깨끗하게 해주는 청폐 운동은 물론 달맞이꽃 종자유의 도움으로 건강한 심장을 만들어가고 가족과 이웃과 변함없는 휴머니즘 자세를 일관되게 보전해 오고 있음이 말해 준다. 인생의 중반기부터 달맞이꽃이 피어 있는 그곳은 아름다운 자연 모습과 함께 생태계 속의 인생 교실에서 자연의 가르침을 공부하고 있는 셈이다.

그래서일까 필자는 자연이 주는 은혜에 감사하는 마음이 의식에 머무르지 않고 자연을 위해 그리고 주변에 펼쳐진 인간사에서 선의지를 행동으로 옮기는 배려가 더하고 있어 아마도 자연을 닮아가고 있을까? 느껴질 때도 있다.

홀리스틱 교육관

지금까지의 자연 생태와 인간과의 이야기는 인간의 총체적 교육관으로 홀리스틱 교육의 속성을 잘 반영해 주고 있다. 홀리스틱 교육이 추구하고자 하는 것은 자연의 참다운 본성도 교육 속으로 녹아들게 하자는 것이다. 자연은 그 속성상 인간과의 상호 의존을 공고히 하여 인간의 선의지가 함양된 인간을 추구하는데 교과서 역할을 한다. 그래서 인간이 성장해 가면서 자연과 소통해야 하는 까닭이다.

우리는 자연에 감사하고 또 감사해야 한다. 감사하면 자연이 또 감사할 일을 주게 된다. 자연에 감사하는 경험은 유아기부터 의도적으로 평생교육 과정으로 추구되어야 한다. 자연은 더 큰 삶의 지혜를 깨우쳐 주는 통합 교육과정이다. 이 교육과정에 의하여 홀리스틱 교육이 이루어진다. 자연에는 우리가 아는 것보다 모르는 것, 본 것보다 보지 못한 학습 자원이 훨씬 많기 때문이다.

호기심이 많고 두려움이 없는 건강한 애들은 학습의 범주를 인위적으로 제한하여 배우지 않는다. 애들은 한 가지의 학습에 대한 포로가 되지 않고 오히려 새로운 것들은 그들에게 또 다른 새로운 것을 배워야 하겠다고 생각한다. 이 같은 그들의 호기심은 받아들이는 양분에 의해 성장한다. 어른들의 임무는 호기심에 대응하는 필요한 양분을 계속해서, 그리고 충분히 잘 공급해 주는 일이 무엇보다 필요하다. 애들은 물론 어른들도 이렇게 홀리스틱 교육의 마인드로 평생을 배워가고 있다.

5.
물에서 인간다움을 배운다

물은 생명을 불어넣은 주유소
우리나라 자동차 등록 대수가 2022년 4월에 2,500만 대를 돌파했다. 국민 2명 중 1명은 자동차를 보유하고 있는 셈이다. 이 많은 자동차가 운행하기 위해서는 우리 나라에서 한 방울도 나오지 않아 수입해 온 석유를 주유소에 저장하여 급유를 한다. 자동차는 급유를 해야 자동차 구실을 한다. 급유를 하지 않은 자동차는 달릴 수 없기 때문이다. 석유는 자동차가 제구실을 하게 하는 생명수 역할을 한다.

물 역시 모든 생명체의 생명의 근원인 동시에 인간을 비롯하여 모든 생물이 살아가는 데 없어서는 안 되는 매우 중요한 물질이다. 자연에서 얻어진 물을 가장 낮은 곳에 위치한 수원지에 저장된 물을 깨끗이 정화하여 하루에 2~3리터의 물을 마셔야 생명을 유지할 수 있다. 이뿐인가, 모든 동물이나 식물도 생존하고 번식하기 위해서는 날마다 일정한 물을 섭취하지 않으면 안 된다. 게다가 엄청난 양의 가정 용수와 공업 용수로 사용하고 있다. 물은 인간을 비롯한 모든 동식물의 생명수인 셈이다. 예컨대 주유소는 자동차 따위에 급유를 하는 곳이자 비상시를 대비하여 저유소의 기능도 함께 하는 곳이다. 주유소는 자동차를 움직여 물류를 이동시키는 생명수를 저장하는 공간이며 동력을 얻는 기초 자원이다. 마찬가지로 수원지는 지구의 동식물의 생존에 필요한 생명수를 저장하는 공간이자 동력을 일으키는 자원이다.

이 같은 수자원은 쉽게 얻기 때문에 그 가치를 평가하기에 인색하다. 그렇지만 수자원은 너무 고부가 가치를 지니고 있기에 값을 헤아릴 수가 없다고 하는 논담이 정답이다. 인간들은 이렇게 고귀한 수자원을 관리하지 않는다면 지구가 생존하기 어려우며 인간에게 미치는 영향은 감히 말하기조차 어렵다. 그래서 자라나는 애들부터 물이 주는 지혜를 터득해야 마땅하다.

물이 가르쳐 주는 지혜

물이 굽이쳐 흘러가는 사행천을 어른이 가르치면 애들은 별 어려움이 없이 이해할 수도 있겠지만, 어릴 적부터 자연에서 수없이 사행천을 바라보면서 직접 깨달은 지혜와 진리를 얻어 가는 경험을 가졌다면 훨씬 더 인간적인 교육의 과정이며 가슴으로 익히는 학습일 것이다.

이 같은 하나의 작은 일에서도 여러 가지의 기초적 사실에 대하여 생각을 만들어가는 과정이다. "이 물이 어디에서 흘러왔을까, 또 어디로 흘러갈까, 왜 흘러간 흔적이 없어지지 않을까, 왜 강의 흐름이 바뀔까?" 물은 인간에게 어떤 구실을 할까,

지구상의 동식물은 무엇을 먹고 살까? 이 같은 과제들은 애들이 가정에서부터 울타리 밖에서 직접 관찰하고 경험하고 육체적인 체험을 통해 공부해야 물의 가치를 다소나마 헤아릴 수 있다.

바쁜 어른들로서는 생각지도 않는 것을 앞으로 이과계통 분야의 적성에 적합한 애들은 반드시 생각할 수도 있다. 강물이 흘러가는 소리가 리드미컬하고 음악적이라고 생각하거나 강물에 비치는 자연경관을 그려 보고 싶다고 느끼는 예술가 지망생도 있다. 이렇게 아이들의 장래에 영향을 끼칠 만큼 자연과 그들의 관

계는 깊다.

크고 작은 생물들이 숨을 쉬고 강가의 크고 작은 돌멩이조차도 모두 의미를 지니고 있다. 이런 자연과 가까이하고 자란 애들에게 감동과 아름다운 감정을 갖게 한다. 기계문명과 IT문명의 빠른 발전에 마음을 빼앗길수록 자연 속에 뒹굴고 있는 야성적인 것에 잠재한 인간의 본성과 예술의 소재를 잊어버리고 있다는 사실을 깨닫지 못하면 정상적인 인간 교육이 이루어질 수 없으며 선의지를 쫓는 인성교육에 다가설 수 없다.

애들의 손을 잡고 소담을 나누면서 물이 흐르는 개울가를 산책하거나 때로는 강물에 발을 담그고 그들의 생각을 들어보라! 건강하게 성장하는 소리와 자연을 읽는 소리가 들려올 것이다. 그 소리는 묵언으로 인간이 갖추어야 할 자질이나 지혜 그리고 그 무엇일 것이다. 어른이 되어가는 소싯적에도 인간으로의 구실을 배워가는 셈이다.

물에서 얻은 인간 철학

인간 철학은 인간이란 무엇이며 인생이란 어떤 것인가 하는 문제를 논하는 순수 인생 철학이다. 일찍이 옛 선인들은 물로부터 인간이 살아가는 이치를 배우고 물을 통찰하여 인간 철학을 논하는 화두로 삼았다. 그 대표적인 사상가는 노자이다.

그는 "강과 바다가 온갖 계곡의 왕이 될 수 있었던 것은 아래에 처해 있기 때문이다."라고 가르친다. 그렇다. 가장 낮은 곳에 있는 강과 바다는 계곡에 흐르는 물을 받아들인다. 인간은 낮은 자세에서 이웃의 고뇌와 아픔을 다 받아들이고 이를 헤아려야 한다는 지혜를 배운다.

6.
놀이하면서 세상을 배운다

놀이는 세상을 알아가는 자기 주도적 학습

학력 우월주의를 고집하는 학부모는 놀이를 그만두게 하면서까지 공부를 시키려고 하는 배경에는 놀이는 아무 소용이 없고 시간 낭비라는 의식이 있기 때문일 것이다. 혹은 놀이보다는 공부가 교육적 가치가 높다는 선입관이 있을지도 모른다. 확실한 것은 중학생이 된 후의 놀이를 즐기는 것은 상급학교 진학에 도움이 되지 않는다는 의식이 팽배하다.

그러나 어린 시절의 놀이는 지능발달에 있어서 매우 유익한 점이 많다. 특히 창조적 사고라고 불리는 확산사고, 이해할 수 있는 능력인 인지력, 문제를 해결하는 능력인 집중사고, 판단하는 힘을 높이는 평가력은 놀이에 의해서만 발달될 수 있다고 해도 과언이 아니다. 지능계발이라는 의미에서 초등학교 시절에는 소위 공부보다는 놀이를 우선시키는 편이 낫다. 교육은 새로운 것을

홀리스틱 교육 마인드

가르치는 일 이외에 흥미나 개성을 살려 더욱 신장시켜 준다는 데 큰 의미가 있다.

애들은 좋아하는 놀이를 누가 시키지 않아도 주도적으로 즐기면서 꿈을 계발하고 변화하는 사회의 모습을 관심 있게 바라보는 집중력도 있다. 놀이를 즐기는 그들의 세계는 시간을 낭비하는 것이 아니고 행하면서 배워가는 자기 주도적 학습을 수행한 셈이다.

세상의 이치를 깨닫게 하는 놀이

전통놀이를 비롯한 요즘에 즐기는 놀이는 애들의 성장에 필요한 '밥'이며 삶의 축소판이다. 그런데 오늘날 우리 애들은 안타깝게도 놀이보다는 공부를 우선순위에 놓다 보니 전통놀이를 즐기는 시간은 사라질 위기에 놓여 있고 학원에 다니는 시간은 점차 늘고 약간의 여가 시간은 디지털 게임에 내주었다. 그러니 오늘날 우리나라의 애들은 어릴 적부터 치열한 경쟁 속에서 살아가야 하기에 놀이를 즐기는 가운데 공부하는 모습은 점차 사라지고 있다.

필자는 어렸을 적에 놀이는 제기차기, 구슬치기, 숨바꼭질, 고무줄놀이, 미그럼타기, 고누놀이, 팽이치기, 무릎치기, 그리고 명절 때 즐기는 줄다리기, 윷놀이, 연싸움 등 몇 가지에 불과했다. 필자는 이 놀이 가운데 구슬치기 놀이에 가장 많은 시간을 보냈고 이 놀이에 참여하는 또래 또한 많았었다.

구슬을 구하기가 어려운 시절에는 진흙을 반죽하여 엄지손가락 크기의 진흙으로 둥글게 주무른 후에 강한 햇볕에 말리거나 아궁이 또는 화덕 따위에 땔나무를 넣어 불을 붙인 그곳에서 굽는다. 이렇게 하여 만들어진 흙 구슬로 구슬치기를 한다. 때에 따라서는 도토리 열매나 상수리 열매가 구슬 역할을 했다.

지금 생각해 보면 하찮은 구슬치기 놀이일지라도 애들의 입장에서는 그들 모두가 세상을 열어가는 주인이었다. 진흙을 구하고 구슬을 둥글게 만들고 단단히 굽고 구슬 대용물을 구하기까지의 일련의 과정은 창의적인 생각을 만들어가는 학습마당이었으며, 구슬치기를 하면서 규칙을 정하여 승패를 가리는 그들만의 리그였다. 은연중에 협동과 협업 정신이 길러졌고 또래가 함께 해야 즐겁다는 공동체 의식이 함양되어 민주시민적 자질이 형성되는 시기였다.

애들이 놀이하면서 발생되는 문제는 그들이 발견하고, 막히는 문제는 그들이 집단지성의 힘으로 가까스로 해답을 찾아내어 모두가 즐거움을 뽐내기도 했다.

그런데 요즘 애들은 모르는 문제를 풀기 위해 며칠씩, 몇 시간씩 고심하는 대신 친구나 교사에게 쉽게 알아내려고 한다. 또 검색어로 인터넷에서 정답을 찾는 일은 다반사가 된지 오래되었다. 그뿐인가, 국내의 국제학교 학생들이 생성형 인공지능(AI)인 챗GPT대화형 인공지능로 과제를 대필해 '전원 0점' 처리하고 미국의 일부 학교에서는 챗GPT의 접속을 차단하는 금지령을 내렸다는 기사(2023.02.13.)를 접했다 이 같은 인터넷 혁명으로 생각을 만들어가면서 문제 해결을 기피하는 습관이 쌓여 창의력이 길러지지 않는다. 챗GPT 역시 인간에 의하여 만들어진 지식을 빌려서 융합한 지능일 뿐이다. AI를 가르치는 주체 역시나 인간이기에, AI가 한쪽에 치우친 데이터를 학습하면 잘못된 지식을 받아들일 수 있다는 사실을 챗GPT만을 이용하는 학습자는 명심해야 한다. 따라서 챗GPT에 의지한 나머지 창의성이 부족한 게으른 학습자가 되지 않기 위해서는 어릴 적부터 인내를 갖고 생각을 만들어가면서 문제를 해결하는 습관을 들일 필요가 있다.

곰곰이 생각해 보면 놀이는 한가해서 그때그때 시간을 메우는 땜질 시간이 아니고, 놀이하면서 막히는 문제는 여럿이 다 생각을 모아 정답을 찾아 어려움을 극복했다. 애들이 세상을 살아가는 이치를 깨닫게 해주는 그들만의 챗GPT로 일생의 시간표 역할을 한 셈이다.

놀이는 아이들 주도의 교육마당

이 세상을 살아가는 모든 인간은 어린 시절 그리고 소싯적에 놀이를 통해서 아주 다양한 세상의 모습을 경험해 왔다고 앞서 밝혔다. 놀이는 누구의 권유에 의해서라기보다는 자율적이고 자연적으로 친구와 또는 또래와 집단과 어울려 왔다. 놀이를 통해 즐겁게 지내다가도 흩어지고 마음에 맞은 또래끼리 편으로 갈라져 분산되기도 하지만 몇 분이 채 지나지 않아 한데 합쳐지기도 하는 일이 반복된다.

애들은 이 같은 놀이를 통해 친구를 사귀고 새로운 친구를 만들고 질서와 규칙을 배우며 선의의 경쟁과 협력하는 방법을 배운다.

이러한 행태들이 겉모습으로는 일종의 놀이나 장난처럼 보일지라도 미래사회 인재의 역량이라는 창의성과 비판적 사고를 비롯한 전략적 사고와 의사소통 능력이 길러진다. 그뿐만 아니라 이기기 위하여, 즐겁게 경쟁하기 위하여 기발한 생각을 자아내고 한편 집단적 놀이이기에 협력하고 타협하는 경험으로 각자의 리더십이 길러지고 다양한 경우의 정서적인 감정을 경험하게 되고 다양한 공감 능력도 길러진다.

그래서 놀이는 시청각이 어우러진 교육 마당이며, 교사나 부모, 어른의 간섭을 배제한 그들 모두가 주인이 되는 주도적인 학습이기도 하다.

유아기 때나 초등학교에서 전통놀이는 물론이거니와 다양한 놀이를 즐길 수 있는 권리를 보장해 주어야 한다. 그리고 행사에서나 보여주기식 놀이보다는 생활 놀이로 일상화되어야 하고 가정에서는 물론 학교에서도 맘껏 놀이하면서 세상을 깨우쳐가는 자기 주도적 학습 형태를 쉽게 볼 수 있어야 한다.

홀리스틱 교육 마인드

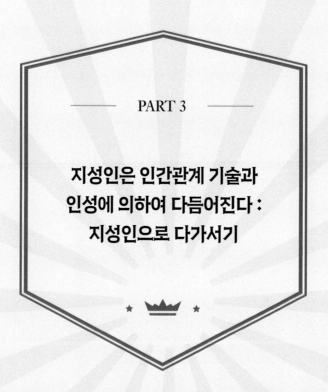

PART 3

지성인은 인간관계 기술과
인성에 의하여 다듬어진다 :
지성인으로 다가서기

6장은 인간은 생의 모든 과정에서 타인과 더불어 좋은 인간관계를 맺고 살아간다. 좋은 인간관계는 타인과 상호작용하여 서로가 수용하고 성장하며, 통섭을 통하여 긍정적인 인간관계를 형성하고,

7장은 인성은 인간의 품격이며 한 개인의 평생 자산으로 가장 값진 학력이자 능력으로 대우를 받는다. 그렇기에 살 만한 가치가 있는 세상을 만들어가는 주인은 바른 인성이 다져지고 옳은 행위를 마땅히 실행에 옮기는 선의지를 존중한다. 그리고 이웃과 함께하는 배려는 으뜸가는 덕목으로서 성격화해야 바람직하며, 지성인은 객관적이고 보편적인 진리를 추구할 수 있는 밝은 등대로서의 역할이 소임이다.

미국의 심리학자 로저스Carl Rogers 1901-1976에 의하면
훌륭한 인간관계의 생활은 존재의 상태가 아니라 만드는 과정이며,
운명이 아니라 헤쳐 나가는 것이고, 긍정적인 인간관계는
무조건적으로 다수가 연결되어 형성되는 것은 아니며,
상호 간에 받아들이고 인정하는 관계라고 한다.

CHAPTER 6

인간관계 기술을 키운다

공감하여 맺어진 좋은 인연은 좋은 인연을 만나게 되고 또 좋은 인연으로 발전한다. 좋은 인연으로 맺어진 인연은 소중한 자산으로서 그냥 얻어지지 않는다. 개인적으로 공들인 열매이다. 인간은 모름지기 사회적 동물이다. 이 세상은 혼자 살아가는 것이 아니고 혼자 살아가는 그 인생은 행복하지 못하고 행복이 오더라도 오래가지 못한다.

1.
바람직한 인간관계는
긍정적인 인간관계다

싸가지 있는 인간의 조건

양심과 개념, 교양과 예의를 고품격 인간의 필수지참 4종 세트라고 한다. 세간에서는 이것을 갖추고 있지 않은 인간을 4가지 없는 인간 또는 싸가지 없는 인간이라고 소설가 이외수의 비상법 『아불류 시불류』에서 괴상스럽게 표현하기도 하였으나, 우리들의 일상에서 심심찮게 사용되곤 한다. 이 4종 세트는 싸가지가 있는 인간의 조건으로 인간다운 품격을 갖추게 하고 인간관계에서도 긍정적으로 작용하여 의미 있는 관계를 형성하는 밑거름으로 작용하기에 충분하다.

그런데 이 4종 세트는 더불어 살아가는 사회생활 가운데 자연

홀리스틱 교육 마인드

스럽게 드러나 있어 상대의 품격을 어느 정도 가늠할 수 있다.

양심은 타고난 인간의 본심을 일컫는다. '양심이 있는 사람'은 착한 성품에서 우러난 마음으로 자기의 행위에 대하여 옳고 그름과 선악을 판단 내리는 도덕적 의식이 갖추어져 있다. '교양이 있는 사람'은 사회생활을 품위 있게 할 수 있는 정도의 상식을 지니고 인간의 도리에 어긋나지 않는 행동을 하며, 베풀 줄 알고 나눌 줄 아는 사람이다. '개념 있는 사람'은 나는 누구이며, 나의 위치는 어디쯤이고 그리고 무엇을 지향하고 살아가고 있는지 등의 자신의 정체성이 드러나 있는 사람이다. '예의가 있는 사람'은 다른 사람을 존경하는 바른 언행을 사용하지만 오히려 자신의 삶을 가치롭게 여기면서 자기 자신의 인격을 드러내는 품위 있는 언행에서 나타난다.

자기긍정-타인긍정 관계적 삶의 태도

인간은 자기가 원하든 원하지 않든 생의 모든 과정에서 타인과 더불어 산다. 인간은 타인을 필요로 한다. 사랑하기 위해서 필요로 하고 사랑받기 위해서 필요로 한다. 타인이 없다면, 인간은 홀로 버려진 갓난아이와 같이 성장도 못 하고, 발전도 못 하고 정신적으로 파탄이 되어 결국에는 어떤 길을 택하게 될까? 그림이 그려진다.

좋은 인간관계는 타인과의 상호작용의 과정이다. 인간관계에서 자신이 자아에 대하여 더 많은 알아야 하고 이어 타인에 대하여도 알아야 한다. 그래야 타인과 더 좋은 인간관계를 맺을 수 있다. 그럴 때라야 상호 간에 수용과 성장을 촉진함으로써 발전된다. 이러한 과정은 자신과 타인에 관련해서 가질 수 있는 기본적인 관계는 '긍정적인 인간관계'가 형성되어야 한다.

이는 다름 아닌 자기긍정-타인긍정I'm OK-You're OK관계이다. 이 관계는 가장 소망스러운 인간관계 생활 태도로 상호의존성이 돈독하여 긍정적인 인간관계 발전에 기여한다. 이 관계는 자신의 능력을 먼저 파악하고 타인과 관계를 수용하려는 태도가 중요하다. 한편, 타인도 역시 긍정적인 태도를 갖고 있다는 것을 인정하고, 타인이 지닌 독특한 가치도 인정해 주어 신뢰로운 관계가 형성되게 한다. 그렇게 되면 자연스럽게 타인과 행복하고 의미 있는 관계가 이루어진다.

미국의 심리학자 로저스Carl Rogers 1901-1976에 의하면 훌륭한 인간관계의 생활은 존재의 상태가 아니라 만드는 과정이며, 운명이 아니라 헤쳐 나가는 것이고, 긍정적인 인간관계는 무조건적으로 다수가 연결되어 형성되는 것은 아니며, 상호 간에 받아들이고 인정하는 관계라고 한다.

인간은 혼자 사는 것이 아니기 때문에 타인과 함께 더불어 살아가야 한다. 상호 간의 긍정적인 인간관계는 자신의 행동에 대하여 더 많이 알고 더 많은 개인적인 책임감을 가짐으로써 자신을 긍정적OK이고 만족OK스럽게 여긴다. 이어 타인과 관련하여

홀리스틱 교육 마인드

인간적인 속내를 파악하고 나서 그를 수용ok하고 인정ok하는 긍정적인 인간관계 기술은 사람들로 하여금 그들이 생산적으로 협동하면서 일하고 효과적으로 학습할 수 있는 환경에서 타인과의 의사소통을 가능하게 해준다.

예컨대 자기긍정-타인긍정의 관계적 삶에서는 자신과 타인에 대한 상호 간의 수용과 인정은 건전한 인간관 형성의 토대가 되며, 상호의존성이야말로 긍정적이고 신뢰로운 인간관계로 발전할 것이다.

2.
오래가기 위해서는
타인과의 공감 능력이 우선이다

공감은 21세기의 키워드

필자는 21세기에서 중요한 키워드 중 그 으뜸은 단연코 공감이라고 말하고 싶다. 능력을 우선하여 이웃을 제치고 동료도 제쳐야 하는 무한경쟁 시대에 살아가고 있다. 오로지 승자만이 인정받는 독식 사회에서 살아남게 되는 각박한 오늘을 살아가는 사람은 공감 능력을 키우는 일이 그 무엇보다 중요시되고 있다.

심리학자인 자밀 자키Jamil Zaki, 2021는 그의 저서 『공감은 지능이다』에서 책의 제목처럼 공감은 지능이라 했으나, 그 공감 능력을 키우는 일은 개인의 노력에 달려 있다고 기술하고 있다.

그렇다면 공감 능력을 어떻게 만들어갈까. 아무래도 앞으로 어른으로 성장하게 될 유아기의 공감 능력은 다분히 의도적으로 만들어 간다고 할 수 있다.

공감 능력은 유아기부터

애들은 태어나서 얼마 되지 않은 시점부터 엄마의 목소리나 표정을 통해서 엄마의 감정을 판단하고, 아버지와 어머니가 나누는 대화상의 음색tone에 따라 두 사람의 감정이나 분위기를 알아차리기도 하며, 형제들과의 놀이를 통해서 여러 가지 사회적 경험을 축적해 나간다.

또 혼자서 바나나를 전화기처럼 귀에 가져다 대고선 마치 진짜 전화 통화를 하는 것처럼 능숙하게 대화를 나누는 가상 놀이를 하거나 강아지 인형에게 이름을 붙여주고, 재워주고, 추울까 봐 담요를 덮어주며 잘 자라고 토닥이기도 한다.

이러한 모든 과정들은 다른 사람의 마음을 인지하고 이해하며 상대의 감정을 공감해가는 사회인지의 발달과정이다. 유아기 때부터 공감 능력을 키우는 일은 앞으로 뭇사람들과 좋은 인간관계를 만들어가는 데 큰 보탬이 된다.

홀리스틱 교육 마인드

오래도록 인연을 잇는 공감

개인들이 유아기를 거쳐 어른으로 성장해 가면서 공감 능력을 어떻게 키워갈까? 유아기를 지나서는 공감 능력이 자연적으로 키워질 수도 있지만 의도성이 가미된 경우가 적지 않은 가운데 커갈 것이다.

비단은 모든 사람에게 반드시 필요하지 않는다. 그러나 더러운 이물질을 닦아내는 걸레는 모든 사람에게 반드시 필요하다. 화려한 비단이 아닌 걸레일지라도 청결을 유지하는 데는 유용한 값이 있는 도구처럼 사용된다. 이처럼 보통 사람처럼 보일지라도 진주 같은 값어치 있는 사람도 적지 않다.

어쩌면 인간관계도 이들과 맺어야 할 좋은 인연이 있지 않나 생각된다. 어떤 사람을 만나고, 누구에게 배움을 받았으며, 독자에게 감화를 주는 책 속에는 누구의 생각이 오롯이 담겼는지 등 세 가지는 한 인간의 인생에 큰 영향을 미치는 질문이다.

첫 번째의 질문의 답은 부모와의 인연, 형제, 친구, 상사, 동료, 이웃이며, 두 번째의 질문에는 스승과 멘토, 코치, 어른이며, 세 번째 질문에는 좋은 생각과 지혜를 담은 책과 그 책을 만든 저자가 질문에 대한 답이다.

공감으로 얻어진 좋은 인연의 발전

이들 모두는 좋은 인연因緣이 아닐 수 없다. 좋은 인연은 관계로 이어진다. 인연으로 맺어진 관계가 잘 조화된 사람의 인생은 아름답다. 인연에 대한 책임은 하늘에 있지만 관계에 대한 책임은 나에게 있다고 한다. 이를테면 인因은 천성이고 연緣은 후성이다. '인'은 사람의 힘으로 어쩔 수 없다. 그러나 '연'은 사람의 힘으로 만들 수 있다. 꽃을 키운다고 할 때 씨앗은 '인'이요, 땅이나 물은 '연'이라고 할 수 있다. 천성인 씨앗을 후생인 좋은 땅에 뿌리고 물을 주면서 잘 가꾸면 아름다운 꽃이 필 것이다. 좋은 관계는 저절로 만들어지지 않는다. 서로 노력하고 애쓰면서, 좋은 관계를 맺으려고 해야 결과적으로 원하는 바를 이룰 수 있다. 여기서 좋은 인연은 상호 간에 내뿜는 감화 거리가 공감으로 작용 되기 때문이다. 공감이 작용하지 않으면 인연이 될 수 없다. 공감으로 맺어진 인연은 오래 지속되니, 공감을 갖게 하도록 노력이 필요하다.

우리말 동반자를 뜻하는 아랍어로 라피크Rafik라는 좋은 글을 어느 블로그에서 만날 수 있었는데, 좋은 인연으로 맺어진 인연들이 공감으로 다가왔다.

예전에 영국의 한 신문사에서 퀴즈를 냈다. "런던에서 맨체스터로 가장 빨리 가는 방법은 무엇인가?" 두둑한 상금이 걸려 상금 욕심에 많은 사람이 응모에 나섰다. 물리학자, 수학자, 설계사, 회사원, 학생 등이 저마다 기발한 해답을 제시했다. 하지만 그 수많은 경쟁자를 제치고 1등을 차지한 답은, "좋은 친구와 함께 가는 것"이었다. 사람이 가야 하는 인생길은 그 어디로 기는 길보다 훨씬 멀고 험난하다. 비바람이 불고 천둥이 치는 날들이 숱

할 것이기 때문이다. 그 길을 무사히, 행복하게 가자면 가족, 친구, 동료와 같은 여행의 동반자가 있어야 수월할 것이다.

'라피크Rafik'라는 말은 먼 길을 함께 할 동반자라는 뜻을 지닌 아랍어이다.

먼 길을 함께 할 좋은 동반자란 어떤 사람일까? "서로 간에 모든 것을 공감" 하는 것. 이것이야말로 좋은 동반자의 조건일 것이다. 개인이든 국가든 좋은 동반자의 존재의 필수조건이 공감이다. 좋은 동반자가 취할 행동은 아마도 상대방의 입장에 서서 역지사지로 함께 행동하는 것일 것이다.

악성 베토벤의 성공엔 이런 공감의 동반자가 있었다. 그의 어머니이었다. 천둥이 치던 어느 날, 소년 베토벤이 마당에서 혼자 비를 맞고 있었다. 소년은 나뭇잎에 스치는 비와 바람의 교향곡에 흠뻑 빠져 있었다. 어머니는 그런 아들에게 집으로 빨리 들어오라고 소리치지 않았다. 아들이 있는 곳으로 걸어가 꼭 껴안아 주면서 함께 비를 맞으며 "그래, 아름다운 자연의 소리를 함께 들어보자"라고 말했다고 전해진다. 아들은 신이 났다. "엄마, 새소리가 들려요. 저 새는 어떤 새죠? 왜 울고 있나요?" 어머니는 폭우처럼 쏟아지는 아들의 질문에 다정하게 대답해 주었다. 위대한 베토벤의 교향곡은 아마 그때 밀알처럼 싹이 돋았을 것이다.

사람은 누구나 좋은 동반자를 원한다. 인생길에서 그런 사람을 만나기란 말처럼 쉽지 않다. 그러나 방법이 있다. 바로 나 스스로가 먼저 좋은 동반자가 되어 주는 것이다. 홀로 비를 맞는 상대에게 다가가 함께 비를 맞아 주는 것이다.

라피크! 그런 영혼의 동반자가 부쩍 그리운 세상이다.

공감하여 맺어진 좋은 인연은 좋은 인연을 만나게 되고 또 좋은 인연으로 발전한다. 좋은 인연으로 맺어진 인연은 소중한 자산으로서 그냥 얻어지지 않는다. 개인적으로 공들인 열매이다. 인간은 모름지기 사회적 동물이다. 이 세상은 혼자 살아가는 것이 아니고 혼자 살아가는 그 인생은 행복하지 못하고 행복이 오더라도 오래가지 못한다. 우리네 삶은 인연과 인연으로 얽혀 있기에 우리의 인연을 오래도록 고이 간직해 나아가야 한다.

때문에 공감을 줄 수 있는 좋은 사람이 된다면 사람을 잃지 않게 될 것이다.

3.
자존감과 자긍심을 가지면
관계십이 높아진다

자존심의 한계

자존감과 혼돈되고 있는 자존심을 파악하는 일이 우선이 아닌가 한다. 남에게 굽히지 아니하고 자신의 품위를 스스로 지키는 마음을 자존심이라 일컫는다. 자존심은 이 세상을 살아가는 데 필요하면서도 적정하지 못한 자존심은 자신의 품위를 낮추는 요인으로 작용 되기도 한다.

그런데 자존심은 그저 형성되지는 않는다. 스스로 믿고 긍정적인 생각을 갖는 것으로 대부분 다른 사람과의 경쟁을 통해서 나타나기 때문에 결과가 좋지 않거나 패배한 경우 자존심이 크게 낮아질 수 있다. 이 같은 경우는 자존심이 너무 과하여 개인이 바라는 기대치에 미치지 못할 때 나타난다. 자존심이 너무 약하거나 없다면 자신의 품위를 낮추어 대인관계에서 가볍게 보여진다.

그래서 자존심이 없거나 약하거나 너무 과해도 대인관계와 수많은 갈등을 만드는 원인으로 사회생활에 큰 영향을 미친다. 많은 개인은 자존심을 지키기 위해서 대인관계에서 피해를 주고 결국 자신도 그 과정에서 피해를 입는 경우가 적지 않다.

무엇보다도 간과해서 안 될 일은 자존심으로 인하여 긍정적인 영향을 미치기보다는 부정적인 요인으로 작용하는 사례가 많다. 상대에 맞추어 적정한 수준의 자존심을 갖추는 일은 부단한 자기 노력과 인내가 필요하다. 자존심을 만들어가는 주체는 내가 만들어가는 것이 아니고 타인에 의하여 만들어지기 때문이다.

자존감과 관계십

다른 사람과의 경쟁에서 패배하면 바닥으로 곤두박질치는 자신감과 자존심과는 다르게 자아존중감이라고도 일컫는 자존감은 자신을 스스로 가치 있게 여기며 자기 자신을 존중하는 마음을 지니고 사랑한다.

　자존감은 내가 존재하는 이유라고 말할 수 있기 때문에 다른 사람보다 자존감이 높아서 오는 불이익은 없으며 오히려 대인관계를 좋게 만들어 주는 역할에 기여한다. 그리고 기분에 따라서 큰 변화는 마음을 유지하고 행동을 취한다.

　자존감이 높은 사람의 특징은 나와 다른 사람의 부정적인 감정인 분노, 좌절을 알아차리고 해소할 줄 안다. 힘든 일이 닥쳐도 꿋꿋이 견디며 문제를 해결할 방법을 찾을 줄 알며, 실수를 해도 바로 인정하고 행동을 고치거나 자신의 의견을 명확하고 당당하게 표현할 줄 안다. 더불어 아주 바람직한 행동으로 자신보다 뛰어난 사람의 가치를 인정할 줄 알고 사람들을 좋은 방향으로 리드하는 역량을 보인다.

　자존감이 낮으면 스스로 행복하다고 느끼지 못하여 열등의식으로 자신을 혐오하거나 부정적인 말을 하고 대인관계에서 소외될 수 있다. 특히 청소년기의 자존감이 낮을 경우에는 학업 성취도가 낮아지기도 하며 심지어는 비행 행동이 증가하기도 한다. 그래서 자존감을 높이는 것이 좋다.

　그 방법으로는 자기 자신의 장점과 가치 등을 발견해 내고 계발하려고 노력을 해야 한다. 그 과성을 통해 스스로의 지존감을 올릴 수 있다.

　　　　　　　　　　　　　홀리스틱 교육 마인드

이를테면 부모의 사랑을 받지 못하고 자란 사람이나 칭찬을 받지 못하고 자란 사람은 자존감이 낮은 편이다. 그러나 자신을 되비쳐 남을 배려하고 남에게 칭찬을 아끼지 않는다면 오히려 높은 자존감을 갖게 된다. 얼굴이 못생겨서 남에게 놀림을 당할 경우라면 오히려 다른 사람을 즐겁게 하는 캐릭터로 승화한다면 낮은 자존감이 상승 작용을 일으키게 되어 밝은 모습으로 떳떳하게 살아가는 데 도움이 된다.

이처럼 자존감은 스스로 가치 있는 존재임을 인식하고 스스로 만들어간다. 인생의 역경에 맞서 이겨낼 수 있는 자신의 능력을 믿고 자신의 노력에 따라 삶에서 성취를 이뤄낼 수 있다는 일종의 자기 확신이다. 자존감이 적당하게 잘 형성된 사람은 자신을 소중히 여기며, 다른 사람과 긍정적인 관계를 유지할 수 있다. 자존감이 적정한 사람은 학교나 직장에서도 자신의 능력에 맞추어 성실히 임하는 정신이 탁월하여 건강하게 삶을 주도할 수 있고 행복하게 살아갈 수 있는 힘이 있다.

자긍심과 관계십

자긍심은 자존감과 비슷한 의미로 쓰고 있지만, 자긍심은 자신에게 긍지를 가지는 마음이기 때문에 본인의 선택과 행동에 의해서 자랑스러운 보람, 행복의 감정을 느끼는 것이다.

자긍심을 키우는 방법으로 자신의 장점과 가치를 찾아보고 그것을 스스로 인정해 주고 스스로 칭찬해 주는 자강력이 필요하다.

즉 자긍심의 자급자족이 자긍심을 키우는 가장 좋은 방법이다.

이 같은 자긍심은 본인뿐만 아니라 개인이 속해있는 직장이나 나아가서는 민족에 대한 자긍심으로 작용하는 등 광범한 의미로 사용할 수 있다.

한 가지 사례로 오늘날 우리나라의 K팝, 한국영화의 우수성은 세계 속으로 저변화 되어 문화 강국으로 위업을 뽐내고 있을뿐더러 경제 강국으로도 발돋움하고 선진국에 입성하게 되어 한국인으로서 자긍심을 갖게 되었다.

그럼에도 자신의 열등감을 숨기기 위해서 오히려 다른 사람을 자만하다고 하는 경우가 없지 않다. 이는 결코 좋은 사고가 아니다. 많은 사람들이 자존감을 높게 만들어서 자신과 남들을 사랑하고 사랑받는 사람이 되도록 노력한다면 모두의 자긍심이 증대될 것이다.

다만 긍지가 높은 것은 좋지만 지나치게 본인을 자랑하고 허세만 늘어나면 자만이 지나칠 우려가 있기 때문에 타인과의 관계십에서 항상 겸손한 마음을 갖도록 해야 한다.

4.
통섭형 인재가 세상을 이끈다

통섭을 통한 인간관계

통섭Consilience은 1840년 윌리엄 휘엘의 '귀납적 과학'에서 처음 사용된 용어로 간단히 말해 여러 분야를 가로지르는 이론들을 연결해 지식을 통합하는 것을 뜻한다. 그저 단순한 결합이 아니라 서로 다른 기반의 지식과 요소들이 어우러지면 더 큰 가치를 창출하는 것이다. 인간관계에서도 어려움을 찾는다면 이러한 통섭에서 답을 찾을 수 있다.

통섭을 통한 인간관계의 창출은 통섭을 가로막는 벽을 허무는 것에서부터 출발한다. 상대와 관계를 가로막는 경계를 허무는 것은 공통점을 찾고 조합하는 과정을 만들어가기 위해 인간관계의 가느다란 끈을 엮어가야 한다. 그 끈을 이어가게 되면 결국은 공존에 이른다.

우리 주변에는 이런 친구가 없다고 말할 수 없다. 친구들 간에 이루어지는 소통 과정에서 담화 거리가 나오면 지체하지 않고 상대의 말을 가로막고 자기 말만을 일삼는 일이 예사이거나 소통 과정에 끼어들어 자기주장을 늘어놓아 소통을 단절하는 경우가 허다한 경우이다. 이 같은 일이 한두 번이 아니고 매번일 수도 있다. 그런데 신기하게도 가로막는 말이나 자기주장의 내용이 신뢰성이 있기보다는 추측성이 강하여 동의하기가 힘든 내용이 적지 않을 수도 있다. 그럼에도 어느 누구도 친구의 소통 버릇을 문제 삼아 잘못을 깨우치려 않는다면 그나마 이어온 관계십 때문일 것이다. 그래서일까 필자도 이와 유사한 친구가 주변에 있다면 어느 친구와 특정한 소재로 논담하는 일에는 적극적이지 않을 것이며 일상적으로 묻는 말에 대답만 일삼는 단순 이야기만 나누면서 관계를 유지할 것이다.

이런 경우에는 진솔한 친구 관계를 유지하기가 어려울 것이다. 소통의 부재가 가장 큰 원인으로 작용한다. 통섭이 이루어지기까지는 상대의 말을 가로막는 일이나 끼어들기를 하는 친구의 잘못된 버릇을 깨우쳐 주고자 그 경계를 허무는 일은 너무 큰 벽일 수밖에 없다.

통섭은 이해와 양보

강은 자신의 물을 마시지 않고 나무는 자신의 열매를 먹지 않으며 태양은 스스로를 비추지 않고 꽃은 자신을 위해 향기를 퍼트리지 않는다. 이처럼 남을 위해 사는 것이 자연의 법칙이라고 한다.

우리 모두가 공존하여 동행하기 위해서는 서로가 이해하고 양보하는 노력 없이는 불가능하다. 이해와 양보의 가치는 아름다운 덕목이기 때문이다. 상대의 사정을 잘 헤아려 너그럽게 받아들이는 이해와 상대의 이익을 고려하여 자신의 손해를 전제로 양

홀리스틱 교육 마인드

보의 덕목은 보편적인 낱말이지만 행실로 나타내기까지는 높은 단계의 가치다. 이해와 양보는 져주는 것이 아니고 함께 이기는 길이다. 이 세상은 혼자 살아가는 것이 아니고 이해와 양보로 인연과 인연을 연결하여 통섭하면서 살아간다.

다음의 설문 결과가 흥미롭다(한국일보에서 2021.10.29.~31. 전국 성인 남녀 1,000명 대상 조사). "우리는 왜 친구를 사귀어야 할까"라는 질문에 "친구를 사귈 때 그 친구를 이해하려고 노력한다"는 응답이 많았다. 다양한 사회 이슈에 관하여 친구 사이에 인식의 차이가 있더라도 또는 친구와 성향이 다르더라도 이해하면서 동질화를 이루어가는 과정에서 친구로 맺어진다는 것이다. 이는 인간관계가 다양할수록 삶의 만족도에 보탬이 된다고 헤아려진다. 이제부터는 최소한 나와 다른 사람과 친구가 되도록 노력하는 사람이 세상을 리드하는 성숙한 인간으로 위치를 확보할 것이다.

통섭형 인재는 융합형 인재

소통하지 않으면 각자 따로 놀게 마련이다. 소통하지 않으면 혼자이다. 소통하지 않으면 '전체', 또는 '모두'에 소속할 수 없다. 이 세상의 모든 것은 개체로부터 출발하지만 개체로는 오래갈 수 없고 살아갈 수도 없다. 인간도 모둠으로 살아가야 세상이 즐겁고 편리하다. 공부도 학문도 이외일 수 없다. 혼자 하는 공부와 학문의 범주는 가늘고 좁다. 함께하여 이질적인 사고를 겨루면서 협력하고 분담하기도 하면 두텁고 깊은 시혜를 창출하고 더 큰 생각을 만들어간다.

그래서 집단지성의 힘은 세상을 혁신하는 마력을 지니고 있다. 국가 관계도 마찬가지이다. 오래전부터 전 세계가 하나의 사회로 형성되는 과정이며 전 인류가 생활하는 광범한 공간으로서 세계화로 줄달음치고 있다. 즉 통섭을 가로막는 국가 단위의 카테고리를 해체하여 지구촌Global Community으로 변모하고 있다. 유럽공동체EU가 대표적이라 할 수 있다.

한 나라의 국민이 아닌 지구인으로서의 확장된 세계관을 가진 사람이 될 수 있어야 한다. 지구인 한 사람은 미미하고 힘이 없지만 여러 사람이 모이고 지구인이 모인다면 더 큰 생각과 더 큰 힘이 만들어져서 안 될 일이 없다. 혼자는 불가능한 것이 통섭형 인간관계 속에서는 불가능이 없다는 진리가 아닐까 한다.

그렇다. 이제는 너와 내가 하나로 연결되는 통섭형 인재가 세상을 이끈다. 그리고 어느 한 분야만 잘하는 사람보다는 여러 분야를 넘나들 수 있는 융합형 인재가 필요한 세상이다.

인간관계도 통섭형 인간이 먼저다. 수직적인 위계관계보다는 수평적이고 분권적인 소통과 협력관계가 통섭형 인간관계이다. 통섭형 인간관계에서는 상호 간의 개체로 나누어져 있음은 사실이다. 그러나 마음만은 통섭 관계로 가깝게 잇는 일은 어렵지만은 않다. 인간관계를 잇지 못한 이유는 이기고 지는 관계, 잘나고 못나는, 높은 위치와 낮은 위치 관계로 산주하기 때문이다. 생각이 다른 관계일 뿐인데 말이다.

홀리스틱 교육 마인드

생각의 다름은 통섭이 가능함을 전제로 한다. 생각이 다를 때는 서로를 인정해 줄 때 통섭으로 이어지게 된다. 통섭으로 이어지기 위해서는 먼저 고맙다고, 먼저 미안하다고, 먼저 내 탓으로 돌리는 아름다운 마음이 체화되어야 한다. 이는 나보다 네가 먼저라는 겸양의 미덕이 아닐 수 없다.

특히나 오늘을 살아가는 인간은 물론, 미래를 살아갈 인간관계에서도 아름다운 인성과 지적 능력이 융합한 인간이 세계화 속의 시민다운 자질이며, 이런 자질을 지닌 인간이 세상을 리드할 리더의 자격이라는 데 이의가 없을 것이다.

5.
인간 관계십은 인간이 지녀야 할
으뜸 자질이다

개인과 타인과의 관계

사회를 구성하고 있는 것은 바로 인간이다. 그래서 그 사회 속에서 인간이 생활을 영위함으로써 인간행동은 형성 되어지는 것이다. 즉 인간人間이란 사람人과 사람人 사이間에 살고 있는 존재이기에 인간관계를 무시한 삶은 감히 생각할 수 없다.

시간적으로 볼 때 인간은 사람과 사람의 관계 속에서 태어나, 관계 속에서 성장하고 배우고, 생활하며, 즐기고 물리적으로는 언젠가 영원히 헤어져 관계가 끊어지는 것 같지만 정신적으로는 영원히 관계가 지속되면서 살아간다. 한 가지 실례로 인간이 겪는 좋은 일이든 나쁜 일이든 그 일들은 인간관계 속에서 만들어진다.

이왕이면 개인을 둘러싸고 있는 이웃과 좋은 인간관계를 가지고 있으면 그 사람은 행복해질 것이다. 그래서 한 개인은 그를 둘러싼 인간과 연결하고 리드하는 기술이 필요하다. 네트워크로 연결되어 오늘의 살아가는 모두는 나 혼자가 아니라 다 함께 잘 사는 법을 터득해야 한다.

좋은 리더와 함께하는 여정

실제 생활은 개인 생활보다 훨씬 많은 시간을 보내고 있는 것이 집단생활이며, 집단생활을 리드하는 리더에 대한 관심이나 파악은 날이 거듭될수록 중요시되어 유능한 리더를 선택하고 그 리더를 추종하는 일은 새삼스럽지 않다.

리더의 어원은 '여행하다'에서 찾을 수 있다. 여행에서의 안내자가 리더인 것이다. 리더가 보여주는 리더십은 긴 여정과 같다. 이 책에서 길고 긴 여정에서 독자는 어떤 리더인지 생각해 보고 최고의 리더로 성장하기 위해 어떤 리더십을 키워서 리드해야 하는지를 궁리해 본다.

홀리스틱 교육 마인드

필자는 리더는 '혼자 산을 오르지 않는다'는 기본자세를 갖고 있어야 한다는 것을 명제로 제시하고 싶다. 팀 전체가 정상까지 올라가도록 돕는 것이 리더의 역할이기 때문이다. 리더가 함께 올라가자고 초대한 사람들 중에는 리더를 능가해 더 높은 곳까지 올라가는 사람들도 있다. 그렇다고 리더가 기분이 나쁠 이유는 조금도 없다. 리더가 언제라도 그들에게 손을 내밀어 끌어올릴 수 있다는 걸 안다면, 그것만으로도 리더는 보람을 느낀다. 그런 과정에서 리더와 함께한 사람들은 리더의 수준까지 다다른다. 얼마나 감사한 일인가! 리더는 팀원들과 삶의 여정을 함께하는 길을 택해야 하는 위치에 있다. 그래서 좋은 리더는 정상을 향하여 모두와 함께하며 동반 성장한다.

리더십 유형에 따른 리더의 자질

리더십의 유형은 한두 가지가 아니다. 리더십에 관심이 있는 사람들은 오늘을 선도하는 리더십으로 몇 가지가 회자되고 있다. 예컨대 포용리더십, 협상리더십, 배려리더십, 섬기는 리더십, 강점리더십, 기러기의 동료리더십, 화이부동 리더십, 슈퍼리더십 그것이다.

이 같은 리더십이 지니고 있는 개념 내지 속성을 탐색하면 집단 속에서 더불어 살아가는 모습이 그려질 것이다. 그런데 리더십은 정태적이 아니고 동태적이기 때문에 그냥 태어나지 않고 만들어가야 한다. 가족과 함께, 이웃과 함께하는 다양한 환경 속에서 다양한 사회사상을 접하고서 좋은 형태들을 지지하며 실천으로 옮겼을 때 학습된다.

포용리더십 포용리더십은 자유와 방임을 전제로 하는 리더십 스타일이 아니다. 이 리더십은 하는 일에 대하여 협력과 협업을 중시하며, 집중력을 갖고 수행하도록 분위기를 조성하고 자율적인 해결 역량을 높여 업무수행의 권한과 책임감을 확보할 수 있도록 기여한다.

세종대왕은 자신이 세자로 책봉되는 것을 반대했던 황희를 18년간 영의정으로 소임을 다하도록 했다. 그리고 그가 한글 창제 등을 두고 사사건건 반대의견을 냈지만 세종은 그를 내치지 않고 오히려 그를 포용하여 국사를 논하는 재상으로 족히 인정했다.

협상리더십 협상리더십은 모두가 승자가 되는 것을 지향점으로 해야 한다. 협상 당사자 모두가 승자가 되기 위해서는 양보와 손해를 전제로 할 때 가능하다. 협상에서 수단과 방법을 가리지 않고 '나는 이기고 너는 져야 한다'는 자세로 임한다면 결국 협상은 실패한다. 협상을 통해 목표를 달성하려면 서로가 일정 수준을 양보하고 손해를 전제로 할 때 협상에 성공하여 서로가 승리하는 원-윈win-win 협상에 이른다. 이 같은 논리가 다름 아닌 협상리더십의 묘미이다.

아파트 매매가 성사되기 위해서는 매도인과 매수인 모두 자기에게 유리한 매매가를 고집한다면 매매가 어려워진다. 매도인은 매도할 가격을 높이고 매수인은 매도자가 의도한 가격을 다소 낮추려고 한다. 매매가 성사되기 위해서 서로가 협상에 임해야 하다. 즉 매도인은 일정 수준 양보(손해)를 하고 매수인도 일정 수준 손해(양보)를 감수하면 아파트 매매가 성사된다. 양보와 손해는 협상에서 결렬보다는 모두가 이기는 게임으로 다다르게 하여 목표를 달성하게 된다.

배려리더십 배려리더십은 리더와 구성원이 줄탁동기啐啄同機의 관계로 앞에서 끌어주고 뒤에서 밀어주는 짝짓기 힘으로, 함께 멀리까지 그리고 더 높이 쌓을 수 있게 하는 힘이다. 배려는 "나눔과 베풂이라는 덕목을 근본으로 한다. 이 덕목은 인간으로서 가장 선한 사람을 표상하는 속성으로 간주되고 있으며, 배려리더십은 나눔과 베풂을 행동으로 옮기는 리더의 자질이다.

류시화의 시 「외눈박이 물고기처럼 살고 싶다」(1998)의 "외눈박이 물고기 두 마리가 함께 다닌다"는 시구에 '배려'라는 메시지가 잘 나타나 있다.

외눈박이 물고기처럼 살고 싶다
외눈박이 물고기처럼
사랑하고 싶다
두눈박이 물고기처럼 세상을 살기 위해
평생을 두 마리가 함께 붙어 다녔나는
외눈박이 물고기 비목처럼

사랑하고 싶다

조선의 정조 때 나눔과 베풂을 몸소 실천한 여성이 귀감이 되어 전해오고 있다. 제주에서는 조선 시대 신분의 한계를 극복한 김만덕은 스무 살 남짓에 시작해 평생을 바쳐 모은 재산을 57세가 되던 해에 전라도에서 쌀 오백 섬을 구입하고 그중 오십 섬은 친족들에게 나눠주고, 나머지 사백오십 섬은 굶주리는 제주의 백성들을 살리는 데 아낌없이 사용했다. 그녀는 나라의 곳간도 구하지 못했던 백성들의 주린 배를 나눔과 베풂을 실천한 리더로 기억되고 있다.

섬기는 리더십 섬기는 리더십Servant Leadership은 종Servant와 리더 Leader가 합쳐진 개념이다. 이 리더십은 리더가 의도한 목표를 구성원과 공유하고 부하들의 성장을 도모하면서, 리더와 부하와의 상호 간의 신뢰를 형성시켜 궁극적으로 조직성과를 달성하게 한다. 위대한 리더는 먼저 종이 되어야 하는 자세로 오히려 리더가 부하를 섬기는 자세로 그들의 성장 및 발전을 돕고 조직 목표 달성에 부하 스스로 기여하도록 하는 데 초점을 둔다. 섬기는 리더십은 흐르는 물과 같을 것이다.

"물은 남에게 이로움을 주고 남과 다투지 않고 부딪히면 돌아간 다上善若水 夫唯不爭상선약수 부유부쟁." 그렇다. 물은 낮은 곳으로 향하여 가되, 늘 낮은 곳에 위치하며 겸손하게 흐르는 물처럼 인간을 다스리는 리더가 가장 잘 섬기는 리더일 것이다.

홀리스틱 교육 마인드

강점리더십 강점을 살리는 리더십은 집단 속에서 하모니를 이루면서 함께 살아가는 개체로 존중을 받는 지혜는 다름 아닌 남의 강점과 장점을 먼저 인정해 주고 나의 강점대로 장점을 베푸는 리더의 능력이다. 조직사회에 참여하는 인적 자원의 경우도 강점을 찾아 적재적소에서 일하도록 하는 리더의 능력 또한 중요하다.

오리는 독수리가 될 수 있을까? 오리가 독수리 역할이 가능하도록 특기·적성교육 학원에 다니면 가능하지 않을까 점쳐 본다. 그러나 그런 일은 불가능하다. 오리의 장점이 수영이므로 필히 수영으로 평가받아야 정당하게 평가를 받을 수 있기 때문이다. 오리는 수영을 잘하는 능력이 장점이며 팀을 이루어 함께 이동하는 탁월한 팀워크 능력을 지니고 있어서 협동하여 일하고 무리지어 함께 먼 거리를 여행할 수 있는 능력이 탁월하다. 그러나 독수리에게 헤엄을 치거나, 수천 킬로미터를 이동하라고 하면 혼란에 빠져 어쩔 줄을 모른다. 각기 자기의 장점을 살리는 활동을 수행할 때라야 강점을 살리는 리더십일 것이다.

동료리더십 동료리더십은 집단원 구성원 모두에게 리더십 기능을 분배하고 여러 사람이 동시에 리더의 자세로 활동하도록 할 때의 리더십이다. 이 경우는 구성원 모두가 리더로서 역할을 부여받고 각자가 수행하는 리더십이다. 동료리더십은 집단 구성원이 함께 일을 함으로써 뛰어난 업적을 달성할 수 있다는 인식을 지니게 되어 집단 효능감을 높인다.

지금 나에겐 기러기의 동료리더십과 같은 뜨거운 열정이 필요하다. 나와 당신과 함께 V자형을 그리며 날아가는 기러기처럼의 리더십은 누구에게나 언제 이디에서도 존재해야 한다. 이 리더십은 눈물겹도록 아름다운 리더십이기도 하다.

기러기는 4,000킬로미터의 머나먼 길을 옆에서 함께 날갯짓을 하는 동료를 의지하며 날아간다. 기러기는 먹이와 따뜻한 곳을 찾아 리더를 중심으로 V자형을 그리며, 가장 앞에 날아가는 리더의 날갯짓은 기류에 양력을 만들어 주어 뒤에 따라오는 동료 기러기가 혼자 날 때보다 쉽게 날 수 있도록 도와준다.

화이부동 리더십 공자는 자로 편에서 화합하되 천편일률적이지 않고, 서로 달라도 충돌하지 않고 다른 의견을 인정하면서도 큰 틀의 화합을 꾀하는 화이부동和而不同을 군자의 덕목이라 했다. 이를테면 한 사람 한 사람의 인격이 존중되고 각자의 자유가 소중하듯이 남의 자유와 권리도 소중히 인정해 주는 그런 세상, 또 사람마다 개성과 소질과 능력이 각각 다름을 인정해 주는 세상이 살맛 나는 세상이 아닐까 한다.

이러한 다양성이 각자의 제 빛깔을 발휘하여 마치 거대한 오케스트라의 악기들처럼 마음껏 제 음색을 내어도 다른 소리를 방해하지 아니하고 화음을 이루어 청중들에게 아름다운 음악을 들려주는 일은 오케스트라의 선단에서 리드하고 있는 지휘자의 몫이 아닐 수 없다.

홀리스틱 교육 마인드

오케스트라의 지휘자는 화이부동 리더이다. 다양성 있는 개인 간에도, 조직 간에도 서로가 상생하는 아름다운 세상에서 누구든지 살고 싶도록 리드해 가는 화이부동 리더십은 지금 이 시간에도 다가오는 세상에서도 이어질 것이다.

슈퍼리더십 20세기의 리더는 한 사람이고 나머지는 모두 리더의 말에 따라 행동하는 추종자라는 시각을 가졌으나 21세기에는 조직의 모든 사람이 리더라는 시각이 대두되었다. 조직의 모든 구성원이 리더가 되기 위해서는 슈퍼리더십Super Leadership이 필요하다.

슈퍼리더십은 조직원 모두를 리더로 육성하는 리더십이다. 조직원들은 단순 추종자가 아닌 자율적인 자율리더Self Leader로 육성된다. 슈퍼리더십의 시각은 환경변화가 빠름에 따라 현장의 고객의 요구에 즉각적인 의사결정과 집행이 요구되는 오늘날의 상황에 적합한 리더십 개념이며 가장 현대적인 리더십으로 분류된다.

축구 경기에서는 열심히 뛰고 있는 선수를 지휘하는 감독이 있고 선수들은 각기 맡은 포지션에서 감독의 전략에 따라 제 역할을 충실히 수행해야 한다. 경기에서 상대를 제압하고 승리하기 위해서는 감독의 전략과 11명 각자의 포지션에서의 역할도 중요하지만 경기의 상황에 따라서는 팀을 구성하는 구성원 개개인이 감독의 역할과 동료 선수로서의 역할도 함께 수행해야 한다. 소위 한 가지 포지션이 아닌 여러 포지션에서 수행할 수 있는 기능과 식견을 갖추고 있는 멀티플레이어가 되어야 한다.

슈퍼리더십을 자세히 음미해 보면, 슈퍼리더감독 밑에는 스스로 잘 훈련된 슈퍼추종자선수들이 양성되는데, 이 슈퍼추종자들은 자율리더십을 통해서 리더로 육성된다.

좋은 인간관계는 자신을 먼저 던져야 한다

좋은 인간관계 기술은 자신이 자아에 대하여 더 많은 관심을 갖게 하는 지혜가 필요하다. 타인과 더 좋은 관계를 맺는 데 있어서 가장 필요로 하는 일은 자신을 먼저 던지는 것이다. 노력 없이는 관계가 이뤄지지 않는다.

자신과 좋은 인간관계는 객체가 있기 마련이다. 중요한 것은 좋은 인간관계를 객체와 맺을 수 있는 색다른 방법을 모색해야 할 것이다. 객체와 좋은 인간관계를 맺기 위해서는 먼저 객체에 다가서기 위한 발판을 마련해야 한다. 이 경우 발판이란 자기 자신을 의미한다. 가장 가까우면서도 가장 알기 힘든 존재가 바로 자신이다. 자기 자신을 이해하고 다스릴 수 없다면 상대에게 아무런 영향력도 행사할 수 없다. 자신을 알고 자신을 통제할 수 있어야 자존감을 갖게 되고 객체를 다가오게 할 수 있어 바야흐로 좋은 인간관계를 맺을 수 있는 힘을 갖는다.

다음으로는 '나를 사랑해 주세요'라고 객체를 향하여 요구하거

홀리스틱 교육 마인드

나 소리쳐서는 신뢰를 멀리하고 속이 보이는 달갑지 않은 모양새에 지나지 않는다. 자신을 던져서 상대의 이해를 바라고 사랑을 갈구해야 한다. 오히려 상대를 알아차리고 상대방의 손과 발이 되어 주는 배려를 소홀하지 않아야 한다.

이를테면 우연히 만난 인사에게 관심을 두지 않으면 지나가는 과객에 불과하지만, 우연히 만나서 관심을 갖게 되면 인연을 맺는 출발이다. 그 인연을 지속하기 위해서는 공을 들여야 한다. 인연은 1% 노력에 불과 하지만 공을 들이는 노력은 99%다. 아무리 나쁜 인연도 공을 들인다면 좋은 인연으로 다가온다.

인간을 리드하는 리더십도 맹목적으로 리더 자신의 힘을 키우고 우월감을 드러내기 위한 자세로는 동료를 얻거나 구해주는 것이 아니라 동료들로부터 나 스스로를 팽개치는 만용에 지나지 않는다. 참다운 리더십은 일정한 상황 하에서 목적성취를 위해 개인이나 집단의 활동에 영향을 미치는 과정이다. 중요한 사실은 리더가 상황에 적합한 리더십 적용능력이 없다면 효과적일 수 없다. 리더의 탁월한 리더십은 구성원 개개인이 지닌 능력과 준비도 수준이 다르다면 리더는 구성원별로 각각 다른 리더십 유형을 적용할 수 있으며, 능력과 준비도 수준이 똑같은 구성원에 대해서도 상황 변화에 따라 리더십을 선택적으로 유연하게 적용해야 한다.

좋은 인간관계를 지니기 위한 리더십을 담론하면서 문득 공자의 말이 되새겨진다. "군자는 모름지기 제한된 길만 고수하는 것이 아니라 상황의 변화를 감지하고 움직여서 상황에 적절하게 대응하는 것이 군자의 도리다君子不器군자불기."

홀리스틱 교육 마인드

CHAPTER 7

인성은 우선하는 능력이다

인간은 지성을 통해서만 삶의 여러 가지 이해관계에 의한 선입견과 편견의 얽힘에서 해방되어 객관적이고 보편적인 진리를 추구할 수 있는 밝은 등대이다. 지성은 인간에게 주어진 초월자의 속성을 지니고 있으며, 이 지성다운 속성을 지닌 인간이 지성인이다.

1.
살 만한 가치가 있는 세상을
꿈꾸는 주인이 된다

살 만한 세상을 만들어가는 필자의 지인들

매일 이른 아침에 카톡으로 지인 몇 분과 정보를 나누고 있는데, 그중 두 분으로부터 좋은 글이 전해 왔다. 2021년 6월 25일에는 나춘기로부터 '살 만한 가치가 있는 세상'이라는 미담과 2021년 11월 18일에는 오홍수로부터 '메아리의 법칙'이 담긴 미담이다. 이 글들은 다양한 정보 채널에서도 만날 수도 있으며. 필자의 가슴에 잔잔하게 다가왔기에 아마도 뭇사람들이 인성을 다지는 데 있어서 감성을 자극하는 촉매가 될 것이다.

살 만한 가치가 있는 세상을 만드는 사람

서울특별시 양천구 신월동 시장 인근에서 손수레가 길가에 세워둔 외제 승용차 아우디를 긁은 사건이다.

7살 정도로 보이는 어린 손자가 할머니 손수레를 끌고 가다 도로 코너에 정지된 차량의 앞면을 긁고 지나갔다. 이것을 바라본 할머니는 손주가 끄는 수레를 멈추게 하고 어쩔 줄을 몰라하고 있을 때, 할머니의 놀라고 걱정스러운 표정을 바라보는 손주는 그만 울음을 터뜨렸다. 어쩌면 어린 손주의 수레 끄는 솜씨의 부족이려니 하고 할머니도 모르는 척 그냥 지내 칠 수도 있을 법한 순간의 일이었다. 그러나 할머니는 차 주인에게 어떻게 해야 이 일을 알릴 수 있을까 하고 걱정을 하고 있던 차에 주변을 지나치던 사람들이 웅성거리기 시작했다. 그 웅성거림 속에서 나타나는 요즘 사람들의 심성을 들을 수가 있다.

손수레 안을 들여다보니 콩나물 한 봉다리와 손주가 좋아할 바나나 몇 송이가 보였다. 이 글을 기고한 게시자는 이렇게 쓰고 있었다.

콩나물과 바나나 몇 송이를 보는 시간 내내 마음이 편치 않다고 적었다. 비록 가난하게 살지만 남의 외제 차량에 손수레로 커다란 상처를 내고 그냥 돌아설 양심이 아니었다. 주변에 있던 학생 중의 한 사람이 할머니께 전화가 없어서 차주에게 연락을 하지 못하시는 것을 알아차리고, 차 앞에 있는 명함에 적힌 전화번호로 승용차의 차주에게 전화를 걸어 자초지종을 설명한 후, 10여 분이 지나자 40대로 보이는 차주와 아주머니가 나타났다.

첫 번째 보석이 할머니라면, 두 번째 보석의 발견은 여기서부터다. 그들은 오자마자 대뜸 할머니에게 고개를 숙이며 사과를 한다. 죄송합니다. 차를 주차장에 두지 못하고 이렇게 도로에 주차를 해서 통행에 방해가 되게 해서 죄송합니다.

저의 차 때문에 손수레가 부딪히는 사고를 유발하게 해서 죄송합니다. 옆에 서 있던 차주의 부인되는 분은 울먹이는 할머니의 손주를 오히려 미안하다며 달래 주었습니다. 돈이 많고 잘살고 그런 것들이 부러운 것이 아니라 그 차주의 인성이 너무 부러웠다.

이 사건의 글을 게시한 기고자는 집에 오는 내내 정말 멋진 사람을 만났다. 멋진 사람이라는 생각을 했다. 그러면서 기고자는 이렇게 사회를 향하여 말했다.

가정이나 학교에서 공부보다 저런 인성을 보다 많이 가르쳤으면 좋겠다는 소감이다. 필자는 기고자의 글을 접하고서, 쓰레기통에서 값비싼 보석을 얻은 마음과 같아 너무 감사하는 마음이 치솟았고 필자 자신을 되돌아보았다.

세 번째 보석은 뒤늦게 이 사실을 알게 된 아우디 코리아는 "이 차주를 수소문해 고객센터로 연락을 주면 수리비 전액을 지원하겠다"고 밝혔다는 아름다운 사연이어서 아직도 대한민국은 살 만한 가치가 있는 사회라고….

사람은 잘못 또는 실수를 할 수가 있다. 그것은 부끄러운 것이 아니다, 부끄러운 것은 그 실수를 숨기거나 또는 사과 한마디도 못 하는 것이다.

많은 분들이 이러한 사연처럼 아름다운 '네 번째 보석'이 되었으면 한다. 이 같은 아름다운 일들이 인간의 향기로 소리 없이 내뿜을 때, 우리들 주변은 그래도 살 만한 세상으로 다가오리라 확신한다.

이웃에게 보람을 주는 메아리

삶을 즐기며 사는 사람들은 메아리의 법칙을 알고 있는 사람들이다. 메아리는 똑같은 소리로 다시 돌아온다.

저 멀리 산 계곡을 향해 소리를 지르면 그 소리가 돌아오고, 욕을 하면 욕으로, 축복을 하면 축복의 소리로 되돌아오는 것이다. 그러기에 삶을 즐기는 사람들은 불평하거나 남을 흉보거나 험담을 하거나 이웃 간에 이간질을 절대 하지 않아야 한다. 메아리의 법칙이 작동하고 있기 때문이다. 프랑스에서 실제로 있었던 이야기이다.

어느 시골의 같은 마을에 사는 이웃 간의 이야기이다. 한 할머니가 90세 되던 해에 47세가 된 이웃 사람과 계약을 맺었는데, 그 계약의 내용은 90세 된 할머니가 자기가 사는 동안 매달 한화로 6만 원에 해당하는 5백 프랑씩 받기로 하고, 자신이 죽으면 살고 있는 할머니 집을 47세 된 이웃에게 넘겨주기로 한다는 계약이다. 47세 된 이웃은 벌써 90세가 된 할머니가 살아 보았자 얼마나 더 살까! 이 할머니가 한두 해 사시다 금방 세상을 떠날 것으로 생각하고 계약을 맺었다.

그런데 그 할머니는 1백 세에도 죽지 않고, 1백10세에도, 1백20세에도 죽지를 않았다. 그런데 30년 동안 할머니가 죽기를 애타게 기다리던 그 이웃 사람은 77세에 되던 해에 할머니보다 먼저 세상을 떠났다.

30년 동안 매달 할머니에게 5백 프랑을 주고도 집을 차지하지 못한 채 먼저 세상을 떠나게 된 것이다. 이 할머니는 그 이웃 사람이 죽는 것을 보고도 2년을 더 살아 1백22세를 일기로 세상을 떠나게 되었다는 이야기다.

'남이 빨리 죽기를 바라는 사람이 얼마나 가치가 있고 보람이 있는 삶을 살았겠는가?' 이런 생각으로 살아간다면 참으로 불행한 사람이 아닐 수 없을 것이다. 그러니 남이 오래 살고 잘 되기를 바라며 사는 것이 본인에게도 좋은 것이다. 이런 사람이 몸과 마음이 행복하고 건강하게 오래오래 살 수 있을 것이다.

이 이야기는 현대를 살아가는 우리에게 무엇인가 시사하는 바가 크다. 상대방이 욕을 해도 내가 받지 않으면, 그 욕은 욕한 사람에게 다시 메아리가 되어 돌아가는 것이다.

오늘도 이웃에게 보람을 주는 삶을 살다 보면 주었던 보람이 되찾아 온다. 세상을 살아가는 데 있어서 메아리의 법칙이 작동하고 있다.

만질 수도 볼 수도 없는 인간의 향기는 남이 만들어 주는 것이 아니고 내가 스스로 만들어 가는 아름다운 노력의 결과이다. 살 만한 세상은 내가 만들어갈 때 나비효과 되어 살 만한 세상으로 어우러지게 된다.

2.
인성이 자산이며 학력이다

인성이 좋은 사람 '선善'에 대한 칸트의 생각

고도의 과학 기술로 새 지평이 열려져 있는 하이테크 시대를 살아가기 위하여 가장 튼튼한 학력으로서 대접받아야 하고 신뢰를 얻기 위한 자본은 인성이다. 바른 인성이라고 해서 행실이 점잖고 어질며 덕과 학식이 높은 사람을 일컫는 도덕군자를 말하는 것이 아니다. 인성은 사람의 성질과 됨됨이다. 선천적으로 가진 것을 성질이라면 됨됨이는 후천적으로 태도에 의하여 형성된 것이다. 그러므로 사람의 품격으로 일컫는 인격은 태도를 보면 짐작이 가능하다.

독일의 철학자 이마누엘 칸트Immanuel Kant 1724-1804가 즐겨 사용하는 선의지를 실행하는 과정에 초점을 두고 이야기해 보고, 맹자의 좋은 사람에 대하여 생각해 본다. 다만 그들이 주장하는 '선善'의 사상적 배경을 접어두고 표상적 접근으로 '선善'의 이해를 돋우고자 한다.

선의지善意志는 선을 행하고자 하는 순수한 동기에서 나온 의지이며, 인간의 본심에서 나온 선을 벗어나 외부의 경향성에 따르지 않고 도덕법칙에 의하여 규정된 의지다. 칸트는 선과 도덕이 선천적인 인식이기 때문에 자기 내면에서 우러나올 수밖에 없고 외부의 영향을 받지 않는다고 했다. 즉 인간은 칭찬을 받으려고 선한 일을 하는 게 아니라, 선과 도덕을 갖고 있으므로 선한 일을 한다는 것이다. 선의지는 결과나 경향성 때문이 아니라 동기나 의도 때문에 선하다. 말하자면 선의지란 옳은 행위를 오로지 그것이 옳다는 이유에서 마땅히 해야 할 의무로 받아들이고 이를 따르려는 의지다.

어느 학생의 행위를 그려보자. 한 젊은이가 사람들이 붐비는 도시철도에 앉아있다. 그런데 그의 앞에 한 할머니가 나가왔고, 그는 할머니에게 자리를 양보했다. 일반적으로 이 젊은이의 행위는 노인을 공경하는 착한 행동으로서 칭찬받을 만하다고 생각할 것이다. 그러나 칸트에게 있어 도덕적으로 옳은 행동은 단순히 착하다는 것과 다르다. 젊은이의 행위가 노인을 공경하는 올바른 일이라 생각하며 자리를 양보했다면 그 행동은 도덕적으로 옳은 선의지다. 그런데 젊은이가 주변 사람들에게 자신이 괜찮은 사람이라는 것을 보여주기 위해 자리를 양보했거나 그냥 앉아 있으려니까 마음이 불편해 그렇게 행동했다면 그것은 선의지가 아니다.

그러나 인간은 본디 남에게 좋은 사람이라고 또는 품성이 바른 사람이라고 듣기를 바라는 마음도 본성에 어긋나지 않는다고 생각한다. 인간의 성품도 마음이 품고 있기 때문이라고 주장하고 싶다. 그기에 선천적으로 인식된 선과 도덕은 물론이거니와 칭찬을 받으려고 선한 일을 행하는 것도 착한 인성일 것이다.

곽금주서울대학교 심리학과 교수는 인간의 정서적 측면과 인지적 측면, 행동이 어우러져 완전한 도덕성이 이루어진 인간을 인성이 좋은 사람이라고 주장한다. 이를테면 누군가를 보고 동정심이 들었을 때(정서적 측면), 그를 도와주어야겠다고 생각하고(인지적 측면), 자신이 할 수 있는 방법 안에서 실제로 도움을 주었을 때(행동) 비로소 도덕성이 완성되는 것이다.

이 같은 도덕성을 지닌 사람이 바른 인성을 갖췄다고 할 수 있다. 일반적으로 부모나 교사가 생각하는 인성은 정서적 측면에 머무르고 있는 경우가 많다. 그렇기 때문에 인성이 좋은 것을 단지 '착하게 사는 것'으로 받아들인다. 하지만 애들에게 인성교육이 필요한 진짜 이유는 착하게 살기 위해서가 아니라 도덕성이라는 능력을 심어주기 위해서이다.

인성이 좋은 사람은 칸트가 주장하는 선의지가 행동으로 옮겨져 도덕성이 다져진 사람과 다를 바 없다.

인성이 '좋은 사람 선善'에 대한 맹자의 생각

중국 전국시대의 철인 고자告子와 맹자孟子의 논박과정에서 인성을 함의할 수 있다.

고자는 마음이란 마치 한곳에 고여 빙빙 도는 물과 같으며 물을 인성에 비유한다. 동쪽으로 트면 동쪽으로 흐르고 서쪽으로 트면 서쪽으로 흐른다. 사람의 마음에 선善과 불선不善의 구분이 없는 것은 마치 물에 동서의 구분이 없는 것과 같다.

맹자는 고자의 견해에 반박한다.

물에는 동서의 구분이 없다 하더라도 상하의 구분이야 없겠는가. 사람의 성품이 착한 것은 마치 물이 아래로 내려가는 것과 같으니, 사람치고 착하지 않은 사람이 없고 물치고 아래로 내려가지 않는 물이 없다. 이제 물을 튕겨서 뛰어오르게 하면 이마를 넘어가게 할 수 있고 아래를 막아서 거슬러 올라가게 하면 산에

홀리스틱 교육 마인드

까지도 올라가게 할 수 있으나, 이것이 어찌 물의 성품이겠는가 외부에서 가한 힘에 의해 그렇게 되는 것이다. 사람을 착하지 않게 만드는 것도 그 경우가 이 물과 같은 것이다.

물론 고자의 견해는 마음의 갖춤이 되는 인성에 대한 해석이지만 따지고 보면 마찬가지라고 함의할 수 있다. 마음이 성품을 포괄하고 있기 때문이다.

맹자는 사람의 성품은 착하고 성품을 총괄하는 것이 마음이라고 주장하면서 사람은 하얀 백지와 같이 깨끗하고 맑은 거울처럼 티 없이 착하게 태어난다고 생각한다. 사람의 마음이 태어나면서 착하다는 증거로 그는 얘기 하나를 든다.

어떤 사람이 거리를 걷고 있는데 바로 10여 미터 앞에 어린아이가 엉금엉금 기어가고 있다. 채 걷지도 못하고 기어 다니는 어린 아기이니까 사태를 분간할 능력도 없다. 그런데 어린아이가 기어가고 있는 바로 몇 발자국 앞에 뚜껑이 없는 푹 패인 우물이 있다. 어린아이가 그냥 기어간다면 속절없이 우물 속으로 빠지게 돼 있다. 이런 경우 누구든 간에 가여운 생각이 솟구쳐 그 어린아이를 덥석 안아 구해내게 된다. 구하자! 하는 순간, 그 아이를 구해줌으로써 아이의 부모한테서 사례를 받는다거나 친해질 수 있다거나 동네 사람들에게 칭찬을 받을 것이란 그런 이해타산은 전혀 떠오르지 않는다. 오로지 측은한 생각으로 구해 줄 뿐이다.

위의 얘기는 사람의 마음이 착하다는 것이다. 세상의 죄악에 물들지 아니한 어린아이의 자연 그대로의 깨끗한 마음을 적자지심赤子之心이라 한다. 적자赤子란 발가벗은 갓난아이를 말한다. 갓난아이의 마음이란 착한 마음을 뜻한다. 그맘때가 착한 마음을 가장 잘 지니고 있게 된다. 차츰 자라면서 착하지 않은 마음이 슬며시 고개를 들게 된다. 인간이란 육체를 지니고 있기 때문에 욕망을 일으키게 되고 그러한 욕망에 의해 타고난 순순한 성품이 흐려지게 되는 것이다. 마치 하얀 백지에 때가 묻듯이, 맑은 거울에 티가 앉듯이 욕망이 끼어들게 되고 맑은 물이 흙탕물로 변하듯이 마음이 착하지 않은 짓을 저지르게 된다.

그래서일까 공자는 말한다. "다잡으면 있게 되고 놓아버리게 되면 잃게 된다. 때 없이 드나들어서 그 향하는 곳을 알지 못한다. 이것이 마음이다." 즉 마음은 맑고 순하여 흐르는 물과 다를 바 없다.

그렇다. 꾸밈이나 거짓이 없는 참 마음으로 일컫는 인간의 본심이 다름 아닌 인성이다. 인성은 흐르는 물과 같이 순수한 성품을 지녀서 거기에서 우러나오는 착한 행실이 특성이다. 즉 올바른 인성은 착한 마음이 추상화가 아니라 몸을 통한 체화된 행실이다.

배려는 인간 존중
착한 행실은 인간을 존중하는 일이며, 이를 인류의 으뜸으로 간주하고 있는 덕목이 바로 배려이다. 배려는 인간이 살아가는데 선택이 아니고 필수로서 인간의 내면화된 행동 특성으로 존재하여 인간이면 반드시 지켜야 할 도리로서 윤리 덕목이다. 그럼에도 '최고가 아니면 안 된다'는 극심한 경쟁 속에 자라나는 애들에게 타인을 배려할 여유를 배우게 할 기회가 있었는지 질문을 던지면서, 인도 출신의 현대 철학자 바바 하리다스가 들려주는 '맹인이 손에 든 등불' 이야기와 함께 '어리석은 농부'의 이야기를 통해 마음을 움직이는 배려라는 행동 특성에 다가서 본다.

먼저 맹인이 손에 든 등불 이야기다.

앞을 볼 수 없는 맹인 한 사람이 물동이를 머리에 이고, 손에는 등불을 들고 우물가에서 집으로 돌아오고 있는 중이었다. 그때 그와 마주친 마을 사람이 그에게 말했다. "정말 어리석은 사람이군! 자신은 앞을 보지도 못하면서 등불은 왜 들고 다녀?" 맹인이 대답했다. "이 등불은 나를 위한 것이 아니라, 당신을 위한 것이지요. 당신이 나와 부딪히지 않게 하려고요."

이어 어리석은 농부의 이야기는 이렇다.

인도의 어떤 농부가 논으로 개간한 땅에 벼농사를 지었는데, 논에 댄 물이 많은 양분을 제공해 풍년을 맞게 되었다. 그런데 농부는 자신의 논에서 나오는 물이 다른 논으로 흘러가 그 논까지 기름지게 만드는 것이 못마땅하고 심통이 났다. 그래서 다음 해에는 논에 있는 물이 빠져나가지 못하도록 막았다. 하지만 나갈 곳이 없어 고이게 된 물은 벼를 썩게 했고, 그해 결국 한 톨의 쌀도 얻지 못하게 되었다. 그 농부는 하나만 보았다. 그 하나를 가지려고 온갖 욕심을 부린다. 눈앞에 보이는 것만 가지면 될 것 같아 누구도 배려하지 않았다. 그런데 그 하나는 열 개 중 하나였고, 눈앞에 보였던 건 빙산의 일각이었다. 이렇듯 욕심은 어리석은 생각을 낳고, 어리석은 생각은 결국 화를 불러온다. 적당한 욕심은 자신을 이롭게 하고 자신의 생활을 윤택하게도 하지만 지나친 욕심은 결국 자신을 망치게 된다.

나눔과 베풂을 실천하는 것이야말로 인간으로서 가장 선한 사람, 선인으로 살아갈 수 있는 선의지이다. 배려는 인간이 지녀야 할 윤리 덕목들이 융합한 덕목이다. 이 배려는 상대가 필요해서 주는 것이 아니고 공존을 위해 받기 전에 먼저 주는 것이며, 배려의 가치는 인간 존중에 있으며 인간 존중은 일방향처럼 보일지라도 결국에는 쌍방향이다. 때문에 살 만한 가치가 세상으로 어우러져 간다.

2021.12.03. 오후 8시경에 이 글을 쓰는 필자의 뜻이 메아리 법칙으로 작용하였을까, 우연히도 다음과 같은 메시지를 카톡으로 접한다.

남의 손을 씻어주다 보면 내 손도 따라서 즐거워신나고 한다. 님의 귀를 즐겁게 해 주다 보면 내 귀도 따라서 즐거워진다고 한다. 그리고 남을 위해 불을 밝히다 보면 내 앞이 먼저 환하게 밝아지고, 남을 위해 기도를 하다 보면 내 마음이 먼저 맑아진다.

바로 살 만한 가치가 있는 세상으로 열어가는 윤활유 같은 메시지가 아닌가!

인성은 개인의 품격으로 생애 자산

안병욱 선생님이 남기신 "사람답게 사는 길"의 한 부분에는 "철학적 정신"을 강조한 내용이 이렇게 적혀있다.

기원전 399년 봄, 70세의 철인哲人 소크라테스는 아테네 감옥에서 독배를 마시고 그의 생애의 막을 내렸다. 그는 독배를 마시기 전에 사랑하는 제자 플라톤에게 이렇게 말했다. "사는 것이 중요한 문제가 아니라 바로 사는 것이 중요하다." 그렇다. 우리가 '어떻게' 사느냐가 중요하다.

바르게 산다는 것이 무엇일까? 소크라테스에 의하면, 첫째 진실하게 사는 것, 둘째 아름답게 사는 것, 셋째 보람 있게 사는 것이라고 했다. 모든 것을 바르게 해야 한다. 잘사는 것이 중요한 문제가 아니라 바르게 사는 것이 중요하다. 바르게 살아야 잘살 수 있고 제대로 살 수 있다.

인간의 양심을 저버리는 행동을 솔선하면서도 양심을 찾자고 외치는 사람이나 행동에서는 공정을 무너뜨렸던 장본인이면서도 불공정한 대우를 받았다고 나발거리는 배신자, 사리사욕을 채우기 위해 주어진 권위를 재 멋대로 남용하여 보편적인 상식을 벗어나 이단자 같은 행위는 그럴듯한 포장을 하였기에 언뜻 보기에는 바르게 살았다고 할 수 있을 것 같으나 누구보다도 의식과 처신이 개조되어야 할 대상이다.

의식과 처신이 개조되어야 할 사람은 결코 좋은 사람으로 대접받기 어렵기 때문에, 살 만한 사회의 으뜸 덕목인 배려가 인간의 마음에 녹아내려야 마땅하다.

인성은 인간의 모습을 포장하여 만들어진 것이 아니며, 마음을 아름답게 가꾸고 바르게 살아가는 자양분이다. 이 같은 인성은 돈으로 살 수도 환산할 수도 없는 곧 인간의 품격이며 한 개인의 평생 자산으로 선반에 올려진 가장 값진 학력이자 능력으로 대우를 받는다. 교과서 공부만 잘하면 무조건 인정받고 성공하는 시대는 끝났다. 제4차 산업혁명의 시기가 깊이 접어들수록 '인성이 성공'인 시대다. 좋은 인성은 최고의 경쟁력으로 인정받는 사회로 이미 도래하였다.

3.
시대를 찾는 교육은
품격 있는 인문교육이다

왜 품격 있는 인문교육인가

40여 년 가까이 교육 현장에서 겪었던 인사 행정 및 교육 관료 행태와 학교 문화를 비롯한 2022년 말 현재를 기준으로 한국의 학벌 사회와 학연, 혈연, 지연 등은 더욱 심화되고 있다. 특히 한국의 정치 및 행정 시스템에서 존재하는 계서 체제 속에서 운영되는 고도의 권위주의 문화는 하의상달이 가능하지 않다고 국민 대다수가 동의하고 있다. 이런 경우에는 상의하달도 왜곡과 거짓의 가능성이 많으며 횡적인 의사전달도 왕성하지 못한다. 그래서 한국의 상위 관료 계급의 행태를 비롯하여 각 분야에서 한국 사회를 리드하는 위정자들의 행태에 관심을 갖고 지금까지 공부해 온 필자가 이 시대에서는 애들과 청소년의 의식에 무엇이 녹여져 교육되어야 하는지 염려하는 견지에서 마땅히 다져야 할 품격 있는 인문교육의 덕목을 논담으로 정리했다.

한편 인성교육도 시대와 사회를 기초로 하여 이루어질 때라야 훨씬 값질 것이다. 이 시대의 트렌드인 디지털 및 인공지능을 비롯한 하드웨어를 본질로 하는 제4차 산업혁명 시대에서 살맛 나는 세상을 펼치게 하는 소프트웨어적인 인문교육의 덕목이 잠재적인 교육과정으로 스며들게 하여 배우는 애들에게 가르쳐야 한다. 그러노라면 이 시대의 어그러진 인성에 스며있는 잡스러운 것을 걸러 주어 후세에는 정화된 밝은 세상을 마주할 것이다.

품격있는 인문교육의 네 가지 덕목

인문교육이 추구하는 품격 있는 네 가지 덕목은 필자가 고민하여 얻어진 응결체이며, 인문교육에서 추구할 최소한의 그 무엇이다. 네 가지 덕목은 애들과 청소년들은 물론 국민 모두에게 가정, 학교, 대학, 사회의 공동체와 함께하는 평생교육의 과정으로 작동되어야 한다.

품격있는 지성인으로 키워야 한다. 지성은 인간이 그의 인격과 그의 삶을 위해서 갖추어야 할 높은 덕성이자 인간답게 살아가기 위하여 인격에서 발산한 빛이기도 하다. 이 같은 덕성을 지닌 지성인은 외적으로 드러난 모습이 아니고 내면세계가 성숙된 자질로 다져진 인간이라 말한다. 이런 지성인은 다른 사람보다 더 고도의 책무성과 권리를 가지고 있는 인간이다. 이 같은 덕목을 지닌 지성인은 자아를 존중하고 상대를 가치롭게 인정할 줄 안다. 특히나 개성이 존중된 사회에서 오늘을 살아가는 지성인은 서로 다름을 차별이 아니라 공존하면서 조화를 이루어 더 아름다운 세상을 만들어가기 위해 노력하는 사람이라고 일컬을 수도 있다.

다음은 지식을 겸손하게 사용하도록 한다. 인류의 역사가 시작된 이래 다양한 학문이 형성된 뒤 끊임없이 발전해서 오늘날에 이르고 있고 또 앞으로 계속 발전해 나갈 것이다. 어제의 학설이 오늘에 뒤집히고, 새로운 학설과 새로운 발견이 세상 사람의 이목을 놀라게 하고 세상을 바꾸고 있는 현실을 우리는 직접 목도하고 있다.

그럼에도 어느 누구는 한때는 남들이 넘보지 못한 그 어려운 고시에 합격하여 고관대작이 되어 훌륭한 사람이면서 세상을 리드lead하는 고관들이 우리 주변에는 적지만은 않지만, 이들이 국가 정책을 좌우하는 위치에서 혼탁한 세상을 만드는 이들도 적지 않다. 부끄러운 실상이 아닐 수 없다. 혹여나 이들처럼 자기가 배운 지식에 대하여 만족을 느끼는 사람이 있다면 이것은 근시안적인 졸렬한 사고방식이다. 자기가 익히고 배운 지식에 대하여 언제나 부족함을 느끼고 끊임없는 연구와 정진을 거듭하는 것이 배우는 자의 바른 자세일 것이다. 그래서 인간은 세상을 마무리할 때까지 배운다고 하지 않는가 말이다.

모두가 그렇지 않지만 '선무당이 사람 잡는다'는 속담처럼 어설프게 익혀진 지식으로 상대를 헐뜯어 나를 높이는 지식은 가장 낮은 수준의 지식을 가진 것이나 다를 바 없다. 이 같은 지식을 지닌 자는 곧 들통이 난다. 반면에 상대의 지식의 정도를 알 수 있는 식견을 지녔다면 수준 높은 지식을 지녔다고 할 수 있으며, 고부가가치가 있는 지식이다. 이 같은 지식을 지닌 사람은 상대의 깊이와 높이를 가름하고 그에 최적한 처신을 할 수 있는 능력이 있다. 때문에 지식을 겸손하게 사용할 줄 아는 사람은 품위 있는 사람이며 오히려 지적 수준이 높은 고풍스러운 사람이라 부른다. 이런 인물이 외치는 소리는 크지 않으면서도 멀리까지 퍼지며 그 외침은 감화의 속도가 빠르다.

인간관계에서 서로가 섬김이 있도록 한다. 노자는 도덕경에서 섬기는 리더십을 설파했다. "사람들이 그의 존재를 느끼지 못할 때 그는 가장 훌륭한 리더"라 했다. 반면 사람들이 그에게 복종하고 갈채를 보낼 때 그는 훌륭한 리더에서 이미 멀어진다. 위와 아래가 구분되어 종속관계에 있는 인간관계는 바람직하지 않다는 논담이기도 하다. 수평적으로 상호의존적인 인간관계에서는 가장 낮은 곳에서 위치하는 자세로 상대의 고뇌와 아픔을 다 받아들이고 이를 헤아릴 줄 알아야 한다. 섬기는 인간관계는 수직적인 피라미드형 관계에서 벗어나 플랫 조직flat tissue 평평한 조직의 관계가 될 때라야 아름다운 하아모니를 연출하기에 이르게 된다.

정직과 신뢰를 체질화 한다. 인간에게 요구되는 도덕적인 덕목들 중에 가장 널리 알려져 있는 것이 정직과 신뢰라고 말할 수 있다. 널리 알려져 있다는 것은 그것이 존중되고 있다는 것이며, 이에 이의를 제기하는 사람이 별로 없다.

정직과 신뢰는 동전의 양면과 같다. '내'가 정직해야 하며, '네'가 신뢰할 수 있어야 한다. 정직은 개인이 만들어가고 신뢰는 타인에 의하여 만들어지는 덕목이다. 내가 정직해야 신뢰할 수 있는 사람이며, 신뢰할 수 있는 사람은 성직한 사람이다.

홀리스틱 교육 마인드

정직은 누구에게나 요구되는 미덕이라 할 수 있다. 그래서 누구나 자라는 애들에게는 말과 지식의 합치 그리고 말과 행동이 같아야 정직하다고 가르친다. 정직하지 못한 사람은 명예에 큰 손상을 받게 되고 남에게 신뢰받지 못할 뿐만 아니라 인격적으로 대우받기도 어렵게 된다. 인간사회의 구성원이 정직하지 못하면 서로 이해하고 협력한다는 것은 불가능하다. 정직은 인간들 사이의 상호 이해와 상호 협력을 쉽게 만들고 사회적인 연대를 강화하는 데 필수 불가결한 덕목이다. 매력적인 사람은 정직을 사랑한다.

열 자 깊이의 물속은 들여다보지만 한 자 깊이의 가슴속은 들여다볼 수가 없다는 말처럼 인간에 대한 우리의 이해는 늘 피상적이고 따라서 그에 대한 신뢰는 늘 일종의 모험이다. 그래서일까 신뢰로 인하여 오늘날 우리를 괴롭히고 있는 불신의 풍조는 사회적으로 역사적으로 매우 깊은 곳에 뿌리박고 있는 것 같다. 신뢰는 인간의 마음을 열 수 있게 하고 사랑의 손을 내밀 수 있게 한다. 이 같은 밝고 따스한 환경의 조성을 위하여 개체가 꾸준한 노력을 쏟아야만 상대로부터 인증되는 것이 신뢰다.

신뢰는 인간의 공동 생활을 위해서 불가결한 기반이다. 전연 신뢰할 수 없는 사람들이 공동 생활을 한다는 것이 불가능하기 때문이다. 즉 불신은 우리의 공동 생활을 상상 이상으로 파괴한다. 불신 풍조는 겨울의 눈바람이 초목을 위축시키듯이 인간성의 성장을 위축시킨다. 그래서 부모나 교사는 자라나는 애들을 신뢰할 수 있을 때라야 구김살 없는 자기의 인간성을 계발할 수 있는 바탕이 마련된 셈이다. 서로 신뢰할 수 있는 분위기 속에서만 마치 봄의 따스한 환경 속에서 초목이 자라듯이 애들은 신뢰로 다져진 인격이 자랄 수가 있다.

정직과 신뢰는 인간이 태어나 성숙해 가면서 만들어지고 선의지 계발 덕목 중 가장 기초이면서도 탄탄해야 하며, 정직과 신뢰는 한 개인을 완성해 가는 가장 큰 자산으로 작용한다. 내가 정직하지 않고는 신뢰할 수 있는 사람이 될 수 없으며, 내가 신뢰할 수 있는 사람이 아니면 정직한 사람이 아니다. 정직과 신뢰가 쌓인 사회는 서로 믿고 의존하면서 더불어 살아가는 행복사회로 다가서게 한다.

4.
인성은 다른 사람에게서 배우며
평생 채워진다

평생 채워지는 인성

필자가 사랑하는 둘째 손녀 민서와 애의 엄마와 오가는 미담이다. 2022년 2월 25일 정오쯤 어린이 키즈카페에서 신나게 놀다가 집으로 돌아오는 승용차 내에서 영어 노래를 들려주자 "엄마,

홀리스틱 교육 마인드

엄마는 왜 맨날 영어 노래만 들려줘." 하고 묻는다. "영어 노래를 들어야 똑똑한 사람이 되는 거야." 하고 엄마가 응답하자, 이에 민서는 "엄마, 나는 똑똑한 사람보다 좋은 사람이 되고 싶어."라고 응수한다.

"똑똑한 사람보다 좋은 사람이 되고 싶다."는 민서의 생각은 어린이집의 담임 선생님으로부터 선의지를 다져가는 학습 과정이다. 비록 만 세 살에도 미치지 못한 어린이일지라도 '좋은 사람'의 모습은 아마도 마음 깊은 곳에서 우러나온 민서의 순수한 생각이 본성에 준하는 생각일 것이다.

논어의 옹아편 18장에 "질승문즉야, 문승질즉사. 문질빈빈, 연후군자質勝文則野 文勝質則史 文質彬彬 然後君子"가 있다. 인간의 본성보다 자라면서 꾸민 것이 강조되면 투박해 보이고 후천적으로 꾸민 것이 본성보다 강조되면 사람됨에 있어 실속이 없어 겉모습만 번지르르하다. 순박한 본성과 나중에 꾸민 것이 적절하게 조화를 이루어야 훌륭한 인물이라 할 수 있다.

인간이 지나치게 겉모습을 미화하거나 문화적 수식을 강조한 나머지 개체의 실질적인 본성을 소홀히 하면 수다스럽게 보일 수밖에 없다. 오로지 문화적 꾸밈과 순박한 본성이 조화로워야 온전한 인성을 갖추게 되어 훌륭한 인격자에 이르게 될 것이다.

그런데 온전한 인성을 갖추는 일은 평생을 두고 꾸준히 다가서야 마땅하다. 그러한 과정을 다음의 이야기로 빗대어 본다.

한 자루의 흙을 쌓지 않아 산을 만들지 못하게 되거나, 움푹 팬 곳에 한 자루의 흙을 붓지 않아 평지를 만들지 못하는 일이 있다면, 이 모두는 자신의 과업이다. 어떤 일을 도중에 그만두거나 앞으로 나아가거나 두 가지 모두 자신에게 달린 일이며 남의 탓으로 돌릴 수 없다. 일하는 도중에 멈추어 버리면 이전에 노력한 공이 수포로 돌아가 못 쓰게 된다. 끊임없이 노력하여 끝까지 밀고 나아가야 한다. 이러한 정신은 무언가 하려는 의지를 지닌 사람에게 매우 중요하며 도덕 윤리의 본질을 완성해 가는 과정이다.

흙을 쌓거나 높낮이를 고르게 하여 평탄하게 하는 과정은 학습과 다르지 않다. 뭇 인간은 태어나서 성장하면서 그리고 사회생활을 영위하면서 남과 더불어 부딪히면서 살아간다. 그 가운데는 일개인보다 장점을 지닌 좋은 사람이 있는가 하면 단점이 많은 사람도, 올바르지 못한 사람도 있다. 즉 사람이 거주하는 곳곳마다 덥고 서늘한 곳이 있는가 하면 사람마다 장단점이 있기 마련이다. 추운 곳에 거주하는 사람은 따뜻한 양지를 찾는 것마냥, 좋은 사람의 행실을 본받아야 하고 나쁜 사람의 행실은 경계하고 바르게 잡아야 한다.

하지만 선하고 악한 측면 모두 개인을 깨우쳐 준다는 점에서 모두 일 개인의 인생에서 스승이 아닐 수 없다. 공자의 가르침처럼 "세 사람이 길을 가면 반드시 그 가운데 나의 스승이 있다." 나보다 장점을 지닌 행실과 나보다 단점을 지닌 사람의 행실을 가려서 나의 허물을 고치는 거울로 삼아야 한다.

예컨대 모름지기 한 개체는 응당 선을 추구해야 하며, 그 선을 추구하고자 타인의 선악에 대한 반성을 되풀이하면서 선의지를 평생 추구해 간다.

한 인간의 풍도로서 선의지

사람의 풍채와 태도를 아울러 풍도風度라 한다. 한 사람의 내재된 실력의 자연스러운 표출이자 다른 사람과 차별되는 인간적 매력 요소이다. 풍도는 저절로 형성되는 것이 아니라 오랫동안 어떤 고생도 무릅쓰고 이루고자 하는 뜻을 향한 내공으로 인하여 다듬어진 신념체계가 형성되어야 가능하다. 인간이 갖추어야 할 풍도는 공짜가 아닌 꾸준히 행하는 선행이 뭉쳐야 한다. 그래야만 어떤 사람의 독특한 개성의 징표로서 풍도는 변하면서도 변하지 않는 개인의 정체성이라고 감히 말할 수 있다.

예컨대 인간은 남에게 품성이 바른 사람이라고 듣기를 바라는 마음도 본성에 어긋나지 않는다. 사회적 규범을 벗어난 청소년들의 일탈 행위도 사후지도를 통해 교화시키는 것도 인간의 본성에 접근하는 데 있다. 본디 사람의 품성은 바꾸기 어렵다稟性難移 품성난이고 한 만큼, 한 인간의 풍도는 선의지와 다를 바 없다. 때문에 인간의 성품은 다른 사람에게서 배우며 평생 채워진다.

5.
지성은 인간이 다가설 덕성이다

인생은 스토리다

 뭇 인간은 살아온 과정보다는 결과를 더 챙기는 데에 관심을 두고 있다. 그러나 결과를 얻기까지 과정이 더 중요하다는 사실을 잊은 채 결과 그 자체를 바라보고 매진한다. 그러나 인생은 스토리다. 어떻게 살아오고 살아왔는지 이야기가 있어야 한다. 살아온 스토리가 있는 사람은 그렇지 않은 사람보다는 다른 점이 있다. 살아온 지난날을 반추하여 잘잘못을 가릴 줄 안다. 좋은 가닥은 더 늘리고 그렇지 않은 가닥은 자를 것이다. 삶의 가치를 느끼면서 이웃과 함께하기도 하고 배려를 생활의 중심에 두기도 한다.

 그래서 인생의 스토리가 엮어진다. 그 스토리는 아름다울 수 있고 볼품이 없을 수도 있다. 그리고 값어치가 있는가 하면 하찮은 것일 수도 있다. 볼품이 없거나 하찮기에 오히려 스토리가 아름답고 값어치가 드러난 경우가 많다. 만일 인생의 스토리가 볼품이 없거나 하찮은 것이 드러나지 않는다면 물질만을 앞세우고 살아온 무가치한 삶이나 다를 바 없으며, 인간이기에 응당 지녀야 할 사유의 세계를 멀리한 삶에 지나지 않는다.

 그렇다면 인생의 스토리는 어떻게 엮어야 할까.

홀리스틱 교육 마인드

본디 인간은 늘 다니던 익숙한 길을 걸어갈 때는 그 길에 대해서 생각하지 않고 습관적으로 걸어갈 수가 있다. 낯설고 새로운 길을 걸어갈 때는 우선하여 주의를 하면서 걸어가지 않을 수 없는데 주의를 한다는 것은 이미 생각하는 것을 말한다.

인간은 그의 일상생활에서 익숙한 행동영역에서는 생각을 할 필요가 없어서 사유의 세계를 멀리할 수밖에 없다. 문제가 생겼을 때라야 인간은 비로소 생각을 하게 된다. 길을 걸어가던 사람이 익숙한 길이라면 그냥 그 길을 걷지만, 익숙하지 못한 갈림길에 도달하면 일단 걸음을 멈추어 관찰하고 생각하지 않을 수 없게 된다. 인간은 그의 삶을 위해서 문제를 제기하는 사물을 객관적으로 인식하고 실용적으로 지배하는 것은 지능의 역할이다.

지능은 문제를 해결하는 힘이다. 이러한 지능은 인간에게 자연적으로 주어져 있는 능력이라고 말할 수 있지만 그의 경험과 지식을 통해 계발되고 교육을 통해서 더 발달할 수 있다.

반면 인간이 살아가면서 늘 어려운 상황에 빠지는 일이 많다. 지연과의 대결에서 어려움에 빠지는 일도 많지만 사회적인 관계에서 어려움에 빠지는 일도 많다. 이러한 어려운 상황에서 나 자신을 지킬 뿐만 아니라 이웃을 보호하기 위해서도 인간은 그의 지혜를 동원한다. 물론 인간은 현재의 어려운 상황을 극복하기 위해서 뿐만 아니라 미래의 어려운 상황을 회피하기 위해서도 지혜가 필요하다.

인간의 삶에서 앞 단락에서 언급한 지능과 지혜의 상관은 이렇게 설명할 수 있다. 지능이 문제를 제기하는 사물을 대상으로 하고 이를 파악하고 이를 이용하는 기능을 말하는 것이라면, 지혜는 어려움을 제기하는 상황을 대상으로 이를 파악하고 이를 극복하게 하는 인간의 능력이라고 말할 수 있다. 지능은 인간에게 자연적으로 주어져 있는 기능임에는 틀림이 없지만 교육을 통해서 더 계발되고 발달할 수 있는 것이라고 했다. 지혜도 물론 지능을 토대로 인간의 삶과 경험과 지식을 통해서 자라나는 것이지만 지능처럼 단순한 수단으로 습득될 수 있는 성격의 것은 아니다. 따라서 지혜가 있는 사람은 축복받은 사람임에는 틀림이 없지만 그렇다고 지혜 그 자체가 덕성은 아니다.

그런데 중요한 명제는 지능이 삶의 주변의 사물을 유용하게 지배하고 지혜가 삶의 상황의 어려움을 뜻있게 극복하기 위해서는 지성의 도움이 필요하다. 지능과 지혜는 지성의 도움이 없으면 무력해질 수밖에 없다. 지능과 지혜와 지성은 상호 의존할 때라야 빛을 발할 수 있다.

지성인이 되는 지성의 길

이규호(1988)는 『현대인을 위한 10가지 덕성론』에서 '지능과 지성'의 관계를 논담했다. 이를 접한 저자에게는 '지성인이 되는 지성의 길'을 밝히는 데 큰 보탬이 되었다. 이는 다름 아닌 21세기 우리 교육이 지향할 지성인으로 다가서는 그 길이기 때문이다.

홀리스틱 교육 마인드

교육을 상당한 기간 받는 사람이나 많이 배운 사람 또는 전문적인 지식을 지닌 전문가나 기술인, 지혜가 있어서 처신을 잘해 스스로를 지킬 줄 아는 사람이라고 해서 지성인이라고 하지 않는다.

인간의 지능은 사물을 관찰하고 분석하고 인식함으로써 기술을 개발해서 자연을 정복한다. 인간의 지혜는 경험과 지식을 통해서 그의 삶을 편리하고 안락하게 만드는 데 이바지한다. 인간의 지성은 그의 삶을 위한 참다운 가치와 정의로운 이념을 추구한다. 이렇게 해서 인간의 지능은 기술의 개발을 통해서 인간의 삶을 편리하게 만듦으로써 참다운 가치를 추구하는 지성에 봉사한다. 지성은 반대로 참다운 가치의 추구를 통해서 지능과 지혜의 방향을 제시한다.

간과하지 말아야 할 것은 맹목적인 의지나 심층적인 충동에 조종된 판단이나 비판, 그리고 주장을 지능적이고 지혜로운 논리로 정당화하면서까지 스스로 지성인 체하는 사람이 많다. 이런 사람은 나를 속일 뿐만 아니라 남을 속이고 그리고 세상을 어지럽게 한다. 그러나 덕성으로서의 지성은 늘 자아 성찰을 필요로 한다. 예리한 자아 성찰을 통해서만 예리한 지성에 이를 수 있다. 맹목적인 의지와 심층적인 충동이 지배하는 인간의 개인적인 주관과 개인적인 입장을 초월해서 객관적이고 보편적인 진리를 추구하는 길은 예리한 자아 성찰과 개방적인 인간관계를 유지하고 쌍방을 헤아리는 대화의 길뿐이다. 그런데 이러한 자아 성찰과 개방적인 대화를 통해서만 인간의 덕성으로서의 지성이 빛을 발하게 된다. 만약 인간의 지능이 그의 삶의 의지를 위한 도구로라면 인간의 지혜는 그의 삶의 의지에서 심부름꾼에 불과한 반딧불에 지나지 않는다. 따라서 인간의 지혜는 그의 삶의 의지에 따라 조종을 벗어나지 못한다.

그러나 인간은 지성을 통해서만 삶의 여러 가지 이해관계에 의한 선입견과 편견의 얽힘에서 해방되어 객관적이고 보편적인 진리를 추구할 수 있는 밝은 등대이다. 지성만이 삶의 의지를 실현하는 수련과정이나 체화과정을 거쳐야만 조종을 벗어나서 객관적인 진리를 추구할 수 있다. 따라서 지성은 인간에게 주어진 초월자의 속성을 지니고 있으며, 이 지성다운 속성을 지닌 인간이 지성인이다.

그래서 지성은 상당히 높은 수준의 도덕 생활과 함께 진리를 탐구하는 학문과의 대화도 소홀할 수 없지만 보다 선반에 두어야 할 것은 인간관계의 소통을 통해서 비로소 계발된다. 인간은 대화를 통해서만 나의 주관이 개입된 비좁은 울타리를 넘어서 우리의 공동의 광장으로 나가게 하는 믿음직한 길이기 때문이다.

인간의 경험과 지식은 지성의 기름이지만 지성은 수련과 대화와 소통의 장치를 거쳐서만 빛을 발할 수가 있다. 예컨대 지성인은 지성을 갖춘 사람이지만 지성인에 이르는 지성은 수련과 대화와 소통의 과정을 필요로 하며, 그 과정은 등대를 밝히는 등유가 원유에서 얻어지는 정유의 과정과 다를 바 없다. 등대를 밝히는 등유는 바다에서의 항해를 안전하게 한다.

홀리스틱 교육 마인드

구본명 외(1976).『맹자』, 신역사서삼경③, 서울 : 동명인쇄공사.

김병완(2011).『48분 기적의 독서법』, 서울 : 미다스북스.

김수희(글)·윤종태(그림)(2014).『안녕 할머니』, 서울 : 한국헤밍웨이 출판.

김일남(2017).『개성교육』, 서울 : ㈜ 북랩.

김일남(2020).『생각을 만들어가는 생각교육』, 서울 : ㈜ 북랩.

김일남(2021).『상황별 교육경영 리더십』, 서울 : ㈜ 북랩.

김일남(2018).『사회과교육탐구』, 서울 :명문인쇄공사.

김진성 외 5인(1992).『밥상머리는 교육의 장입니다』, 교육부 주간, 서울 :
    연화인쇄.

나태주(2021).『풀꽃』, 서울 : 지혜.

문용린(2014).『문용린의 행복교육』, 서울 : ㈜웅진씽크빅.

박승희(2015).『도덕경』, 서울 : 사람의무늬.

박재린·윤대혁(1998).『인간관계의 이해』, 서울 : 무역경영사.

법정(2009).『아름다운 마무리』, 서울 : 문학의 숲.

성어법사(2014).『108자재어自在語』, 부산 : 명성문화인쇄사.

이광재(2020).『노무현이 옳았다』(포르제), 12월호

이광호(2020).『아이에게 동사형 꿈을 꾸게 하라』, 서울 : 보랏빛소.

이규호(1988).『현대인을 위한 10가지 덕성론』, 제33권2호 통권380호, 새 교실 별책부록, 대한교육연합회.

이석호(1977).『노자·장자』, 삼성판 세계사상전집 23, 서울 : 삼성출판사 co.

이승헌(2005).『아이 안에 숨어있는 두뇌의 힘을 키워라』, 서울 : 대흥문화.

이신동·이경화(2001).『학습전략과 교육』, 서울 : 교육과학사.

이어령(2003).『젊은이여, 한국을 이야기 하자』, 서울 : (주)문학사상사.

이웅석(2020).『당신을 춤추게 하는 지식의 날개1』, 서울 : ㈜북랩.

장기근 외(1977).『노자·장자』, 세계사상전집23권, 서울 :삼성출판사.

조현행(2017).『소설 재미있게 읽는 법』, 서울 : 밥북.

최근덕(1991).『잃어버린 마음을 찾아서』, 윤리사상에서 맹자의 성선설, 서울 : 우주기획.

황대권(2002).『야생초 편지』, 서울 : 도서출판 도솔.

*****

카토 유키츠구加藤幸次(2002). 김문빈·남미애(역),『개별화교육입문』, 서울 : 양서원.

기촌무磯村懋(1987). 편집부(역),『수재를 기르는 가정교육혁명』, 교육자료신서 37, ㈜한국교육출판.

델핀 미누이(2018). 임영신(역),『다라야의 지하 비밀 도서관』, 서울 : 더숲 출판사.

루이 보댕(1999). 민희식(역),『지성인』, 서울 : 을유문화사.

리사손(2022),『메타인지 학습법』, 파주 : 21세기 북스.

리사손(2022). "가면을 벗고 마음의 소리에 귀 기울이세요",『The-K』, 2월 호, vol. 54. The-K한국교직원공제회.

메리 소우미스(1982). 이성규(역), 『나의 어머니, 클레멘타인 처칠』, 동광출판사.

미전예일 梶田叡一(1988) 홍순길(역), 『어린이의 자기개념과 교육』, 교육신서 53, ㈜한국교육출판.

보리스 존슨(2018). 안기순(역), "처칠의 어머니 제니의 특별한 독서 훈련", 『처칠 팩터』, 서울 : 지식향연.

사사키 아타루(2012), 『잘라라, 기도하는 그 손을(부제: 책과 혁명에 관한 다섯 밤의 기록)』, 자음과모음.

삭티 거웨인(2007). 박윤정(역), 『그렇다고 생각하면 진짜 그렇게 된다』, 서울 : 도서출판 도솔.

세스 스티븐스 다비도위츠(2022). 안진이(역), 『데이터는 어떻게 인생의 무기가 되는가』, 더퀘스트.

아리타 가츠마사(2005). 이경규(역), 『교사는 어떻게 단련되는가』, 서울 : ㈜우리교육출판사.

애니 머피 폴(2022). 이정미(역), 『익스텐드 마인드』, 서울 : 알에이지코리아.

오에 겐자로(2015). 정수윤(역), 『읽는 인간』, 서울 : 위즈덤하우스.

제임스 서로위키(2005). 홍대운 이창근(역), 『대중의 지혜』, 서울 : 랜덤하우스.

존홀트(1973). 김인자(역), 『학습과 동기유발』 - 어떻게 어린이는 배우는가? 서울 : 청풍인쇄주식회사.

존홀트(2007). 공양희(역), 『아이들은 왜 실패하는가』, 서울 : 아침이슬.

찰스 리드비터(2009). 이순희(역), 『집단지성이란 무엇인가』, 파주 : 21세기북스.

처칠(1993). 강우영(역), 『처칠, 나의 청춘기』, 서울 : 청목.

카토 유키츠구加藤幸次(2002). 편집부(역), 『개별화교육입문』, (주)한국교육출판.

팔립 체스터필드(2003). 백은주(역),『아들아, 짧은 인생 네가 선택하며 살
    어라』, 서울 : 아름다운날.

*****

김봉곤(2022). "노문삼자의 노사학 계승과 현대적 의의",『21세기 광주·전
    남』, 사단법인 광주·전남 발전협의회.
김용만(2012). "광장의 역사-대중에 의한, 대중을 위한 광장문화를 위하
    여",『한국의 생활사』, blog.naver.com.
송수근(2021). "창의적 고대를 꿈꾸며",『고대교우회보』13면, 제610호.
송인혁(2021). "퍼펙트스톰-경험산업의 시대가 온다",『일상을 바꾸는 아
    름다운 울림』, 광주 : 디자인마루.
신창호(2021). "본질을 알고 시대를 읽어라: 논어의 지혜",『일상을 바꾸는
    아름다운 울림』, 광주 : 디자인마루.
안설(2007). "광장문화에 대한 담론", 서강대 석사논문·주종원(1977). "도
    시공간요소로서의 광장",『도시문제』12-4·최종규(1990). "광장에 대
    한 인식",『역사교육논문집』13-14집·이도학(2006). "고구려의 내분과
    내전",『고구려 연구』24집·장태현(2004). "중국광장의 형성과 변천과
    정에서의 현상",『산업과학연구』21-2호. 청주대학교·국립중앙박물관
    (2010).『청동기 시대의 마을 풍경』.

*****

구자욱 한국뇌연구원(2017.6.30.). "경험도 유전된다", 경향신문, 제22362
    호, 19면.
김경수 전남대학교 교수(2023.2.13.), "챗GPT의 상식과 활용방안", 무등

일보, 제9553호, 15면.

김용섭 전북대법학전문대학원 교수(2020.12.14.). "강산이개 품성난이 江
山易改 稟性難移", 『법조신문』, http://news.koreanbar.or.kr.

김은성 기자(2023.2.16.), "스마트 혁명을 넘을 새 물결", 경향신문, 제
24094호, 12면.

김응빈 연세대학교 교수(2023.1.20.). 미생물 '수다'-"산토끼와 집토끼 그
리고 옥토끼", 경향신문, 제24073호, 16면.

김진유 경기대학교 교수(2017.7.3.). "도시읽기" 한국일보, 제22782호, 11면.

김진영 건국대학교 교수(2023.1.12.). "반성과 성찰이 없으면 퇴행이 온
다", 한국일보, 제23252호, 27면.

김호기 연세대학교 교수(2020.7.27.). "'나'보다 똑똑한 '우리', 대중 지혜가
사회 주도하는 시대", 한국일보, 제22430호, 24면.

남기원 기자(2023.1.18.). "금수저·흙수저 학력격차, 확 벌어졌다", 경향신
문, 제24071호, 11면.

민승규 한경대학교 석좌교수(2020.9.11.). "물음표를 던지고 느낌표를 잡
아라", 한국일보, 제22535호, 27면.

류명주 까꿍엄마 이유식 연구소 대표(2020.7.31.). "밥상머리교육을 부활
시키자", 무등일보, 9면.

박소형 퍼블리창업자(2023.2.11.). "실패 연대기 : 실패했다. 그래서? 넘어
져 있지 말고 다음으로 나아가야죠", 한국일보, 제23276호, 12면.

배문규 기자(2020.10.28.). "가짜뉴스범람 '탈진실'의 시대…거짓권력 맞선
리영희 글 여전히 유효", 경향신문, 제23385호, 24면.

양원주 수필가(2022.9.5.). "아이에게 매일 글을 쓰도록 하세요", 한국일
보, 제23150호, 27면.

원익선 원광대 평화연구소(2021.6.19.). "'왜'라는 의문이 실종된 사회", 경
향신문, 제235845호, 22면.

윤희일 기자(2012. 11. 19.). "거꾸로 보고 거꾸로 생각해야 창조 가능해", 경향신문, 제23629호.

이경영 기자(2022. 11. 19.). 미국하와이대 사회학과 명예교수의 "강남·명품·SKY 앞에서 좌절하는 한국의 중간계층", 경향신문, 제24022호, 15면.

이굴기 궁리출판대표(2021. 1. 19.). "나무가 제자리를 지키는 까닭", 경향신문, 제23456호, 26면.

이기영 호서대학교 교수(2009. 8. 3.). "인생수업1교시 '밥상머리 교육'", 한겨레, 7면.

이동미 여행작가(2021. 7. 21.). "100년 된 공동체 정원들", 경향신문, 제23611호, 26면.

이미경 기자(2009. 2. 9.). "아이들을 위한 교육-정서지능-", 한겨레신문.

이미경 기자(2007. 2. 11.). "사회교육-친구 잘 사귀나요? 감정표현은 어때요?" 한겨레신문.

이미향 영남대학교 교수(2020. 10. 7.). "우리말 톺아보기-최대의 발명품-", 한국일보, 제22554호, 25면.

이운규 교사(2021. 12. 8.). "학교가 창의성을 죽이는가", 무등일보, 제9261호, 19면.

이지선 기자(2020. 8. 4.). "도서관은 힘이 세다", 경향신문, 제23315호, 26면.

이현주 외 4인 기자(2023. 4. 18.). "운명을 좌우하는 '권력자 AI'", 한국일보, 제23332호, 1면.

임선하 기자(2005. 1. 31.). "논리 뛰어넘는 통찰력으로", 한겨레, 38면.

임성미 저자(2005. 12. 15.). "임성미의 창의적 읽기", 한겨레.

장대익 서울대학교 교수(2022. 6. 14.). "추앙받는 존재가 되기 위한 최고의 방법", 경향신문 제23886호, 24면.

전재민 한국리서치 선임연구원(2021. 12. 4.). "다른 유형의 사람과 깐부 맺을수록 행복·만족도 '쑥'", 한국일보, 제23385호.

정지용 기자(2022.10.7.). "직감을 믿지 마라! 행복도 데이터에 숨어 있다",
한국일보, 제23169호, 14면.

제러미 어틀리·페리 클레반(2022.12.9.). "김도연의 샌프란시스코 책갈피",
『아이디어 흐름』, 경향신문, 24033호, 17면, khan.co.kr.

한숭희 서울대학교 교수(2021.8.5.). "'학력저하' 현상 뒤집기", 경향신문,
제23624호, 27면.

현병호 마중물교육연구소(2022.1.6.). "창의성은 하늘에서 떨어지지 않는
다.", 경향신문, 제23753호, 25면.

경향신문(2018.6.30.)의 고희진 기자의 기사와 한국일보, 오피니언(2020.
12.23.), "삶과 문화", 제22620호, 27면. 기사를 참고함.